نظام التربية والتعليم في المملكة العربية السعودية

الأستاذ الدكتور

عبد اللطيف حسين فرج

أستاذ المناهج

جامعة أم القرى

دار وائل للنشر

الطبعة الأولى

2009

رقم الايداع لدى دائرة المكتبة الوطنية : (2008/10/3445)
فرج ، عبد اللطيف
نظام التربية والتعليم في المملكة العربية السعودية / عبد اللطيف حسين فرج.
- عمان ، دار وائل 2008
(381) ص
ر.إ. : (2008/10/3445)
الواصفات: التعلم/ التربية/ طرق التعلم/ المملكة العربية السعودية
* تم إعداد بيانات الفهرسة والتصنيف الأولية من قبل دائرة المكتبة الوطنية

****

رقم التصنيف العشري / ديوي : 370.09566
ISBN 978-9957-11-780-1 (ردمك)

* نظام التربية والتعليم في المملكة العربية السعودية
* الأستاذ الدكتور عبد اللطيف حسين فرج
* الطبعــة الأولى 2009

* جميع الحقوق محفوظة للناشر

دار وائــل للنشر والتوزيع

* الأردن - عمان - شارع الجمعية العلمية الملكية - مبنى الجامعة الاردنية الاستثماري رقم (2) الطابق الثاني
هـاتف : 00962-6-5338410 - فاكس : 00962-6-5331661 - ص. ب (1615 - الجبيهة)
* الأردن - عمـان - وسـط البـلد - مجمـع الفحيص التجـاري- هــاتف: 00962-6-4627627
www.darwael.com
E-Mail: Wael@Darwael.Com

المحتويات

مقدمـــة

تنبثق السياسة التعليمية في المملكة العربية السعودية من الإسلام الذي تدين به الأمة عقيدة وعبادة وخلقاً وشريعة وحكماً ونظاماً متكاملاً للحياة ويهدف التعليم في المملكة العربية السعودية إلى تنمية الولاء لشريعة الإسلام وتربية المواطن المؤمن ليكون لبنة صالحة من أبناء أمته ويشعر بمسؤولية لخدمة بلاده والدفاع عنها.

وتولى الجهات التعليمية في المملكة العربية السعودية عنايتها بإعداد المعلم السعودي وتأهليه تأهيلاً علمياً ومسلكياً لكافة مراحل التعليم.

ومن هذه الجهات كليات التربية بالجامعات وكليات التربية للبنات وكليات المعلمين والمعلمات وجميع هذه الجهات ضمت في مناهجها مادة تسمى بنظام التربية والتعليم في المملكة العربية السعودية ليكون كل معلم ومعلمة سواء للمرحلة الابتدائية أو المتوسطة أو الثانوية على دراية وخبرة بهذا النظام الذي يعتبر المعلم أو المعلمة جزءاً منه.

ولا أدعى بأنني أول من كتب من هذا الموضوع فقد سبقني زملاء أفاضل قد كتبوا في هذا الموضوع إلا أنني عندما تشرفت كأول عربي يكتب الكتاب السنوي لليونسكو عام 1988 باللغة الانجليزية - وترجمته المنظمة إلى الفرنسية والإسبانية - اتضحت لديّ بعض الرؤيا عن بعض الأنظمة التعليمية عندما تناولتها في ذلك الكتاب، ومن ذلك اليوم وأنا أتطلع إلى الكتابة عن نظام التربية والتعليم في بلدي الذي نشأت وترعرعت فيه وأحببته وكان لزاماً عليّ أن أقدم جزءاً من هذا الجميل لخدمة هذا البلد في كل المجالات، وخاصة في مجال التربية والتعليم الذي هو مجالي، وها أنا أقدم هذا الكتاب ليكون زاداً ينتفع به (الطالب المعلم) والطالب والمعلم ورجل التعليم

والمثقف وحتى السائح الذي يرغب أن يعرف عن نظام التعليم في هذا البلد الذي يحتضن قبلة المسلمين ومسجد رسوله الكريم. أرجو الله العلي القدير أن تكون أعمالنا خالصة لوجه الكريم والله الموفق .

نبذة تاريخية جغرافية سياسية عن المملكة العربية السعودية

السعودية أو المملكة العربية السعودية هي أكبر دولة من دول شـبه الجزيـرة العربيـة، يحـدها شمالا كل من العراق والأردن والكويت، وشرقا الإمارات العربية المتحدة وقطر والخليج العربي، وعُمان مـن الجنوب الشرقي، واليمن من الجنوب، حباها الله بأماكن دينية ومقدسة للمسلمين: المسجد الحرام في مكـة المكرمة والمسجد النبوي في المدينة المنورة.

اللغة الرسمية	عربية
العاصمة	الرياض
الملك	عبد الله بن العزيز
مساحة مصنفة	14 دوليا
كلية	2.218.000 كم2
% مياه	----
سكان	المصنفة 45 دوليا
كلّي (2003)	24.293.844
كثافة	12 / كم2
وحدة	سبتمبر 23 ، 1932
عملة	ريال سعودي
فرق التوقيت	UTC + 3
النشيد الوطني	عاش المليك
رمز الانترنت الدولي	sa.

تاريخ المملكة العربية السعودية

(ويكبيديا، 2005م) ، (بدران، 2004م، ص: 205)

كانت شبه الجزيرة العربية التي تتمتع بموقع استراتيجي بين ثلاث قارات كبرى وتقع في النصف الشمالي للكرة الأرضية موطناً للعديد من الحضارات ومهدا للرسالات السماوية والرسل. فقد ازدهرت فيها داخل حدود المملكة حضارة مدين/ حضارة قوم النبي شعيب عليه السلام التي عاش فيها موسى عليه السلام عشر سنوات قبل أن يبعث رسولا إلى فرعون مصر. وفي العلا كانت حضارة ثمود قوم النبي صالح عليه السلام والتي لا تزال آثارها موجودة حتى اليوم في المنطقة المعروفة باسم مدائن صالح، وفي نجران نجد الأخدود الذي ذكر في القرآن الكريم عن أصحاب الأخدود. وفي هذه الجزيرة التي كانت ممراً تجارياً هاماً وطريقاً للقوافل أنزل الله القرآن على محمد عليه الصلاة والسلام، وانتشرت تعاليم الإسلام السمحة في قلب الجزيرة العربية، وترامت منها إلى سائر أرجاء العالم حتى وصلت أفريقيا وآسيا وجزءاً من أوروبا على مدى عصور ازدهار الدولة الإسلامية.

ومرت مئات من السنين ظهرت فيها دول، وزالت دول، وقام المسلمون بدورهم الحضاري التاريخي، الذي عبرت عليه الحضارة الإنسانية الحديثة من عصورها المظلمة، وانتشر الإسلام في شتى بقاع الأرض، على أن ابتعاد القيادة الزمنية عن المدينة المنورة وشبه الجزيرة العربية بوجه عام، قد أحدث تأثيرات كان لها دورها فيما وقع بعد ذلك من أحداث، فالأراضي المقدسة ظلت مقصدا للحجاج والمعتمرين والزائرين.

نشأة الدولة السعودية

1- الدولة السعودية الأولى

الإمام محمد بن سعود: تولى الإمارة بعد وفاة أبيه وقد تزامنت ولايته مع ظهور الشيخ محمد بن عبد الوهاب - يرحمه الله - الذي كان داعية إلى دين الله

فقاوم البدع والأضاليل ودعا إلى إخلاص العبادة لله وحده ونبذ كل ما أدخل على ديـن الله، مـما ليس فيه. وقد سانده الأمير محمد بن سعود وقاوم بسيفه الضالين والمنحرفين وسار مجاهدا إلى أن توفي عام (1179هـ/ 1765م) فخلفه ابنه الإمام عبد العزيز بن محمد بن سعود.

الإمام عبد العزيز بن محمد: يعد من أبرز أمراء آل سعود، فقد حكم تسعة وثلاثين عاما، وامتـد نفوذه إلى أنحاء نجد، والإحساء، والقطيف، ومشارف بلاد الشام، والعراق، واليمن وعُمان والأراضي المقدسة. توفي عام 1218هـ/ 1803م في مسجد الطريف بالدرعية.

الإمام سعود بن عبد العزيز بن محمد: لم يكن أقل عن أبيه في مواهبه القيادية، وفي سعيه لخدمة دين الله والدفاع عن شريعة الإسلام وقد استتب له الأمر في معظم أنحاء شبه الجزيرة العربية، وفي العام 1229هـ/ 1813م توفي في الدرعية.

الإمام عبد الله بن سعود: استمر حكمه أربع سنوات، توالت خلالها حملات والي مصر- محمد علي باشا، حتى وصلت إلى حدود الدرعية فحاصرها لمدة سنة كاملة وبعد أن نفد سلاح المجاهدين وزادهم استولى قائد حملة محمد علي – ابنه إبراهيم- على الدرعية عام 1233هـ/ 1817م وأسر الإمام عبد الله وعائلته، وكذا عائلة الشيخ محمد بن عبد الوهاب وأخذوا إلى مصر ومنها إلى الأستانة، حيث قتل عبد الله بن سعود هناك في سنة 1234هـ / 1818م.

2- الدولة السعودية الثانية

الإمام فيصل بن تركي: تتألف ولايته من فترتين الأولى تمت ما بين العام 1246هـ/ 1830م والعـام 1255هـ/ 1839م والثانية من العام 1258هـ/ 1843م إلى حين وفاته عام 1282هـ/ 1865م.

الإمام عبد الرحمن الفيصل: تولى الإمارة بعد وفاة سعود بن فيصل، ولكنه لم يستمر فيها سـوى سنة وبعض السنة، ثم عاد إليها مرة أخرى بعد وفاة أخيه عبد الله بن فيصل، وكان ذلك عام 1306هـ/ 1888م، ودخل الميدان في هذه الفترة الأمير محمد

ابن رشيد أمير حائل آنذاك وقد بسط سيطرته على شطر كبير من نجد وكانت الحكومة العثمانية في الأستانة تدعمه بقوة للوقوف في وجه آل سعود. وانتهت الفترة الثانية لولاية الإمام عبد الرحمن الفيصل بمغادرته الرياض مع عائلته فتوجه إلى قطر ثم إلى البحرين ثم إلى الكويت وكان بين أفراد أسرته أحد أولاده عبد العزيز الذي كان في العقد الثاني من عمره. وما إن وصل عبد العزيز مع والده إلى الكويت حتى بدأ يفكر في العودة إلى الرياض.

3- الدولة السعودية الثالثة الحالية

الملك عبد العزيز: دخل الرياض في اليوم الخامس من شهر شوال الموافق 1319هـ الموافق 17 يناير 1902م ليستعيد ملك آبائه. وقد استطاع أن يفتح الرياض في معركة لا يزال المؤرخون يقفون بذهول أمام ما اتصفت به من جرأة وحس تنظيم، ومن الرياض انطلق الملك عبد العزيز في مشوار طويل من الكفاح المتواصل حتى تم توحيد البلاد وقد صدر المرسوم الملكي بتوحيد مقاطعات الدولة التي تحولت بمقتضى هذا المرسوم إلى المملكة العربية السعودية في 21 جمادي الثانية 1351هجري 23 سبتمبر 1932 ميلادي وهو التاريخ الذي أصبح في ما بعد اليوم الوطني للمملكة.

جغرافية المملكة العربية السعودية

تقع المملكة العربية السعودية في القسم الأكبر من شبه الجزيرة العربية، وتتألف من سهول ضيقة على ساحل البحر الأحمر (سهول تهامة) تليها نحو الشرق، سلاسل جبلية تمتد على طول البلاد (جبال الحجاز وعسير ويتعدى أقصى ارتفاعها 2000م)، ثم صحار وهضاب صخرية في الوسط (90% من المساحة العامة)، أكبرها صحراء النفوذ في الشمال والربع الخالي في الجنوب. أما في الشرق، وعلى طول ساحل الخليج الفارسي، فتمتد سهول ساحلية واسعة (الإحساء والجافورة) في تشرين الثاني 1986م تم تدشين الجسر الذي يربط المملكة العربية السعودية بالبحرين وقد سُمي بجسر الملك فهد .

المناخ: قاري، شتاء بارد وصيف شديد الجفاف (48 درجة مئوية في الرياض ورطوبة نسبية لا تتعدى 9% في تموز).

الزراعة: تطورت الزراعة بشكل ملحوظ في السنوات الأخيرة، وتستهلك 95% من المياه المتوفرة في البلاد. وأهم الإنتاج الزراعي: حبوب 4.75 مليون طن، (أهمها القمح: 4 ملايين طن، يصدّر قسم كبير منها إلى دول العالم ويعطى قسم إلى الدولة العربية)، بلح 548.000 طن، بندورة 390.000 طن، بطيخ 461.000 طن، شمام 320.000 طن، عنب 100.000 طن، بصل، بطاطا، شعير، حمضيات، تين، وذرة بيضاء، بزر سمسم، ماشية: أبقار 216.000 رأس، جمال 419.000 رأس، أغنام 8.1 مليون رأس، معز 3.4 مليون رأس. صيد الأسماك 50.000 طن (لؤلؤ) . الثروة المنجمية: تقوم ثروة البلاد على الغاز الطبيعي والنفط. وأهم مواردها: إنتاج البترول 424.7 مليون طن، احتياط 35.6 مليار طن، إنتاج غاز طبيعي 35.9 مليار متر مكعب، احتياط 5250 مليار متر مكعب.

الصناعة: ترتبط الصناعة في المملكة العربية السعودية بالنفط والغاز الطبيعي: تكرير وبترو كيمياء، وأهم المنتجات الصناعية: الاسمنت القطران، قضبان الفولاذ، الاثيلين، العلف، جليكول الاثيلين، الايتانول الصناعي، ديكلورور الاثيلين، الستيارين، الصودا الكاوية، الازوت، حمض السيتريك، الاوكسجين، الميلامين، وهناك أيضا تحلية مياه البحر وصناعة المواد الغذائية. يتناول نزع الملح من مياه البحر حوالي 100 مليون متر مربع من الماء في السنة. وليست هذه الكمية بشيء يذكر أمام ال 9500 مليون متر مكعب التي تؤمنها سنويا المياه الجوفية والتي تستهلكها الزراعة، وفي موازاة ذلك تشهد اليوم المملكة نموا كبيرا في مجال الصناعات الزراعية- الغذائية وصناعة المواد الاستهلاكية التي تقوم على رؤوس الأموال الخاصة.

المرتبة في العالم: الأولى في إنتاج البترول واحتياطه، الخامسة في احتياط الغاز الطبيعي، العاشرة في إنتاج الغاز الطبيعي.

سياسة المملكة العربية السعودية

من أهم مدن ومحافظات السعودية :

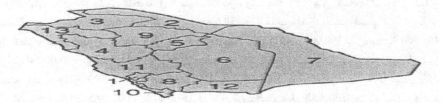

تقسم المملكة العربية السعودية إلى 14 منطقة:

1- منطقة الباحة وأهم مدنها الباحة

2- منطقة الحدود الشمالية وأهم مدنها عرعر

3- منطقة الجوف وأهم مدنها سكاكا

4- منطقة المدينة وأهم مدنها المدينة المنورة

5- منطقة القصيم وأهم مدنها بريدة

6- الرياض وأهم مدنها الرياض العاصمة

7- الشرقية وأهم مدنها الدمام – الخبر – الهفوف- القطيف- الجبيل – رأس تنورة.

8- عسير وأهم مدنها أبها

9- حائل وأهم مدنها حائل

10- جيزان وأهم مدنها جيزان

11- مكة وأهم مدنها مكة المكرمة – جدة- الطائف

12- نجران وأهم مدنها نجران

13- تبوك وأهم مدنها تبوك

أحداث مرت على المملكة

- حرب الخليج عام 1411هـ

- افتتاح جسر الملك فهد الذي يربط المملكة بالبحرين

- التوسعة الشاملة للحرمين الشريفين في عهد خادم الحرمين الشريفين الملك فهد ابن عبد العزيز والتي بلغت 208 ألف متر مربع والساحات المحيطة بالمسجد 40 ألف متر مربع، هذا بالنسبة للمسجد الحرام، أما المسجد النبوي فتبلغ مساحة التوسعة 98.500 ومساحة الساحات المحيطة بالمسجد 235 ألف متر مربع.

- صدور النظام الأساسي للحكم عام 1412هـ ونظام المناطق الجديدة عام 1412هـ ونظام مجلس الشورى عام 1412هـ ونظام مجلس الوزراء عام 1414هـ

- افتتاح إستاد الملك فهد بالرياض 1988 .

- حرب الخليج الثانية احتلال الولايات المتحدة للعراق 2003

- مؤتمر حول الإرهاب ومسبباته (عقد في مدينة الرياض 2005)

- انضمام السعودية لمنظمة التجارة العالمية 2005

الدستور ونظام الحكم

دستور المملكة العربية السعودية هو القرآن الكريم والسنة النبوية الشريفة، وجميع الأنظمة التشريعية لها مستمدة من هذين المصدرين. ونظام الحكم في المملكة العربية السعودية هو النظام الملكي، ويشكل مجلس الوزراء مع الملك السلطة التنفيذية والتشريعية للدولة، ويتولى مجلس الشورى إبداء الرأي في السياسات العامة للدولة التي تحال إليه من رئيس مجلس الوزراء.

العملة

الريال هو الوحدة الأساسية لعملة المملكة، ويتكون الريال من 100 هللة، وهو مغطى بالذهب وقابل للتحويل إلى العملات الأجنبية ولا توجد قيود على عمليات التحويل النقدي من وإلى المملكة. ويعادل الدولار الأمريكي 3.75 ريالاً.

التقويم

تعتمد المملكة في تاريخها الرسمي على التقويم الهجري المستند إلى هجرة الرسول ﷺ من مكة إلى المدينة المنورة، والسنة الهجرية القمرية (354 يوماً) مقسمة إلى اثني عشر شهراً قمرياً.

العطلات الرسمية

العطلة الأسبوعية الرسمية في المملكة هي يوما الخميس والجمعة، إضافة الى عطلتي عيد الفطر وعيد الأضحى المبارك السنويتين واليوم الوطني 23 سبتمبر الموافق 1 الميزان سنويا.

العوامل المؤثرة على نظام التعليم في المملكة العربية السعودية

(الغامدي وعبد الجواد، 2002م، ص: 57-60)

*** عامل الدين الإسلامي**

الدولة في المملكة العربية السعودية أساسها الإسلام فهي تطبق شرع الله وسنة المصطفى محمد عليه الصلاة والسلام في شتى مجالات الحياة في السياسة وفي الاقتصاد وفي التربية والتعليم؛ لذا اقترن التعليم في المملكة العربية السعودية بالدين الإسلامي وأصبح نظامها التعليمي يقوم على أسس وغايات وأهداف واضحة مستمدة من كتاب الله وسنة رسوله، إن غايات الدين وأهدافه وأغراضه في المملكة العربية السعودية مشتقة من الكتاب والسنة وفي إطارهما تسير كل عمليات التعليم بالمملكة العربية السعودية بدءاً من توجيه العلوم والمعارف بمختلف أنواعها ومناهجها ومقرراتها وكتبها تأليفاً وتدريباً إلى إدارة الصف وعلاقة المعلم بالتلميذ.

*** عامل اللغة العربية**

اللغة العربية هي لغة التعليم والتأليف والتخاطب في المملكة، وقد شرّفها الله بنزول القرآن الكريم بها، وقد تعهّد الله بحفظها، واللغة العربية من اللغات المهمة في العالم اليوم وهي لغة تتميز بالمرونة والحيوية والاشتقاق ويحرص نظام التعليم في المملكة على تدريس اللغة العربية للنشء في جميع مراحل التعليم وتنمية قدراتهم اللغوية بشتى الوسائل مما يساعد على تذوقها وإدراك نواحي الجمال فيها وتضييق الشقة بين الفصحى والعامة.

كما يحرص نظام التعليم في المملكة على إبراز الثقافة الإسلامية ودورها في تطور الحضارة الإنسانية وتحتوي البرامج والمناهج الدراسية على إنجازات العلماء والمسلمين وإسهاماتهم في كافة فروع المعرفة الإنسانية طبيعية كانت أم اجتماعية.

* العوامل الاقتصادية

لقد أثرّت الأوضاع الاقتصادية على النظام التعليمي في المملكة، فالنشاط الزراعي المحدود ورعي الماشية الذي كان يمارسه السكان وما ينتج عنها من مردود اقتصادي محدد أثر دون شك على عمليات التعليم المختلفة وعندما اكتشف البترول عام (1938م) زادت إيرادات الدولة وانعكس ذلك على نظامها التعليمي وتطور التعليم وإراداته تطوراً كمياً ونوعياً وتضاعفت ميزانية التعليم في صورة قفزات متتالية.

ويحدد بدران (2004م، ص: 119) القوى العاملة في المملكة العربية السعودية منذ عام 1965-1989م بنسبة 29.1% من مجموع السكان، ونسبة النساء العاملات 7.1% .

وإجمالي العاملين في الزراعة من السعوديين في المملكة في عام 1989م يصل إلى 48.5% ، والصناعة 14.4 ، والخدمات العامة 37.2%.

* العوامل الجغرافية

يؤثر المناخ والعوامل الجغرافية على التعليم في المملكة، فالمملكة تشكل 5/4 شبه الجزيرة العربية وتتنوع بيئاتها الطبيعية باختلاف طبيعة أرضها ومناخها ونباتها فهي تتميز بوجود الصحارى الجافة والجبال المرتفعة والسهولة المنبسطة والهضاب الواسعة إلى جانب السواحل الممتدة، ومناخ المملكة حار جاف بوجه عام ولكنه يختلف من منطقة إلى أخرى، وتبعاً لاختلاف المناخ تتعدد البيئات فيها، فهناك البيئة البدوية والزراعية والصناعية وهي تؤثر على برامج التعليم السعودي وتحدد أشكال المباني الدراسية وأماكن اختيارها، وعند التخطيط لنظام التعليم تراعى مؤثرات المناخ والبيئة ومصادر الثروة.

* عامل الكثافة السكانية

تشهد المملكة تزايداً سكانياً هائلاً، فقد تضاعف عدد سكانها في السنوات الأخيرة، إذ توضح المؤشرات الإحصائية أن عدد السكان بالمملكة العربية السعودية

قد أرتفع من (4.1) مليون نسمة عام 1380هـ إلى (17.8) مليون نسمة عام 1418هـ معدل الزيادة السكانية يصل إلى نحو (4.2%) وتعد هذه النسبة من أكثر نسب الزيادة السكانية ارتفاعاً على مستوى العالم وتؤثر زيادة عدد السكان في التعليم السعودي، ويتضح ذلك من خلال ما توفره الدولة من موارد مالية لتوفير الفرص التعليمية لإعداد الأطفال الذين يتزايدون عاماً بعد عام.

*** عامل خطط التنمية الشاملة**

منذ عام 1390هـ بدأت المملكة في التخطيط الشامل لجميع الأنظمة ومنها النظام التعليمي، وهذه الخطط تؤثر تأثيراً مباشراً في التعليم، وذلك للارتباط الوثيق بين التنمية والتربية من ناحية، ولحاجة خطط التنمية إلى القوى البشرية المدربة القادرة على تحقيق أهداف التنمية من ناحية أخرى. ولقد استمر نظام التعليم بالمملكة في التطور كماً ونوعاً خلال سنوات خطط التنمية الخمسية المتتابعة وقد حققت مؤشرات التعليم نمواً كبيراً بكل المقاييس، وذلك بتوفير فرص التعليم المجاني لكافة المواطنين.

التطور التاريخي للتعليم في المملكة العربية السعودية

(الحامد وآخرون، 2005م، ص: 19-49)

أولاً: الأوضاع الاجتماعية والاقتصادية والسياسية السائدة قبل إنشاء مديرية المعارف

أصيبت هذه البلاد بفعل العديد من العوامل السياسية والاقتصادية والاجتماعية مع نهاية القرن التاسع عشر الميلادي بضعف واستكانة كغيرها من البلاد الإسلامية نتيجة للغزو الخارجي وضعف الخلافة العثمانية وسوء ممارساتها الإدارية والمالية لا سيما قبل قيام الدولة السعودية الثالثة.

ففي نجد كانت الصراعات سبباً أساساً في عدم استقرارها، إضافة إلى أنها كانت مهملة طيلة العهد العثماني، فتركت وشأنها ليكون النفوذ فيها للأقوى من أهلها، وهذا ما جعل كل أمير يستقل ببلدة، وكل رئيس عشيرة بقبيلته.

وأن كثرة الفتن وغياب الأمن جعل المنطقة مسرحاً رحباً للخصومات القبلية والنزاعات المتعددة التي أثرت على الحياة الثقافية والتعليمية والأدبية.

وفي المنطقة الشرقية خاصة كالأحساء كان للصراعات السياسية والمذهبية وغارات الأعراب المتكررة وتنافس الزعامات القبلية المحلية والإقليمية والدولية على فرض سيادتها وحكمها على المنطقة الأثر الكبير في تدني المستوى العلمي الذي جعل الحياة الثقافية تتسم بالخمول والانزواء.

وأما في الحجاز التي كانت تخضع للحكم العثماني فقد كان الوضع الاقتصادي أحسن حالاً من نجد، إذ إن وجود الحرمين الشريفين في مكة المكرمة والمدينة المنورة كان عامل جذب قوي لعشرات الآلاف من الحجاج والزوار من كافة أرجاء العالم الإسلامي مما شكل مورداً ودخلاً اقتصادياً هاماً لأهالي المنطقة الذين كان أغلبهم من الحاضرة المستقرة.

ولقد أدت الظروف التاريخية التي مرت بها جزيرة العرب في نهاية العهد العثماني إلى تخلف الحياة الاقتصادية، ففي مكة كانت الأحوال المالية لعلماء الحرم

المكي متدنية ولم تلتفت لها الدولة العثمانية، كما أن سوء الأحوال الاقتصادية وقلة الموارد المالية في منطقة نجد والطبيعة الصحراوية في جزيرة العرب وعدم توفر الأمن وتدني وسائل الإنتاج، كل ذلك جعل الوضع الاقتصادي في الجزيرة يعاني من أزمة قاسية أثرت على المستوى العلمي والثقافي.

فكانت البلاد بأمس الحاجة لجمع شتاتها وتوحيد زعامتها، وهذا ما حصل بقيام الدولة السعودية الثالثة على يد مؤسسها الملك عبد العزيز بن عبد الرحمن آل سعود- رحمه الله- الذي كان همه الأكبر تحقيق الأمن والاستقرار لهذه الرقعة الجغرافية المترامية الأطراف والمتنوعة السكان والمتنافرة الأهداف والمصالح.

ثانياً: التعليم قبل إنشاء مديرية المعارف :

تشير الفترة التي سبقت إنشاء مديرية المعارف أن التعليم شهد ثلاث مراحل أو أنماط تتمثل في:

1- تعليم تقليدي موروث: يقوم في الأساس على الكتاتيب وحلقات الدروس في المساجد، ومجالس العلماء في أنحاء البلاد.

2- تعليم حكومي نظامي: تشرف عليه الدولة العثمانية ويتخذ اللغة التركية أساساً للتعليم، وقد وجد هذا النوع في مكة والمدينة والأحساء.

3- تعليم أهلي يموّل ويدار بواسطة الأهالي: وهو قريب من التعليم التقليدي خاصة في مناهجه وطرق التدريس فيه بالرغم من محاولات التجديد.

ويمكن تقسيمه إلى قسمين:

أ- التعليم في المساجد:

يعد المسجد مؤسسة هامة من مؤسسات التربية الإسلامية ولم يقتصر دوره على أن يكون مقراً للعبادة فقط، بل كان مكاناً للتعليم والتربية ومدرسة للعلم والأدب يتم فيه تعميق مبادئ العقيدة الإسلامية وغرس القيم والأخلاق الفاضلة في نفوس الناشئة.

لقد كان الطلاب الذين يتخرجون من الكتاتيب والمدارس الدينية والراغبون إكمال دراستهم التخصصية يتجهون إلى الحرمين الشريفين حيث كانت حلقات العلم عامرة بطلبة العلم فيدرس بعضهم علوماً معينة في الفقه والتوحيد والتفسير والحديث والنحو والصرف والبلاغة والأدب والمنطق والحساب. والبعض الآخر يحضر الوعظ والإرشاد.

وكانت حلقات العلم هذه على أنواع، منها:

1- أصحاب الزوايا: وهم أهل المعرفة.

2- أصحاب الأساطين: وهم أهل الفتوى.

3- أصحاب الكراسي: وهم القصاص.

إن التعليم في الحرمين الشريفين كان أعلى مرحلة للتعليم الديني والعربي في المنطقة الشرقية التي كانت تحظى بعناية وازدهار اقتصادي أفضل من وسط الجزيرة.

كما كان لجامع مدينة الدرعية عاصمة الحكم السعودي آنذاك، وكذلك جامع مدينة الرياض دورا مهماً في توفير هذا النوع من التعليم التقليدي.

أما في حائل في عاصمة حكم آل رشيد فقد كان الجامع الكبير في (برزان) من أهم وأكبر المساجد في تلك المنطقة نشراً للعلم والمعرفة.

ب- الكتاتيب :

ففي الحجاز كانت الكتاتيب القاعدة الأولى للتعليم الأهلي في مكة المكرمة، وكانت منتشرة آنذاك في أحياء مكة المكرمة، ومن أشهرها كتاب الشيخ عبد المعطي النوري وكتاب الشيخ إبراهيم فوده، وكان المنهج في أغلبه يعتمد على تحفيظ القرآن الكريم والإملاء والخط والحساب.

أما في المدينة المنورة فقد أنشأ السلطانان عبد الحميد ومحمود عدداً من الكتاتيب وصلت إلى أربعة عشر كتّاباً ستة منها في المسجد النبوي مع مطلع القرن

العشرين، أما جدة فقد أنشئت مجموعة من الكتاتيب بلغ عددها عشرة عام 1306هـ وكانت مدة التعليم تتراوح من خمس إلى ست سنوات يتعلم خلالها الهجاء ويختم القرآن الكريم، وفي الطائف كانت هناك أربعة كتاتيب، وفي الوجه كّتاب واحد، وفي بلدة ينبع (مكتب للتعليم).

أما في المنطقة الشرقية فكانت طريقة التعليم في الكّتاب مشابهة لمثيلاتها في إمارات الخليج العربي وأنحاء الجزيرة العربية الأخرى، وكان التدريس يركّز على قراءة القرآن الكريم وحفظه وتجويده، وغالباً ما يمكث الصبي في الكّتاب ما بين سنة إلى أربع سنوات حسب مستواه وقدرته.

وتنقسم الكتاتيب في المنطقة إلى ثلاثة أنواع :

- كّتاب خاص بتدريس القرآن الكريم وحفظه وتجويده.
- كّتاب يقوم المطوّع فيه بتدريس القرآن الكريم ومبادئ القراءة والكتابة.
- وكّتاب خاص بتدريس الحساب والقراءة والكتابة ومسك الدفاتر.

وكان في الأحساء وحدها ما يزيد على ثلاثين كّتاباً، كما كان هناك عدد كبير من الكتاتيب في القطيف والدمام والجبيل والخبر والعيون تقوم بالدور نفسه.

وفي نجد كان التعليم امتداداً لمناهج التعليم السائدة منذ العصور الإسلامية، حيث أسست الكتاتيب وقامت مقام المؤسسات التعليمية، وكان الذي يتولى التعليم يطلق عليه لقب "المطوّع" وهو في الغالب من أئمة المساجد والتعليم يقوم على تلقين التلاميذ الحروف الهجائية وقراءة وكتابة بعض الآيات القرآنية.

أما في المنطقة الشمالية فقد بدأت الحركة التعليمية فيها متأخرة نوعاً ما عن غيرها من مناطق المملكة ويعود ذلك إلى حداثة التجمعات السكانية، فقد كان السكان كثيري التنقل بحثاً عن موارد الماء، وكانت الفئه المتعلمه.

النمط الثاني: التعليم الحكومي "العثماني"

وهو تعليم نظامي تشرف عليه الحكومة العثمانية التي أرادت أن تنقل خبرتها وتجربتها في المدارس التركية إلى منطقة الحجاز والمنطقة الشرقية من الجزيرة العربية وقد اتخذ هذا النمط من التعليم اللغة التركية أساساً للتدريس وتبني الأنظمة التعليمية التي كانت مطبقة في الولايات العثمانية.

وأول ما ظهر هذا النمط في الحجاز حين أنشئت المدرسة الرشدية في مكة المكرمة بين عامي 1301 و 1303هـ ، كما أنشئت مدارس حكومية في المدينة المنورة تشبه تلك التي أنشئت في مكة ووصل عددها إلى تسع مدارس منها أربع مدارس تحضيرية وثلاث ابدائية ومدرستان ليليتان لتعليم الأميين.

ويقوم النظام التعليمي في تلك المدارس على ثلاث مراحل: الابتدائية ومدتها ثلاث سنوات ثم الرشدية ومدتها ثلاث سنوات ثم الإعدادية وهي نوعان: الأول مدته خمس سنوات والثاني مدته سبع سنوات.

ويضاف إلى التعليم العام السابق ذكره تعليم صناعي وزراعي ودور للمعلمين وفي جدة أسست مدرسة حكومية أخرى لتعليم اللغة التركية ومدرستان ابتدائيتان.

وفي الطائف أنشأت الحكومة العثمانية كذلك مدرسة رشدية عام 1329هـ أما في الأحساء فقد أنشأت الحكومة العثمانية مدرسة رشدية بها سنة 1319هـ واختارت لها موقعاً متوسطاً في حي الكويت بمدينة الهفوف وبنتها على طراز معماري بديع، وكانت مواد التعليم في تلك المدرسة هي العربية والرياضيات والتاريخ وأغلب المعلمين من الأتراك.

ويضاف إلى هذا النمط من التعليم الحكومي المدارس الهاشمية التي أسسها الشريف حسين بن علي بعد استقلاله عن السلطة العثمانية سنة 1335هـ وقد كانت أول مدرسة هي المدرسة الخيرية التحضيرية الهاشمية. كما تم بعد ذلك إنشاء مدرستين

أوليتين، ومدرسة راقية تشبه الثانوية وأخرى سماها العالية كما أنشأ مدرسة حربية وأخرى للزراعة في مكة.

النمط الثالث: التعليم الأهلي النظامي

هذا النمط تقليدي في جوهره وبداياته، وإن كان يحاول أن يجدد من أساليب التدريس وطرائقه وأن يدخل بعض المواد الدنيوية التي يحتاجها المجتمع وكان انتشار هذا النمط من التعليم بشكل أكبر في المنطقة الغربية، ثم تلتها المنطقة الشرقية، ومن الواضح أن هذا التعليم قام بشكل أساس على جهود فردية في بداياته من القادرين من أبناء المنطقة أو أبناء الجاليات الإسلامية.

ولعل أول مدرسة أهلية كانت هي المدرسة الصولتية التي أنشئت في مكة المكرمة ثم تلتها الفخرية فالخيرية ثم مدرستا الفلاح في جدة ومكة.

ثالثاً: نشأة وتطور مديرية المعارف العامة (1373/1344هـ)

بإنشاء التعليم النظامي مواتية بعد أن استتب له الحكم وتمكن من ضم الحجاز التي لم يوجد فيها حين دخوله لها إلا أربع مدارس حكومية أسسها الشريف حسين في مكة دون غيرها من المدن، ويضاف إلى ذلك المدارس الأهلية التي سبق الحديث عن بعضها.

إنشاء مديرية المعارف

إن أول عمل تنظيمي قام به الملك عبد العزيز - رحمه الله- بعد دخوله مكة المكرمة عام 1343هـ الدعوة إلى اجتماع تعليمي حثّ فيه العلماء على نشر العلم والتعليم والتوسع فيه، ومما يؤكد هذا الاهتمام المبكر بنظام التعليم إنشاء مديرية المعارف العامة في 1344/9/1هـ سبق صدور التعليمات الأساسية التي صدرت في 1345/2/21هـ ، ووصفت نظام الحكم والإدارة.

ثم صدرت التعليمات الأساسية لنظام الحكم عام 1345هـ كانت المادة الثالثة والعشرون فيه تنص على أن "أمور المعارف هي عبارة عن نشر العلوم والمعارف والصنائع

وافتتاح المكاتب والمدارس، وحماية المعاهد العلمية مع فرض الدقة والاعتناء بأصول الدين الحنيف في كافة المملكة الحجازية.

وفي عام 1346هـ صدر مرسوم ملكي بإنشاء مجلس للمعارف يضم نخبة متميزة من العلماء برئاسة مدير المعارف وحدود المرسوم عدد أعضاء المجلس بثمانية دون الرئيس يتم تعيينهم بأمر ملكي، وكانت لهذا المجلس مكانة خاصة في تاريخ التعليم إذ إنه أرسى قواعد النظام التعليمي الحديث في البلاد، وكانت أهدافه منذ البداية توحيد التعليم والسعي لجعل التعليم الابتدائي إجبارياً ومجانياً، وأن يتكون التعليم من أربع مراحل: تحضيري، ابتدائي، ثانوي، عالي. وقد تحددت مهام المجلس وصلاحياته فيما يلي:

1- الموافقة على ميزانية المعارف.

2- الموافقة على تعيين المعلمين وعزلهم عند الضرورة.

3- وضع برامج التعليم ومناهجه وإقراها.

4- النظر في التقارير الواردة من المدارس، واتخاذ ما يلزم بشأنها.

5- الإشراف على الامتحانات الخاصة بالمعلمين.

6- اختيار الكتب المقررة.

7- تشجيع التأليف والترجمة ومنح المكافآت المناسبة.

8- وضع الأنظمة المختلفة.

9- النظر في حالة الكتاتيب ومتابعتها والعمل على إصلاحها.

وقد تولى الإشراف على مديرية المدارس منذ تأسيسها وحتى تحويلها إلى وزارة عام 1373 هـ نخبة من العلماء الأفاضل هم:

1- الشيخ صالح بن بكر شطا 1344-1345هـ

2- الشيخ كامل قصاب 1345-1346هـ

3- الشيخ ماجد كردي 1346-1347هـ

4- الشيخ حافظ وهبه 1347-1349هـ

5- الشيخ محمد أمين فوده 1349-1352هـ

6- الشيخ إبراهيم الشورى 1352-1354هـ

7- الشيخ محمد طاهر الدباغ 1355-1364هـ

8- الشيخ محمد بن عبد العزيز المانع 1364-1373هـ

وقد أنشأت المديرية اثنتا عشرة مدرسة في أهم مدن الحجاز بدأ التدريس فيها سنة 1345هـ ثم اتسعت صلاحيتها بقيام المملكة العربية السعودية سنة 1351هـ فأصبحت مسؤولة عن التعليم في جميع أنحاء المملكة، واقتضى ذلك صدور نظام جديد لمديرية المعارف عام 1356هـ جاء في مادته الثالثة: "مديرية المعارف العامة هي المشرفة على جميع التعليم في المملكة العربية السعودية ويستثني من ذلك التعليم العسكري. وبناء عليه قامت المديرية بإنشاء مدارس في الأحساء ونجد وبقية المناطق على التوالي، ويتطلب ذلك وجود فروع وممثليات تتولى الإشراف على التعليم في المناطق البعيدة عن الحجاز أطلق عليها مسمى "معتمديات" للمعارف مثل معتمدية المعارف في المدينة المنورة سنة 1345هـ ومعتمدية المعارف في المنطقة الشرقية سنة 1356هـ ومعتمدية المعارف في نجد سنة 1365هـ ومعتمدية في أبها سنة 1357هـ وفي جدة والقصيم والطائف سنة 1369هـ وفي جيزان سنة 1373هـ وقبل قيام وزارة المعارف بأشهر.

إنجازات مدير المعارف :

1- إصدار النظام واللوائح الخاصة بالتعليم.

2- إنشاء المعهد العلمي السعودي.

3- إنشاء مدرسة تحضير البعثات.

4- مدرسة دار التوحيد بالطائف.

5- مدارس مهنية وفنية.

شهدت تأسيس عدد من المدارس الأهلية الخاصة بالفتاة، إضافة إلى ما كان في الأصل موجوداً قبل إنشاء المديرية من مقار للكتاتيب في مناطق متعددة من البلاد.

ومن أشهر المدارس الأهلية مثل :

1- مدرسة البنات الأهلية بمكة المكرمة.

2- مدرسة الثقافة والتدبير المنزلي بمكة المكرمة.

3- مدرسة الزهراء للبنات بمكة المكرمة.

4- مدرسة دار الحنان بجدة.

كما أنشئت عدة مدارس في الرياض وجدة والدمام ومكة والمدينة بين عام 1370-1378هـ عام 1373م قبل وفاته بعدة أشهر، وكان من بينها وزارة المعارف وقد صاحب إنشاء هذه الوزارات الخمس صدور المرسوم الملكي بتشكيل مجلس الوزراء حيث أسندت مسؤولية وزارة المعارف لصاحب السمو الملكي الأمير فهد بن عبد العزيز ليصبح أول وزير لها وكان ذلك تحديداً في 1373/4/18هـ وقد كشفت السنوات الأولى لإنشاء الوزارة عن قيادة رائدة متميزة في تحقيق نقلة نوعية في مستوى التعليم السعودي وقدرته على التوسع والانتشار. وخطت الوزارة خطوات واسعة سريعة في

سبيل تنمية التعليم بكافة مستوياته وأنواعه ومجالاته ومراحله وأصبحت النهضة التعليمية الشاملة من مظاهر النمو والتقدم في المملكة.

لقد أنجزت وزارة المعارف إنجازات ضخمة خلال فترة تولي خادم الحرمين الشريفين لها من عام 1373هـ حتى عام 1380هـ وتتمثل تلك الإنجازات في الآتي:

1- فتح العديد من المدارس وإدارات التعليم فقد أقامت الوزارة 406 مدرسة ابتدائية، و79 مدرسة متوسطة، و26 مدرسة ثانوية و 18 معهداً للمعلمين وخمسة معاهد مهنية زراعية وصناعية انتشرت في مناطق المملكة المختلفة قراها وهجرها ومدنها، وتضاف هذه المدارس على (226) مدرسة كانت قد أنشأتها الدولة في عهد مديرية المعارف كما سبق بيانه.

2- تأسيس المجلس الأعلى للتعليم، الذي تطور فأصبح (اللجنة العليا لسياسة التعليم) والتي وضعت الوثيقة التاريخية "وثيقة سياسة التعليم في المملكة العربية السعودية" وسنتحدث عنها بالتفصيل في الفصل الثاني من هذا الكتاب بإذن الله.

3- تشكيل أول هيكل تنظيمي لوزارة المعارف ليعبر عن الرؤى الطموحة في نشر التعليم وتطوره، فقد أنشئت إدارات وأقسام جديدة، أبرزها إدارة مستقلة للتعليم الابتدائي وأخرى للتعليم الثانوي، وقسم للعلاقات الثقافية والتعاون الثقافي وقسم للإحصاء التعليمي.

4- إدخال مجموعة من الخدمات الطلابية، من أهمها الخدمات الصحية للتلاميذ وإقرار التربية البدنية في مراحل التعليم وأنشطته وإدخال الحركة الكشفية وتوجيه العناية بالتوجيه الاجتماعي.

5- مضاعفة ميزانية وزارة المعارف، فقد تضاعفت خلال خمس سنوات من إنشائها ما يقارب سبع مرات، ففي عام 1372هـ كانت (12.817.466) ريالاً وأصبحت بعد خمس سنوات (88.681.704) ريالاً.

6- تأسيس مجلة المعرفة، وتعد أول مجلة تربوية في تاريخ وزارة المعارف.

تعديل اسم وزارة المعارف وإعادة هيكلتها:

في 1424/2/28هـ صدر الأمر الملكي الكريم بتعديل اسم وزارة المعارف ليصبح "وزارة التربية والتعليم" وقد جاء هذا ضمن قرارات عديدة استهدفت إعادة هيكلة مؤسسات الدولة المختلفة لتحسين الخدمات المقدمة للمواطنين في شتى القطاعات عن طريق رفع كفاءة الأجهزة الحكومية، وذلك بدراسة الهيكل الإداري لمؤسسات الدولة ونظام الموظفين ومدى مناسبة حجم كل مصلحة أو وزارة قياساً بالمهام المنوطة بها، وقد تضمن القرار كذلك أن يكون لوزير التربية والتعليم نائبان، أحدهما لتعليم البنين والثاني لتعليم البنات، وأن تنقل مهمة تقديم التعليم العام من رئاسة الحرس الوطني ووزارة الدفاع والطيران والمفتشية العامة والهيئة الملكية للجبيل وينبع إلى وزارة التربية والتعليم، وذلك لتوحيد الجهة المسؤولة عن التعليم العام، وأن تكون لوزارة التربية والتعليم ميزانيتان، إحداهما لتعليم البنين والأخرى لتعليم البنات، كما اشتملت إعادة الهيكلة على نقل الإدارة العامة للمكتبات العامة، التابعة لوكالة الشؤون الثقافية في وزارة المعارف، وما يتبعها من مكتبات عامة ومن وحدات إدارية للمكتبات في إدارات التعليم العام في المناطق، وكذلك الإدارة العامة للعلاقات الثقافية، التابعة لوكالة الشؤون الثقافية في وزارة المعارف إلى وزارة الثقافة والإعلام ويستثنى من ذلك ما يخص الجانب التربوي فيها، كما صدر الأمر الملكي الكريم بضم وكالة الآثار المرتبطة بوزارة المعارف إلى الهيئة العليا للسياحة.

رابعاً: نشأة وتطور الرئاسة العامة لتعليم البنات (1380-1424هـ)

لقد كانت بدايات تعليم الفتاة متمثلة في بعض المدارس الأهلية وعدد من الكتاتيب وتشير المصادر إلى أنه عشية الإعلان الرسمي عن إنشاء أول نواة رسمية لتعليم المرأة في المملكة كان هناك قرابة 15 مدرسة أهلية للبنات منها خمس في مكة وثلاث في الرياض وست في جدة.

إنشاء الرئاسة العامة لتعليم البنات :

صدر المرسوم الملكي بإنشاء أول مؤسسة تعليمية تُعنى بتعليم الفتاة بالمملكة بعد فترة من التخوف داخل أوساط المجتمع الذي كان يتصور بعض أفراده أن تعليم المرأة سيؤدي إلى خروج المرأة من المنزل ومخالطة الرجال، وقد نص المرسوم الملكي على أن إنشاء الرئاسة العامة لتعليم البنات كان تنفيذاً لرغبة علماء الدين في تعليم بناتنا القرآن والعقيدة والفقه والعلوم النافعة.

كما طمأن المرسوم أن ذلك لن يكون فيه تغيير لمعتقداتنا وأن المدارس ستكون في منأى عن كل شبهة تؤثر على النشء في أخلاقهم وتقاليدهم وقد تضمن المرسوم كذلك إسناد تنظيم المدارس ووضع برامجها لهيئة من كبار العلماء مرتبطة بالمفتي الشيخ محمد بن إبراهيم آل الشيخ – رحمه الله – .

وفي عام 1380هـ أنشئت الرئاسة بعد عدة أشهر من صدور الأمر الملكي وقد واجهت الدولة معارضة من بعض الأهالي في بعض المدن والقرى، إلا أنها استطاعت تجاوز تلك المعارضة بوضع المفتي العام على رأس هرم هذه المؤسسة الوليدة مما أعطى الكثير من الطمأنينة للمعارضين، بيد أن ذلك لم يمنع من وقوع بعض المعارضات والاعتداءات في بعض القرى والمدن.

وقد تمكنت الرئاسة في أقل من عشر سنوات من تحقيق نظام تعليمي متكامل لتعليم الفتاة يتدرج من التعليم الابتدائي، إلى التعليم المتوسط والثانوي الذي

بدأ عام 1384هـ وصاحب ذلك وضع نظام لإعداد المعلمات اشتمل على معاهد لإعداد المعلمات وكليات للتربية وكليات متوسطة.

وظلت الرئاسة تأخذ بالمناهج الدراسية المطبقة في وزارة المعارف مع بعض التعديلات في بعض الخطط الدراسية وبعض المواد، وأشرفت الرئاسة على الأنواع التالية من التعليم:

- التعليم العام بمراحله الثلاث (الابتدائي – المتوسط – الثانوي) للإناث.

- معاهد إعداد المعلمات والتي أخذت تتلاشى بعد افتتاح الكليات.

- كليات التربية والآداب والاقتصاد المنزلي عن طريق وكالة الرئاسة للكليات.

- التعليم الخاص لذوي الاحتياجات الخاصة من المعاقين سمعياً أو بصرياً أو فكرياً.

- رياض الأطفال

- التعليم الأهلي

- التعليم الفني

- تعليم الكبيرات

- مدارس تحفيظ القرآن

دمج الرئاسة العامة لتعليم البنات في وزارة المعارف :

بعد انتشار التعليم العام للبنين والبنات ظهرت الحاجة إلى تنسيق الجهود بـين هـذين النمطـين من التعليم في مجال التخطيط والتطوير التربوي والتنظيمات الإدارية.

ولهذا صدر الأمر السامي الكريم بدمج الرئاسة العامة لتعليم البنات مع وزارة المعـارف، وكان ذلك في 1423/1/11هـ ومن المؤمل أن تشمل الجهود التنسيقية مجالات عديدة ترتبط بالاسـتثمار الأمثـل للعاملين في جهازي الوزارة والرئاسة وتوظيف خبراتهم التربوية في مجال التطوير التربوي وما يرتبط به مـن إدارات المناهج والبحوث والقياس والتقويم والتخطيط التربوي وتقنيات التعليم.

كما من المؤمل أن يقلل هذا الـدمج النفقـات المترتبـة عـلى وجـود إدارات تعليميـة مزدوجة في المناطق والمحافظات التعليمية وما يترتب على ذلك من مصاريف يمكن توجيهها لخدمة الطالـب والطالبـة في إقامة المباني الحكومية وتطوير التجهيزات المدرسية.

خامساً: السلم التعليمي في المملكة العربية السعودية :

(الحقيل، 2003م ، ص : 24-25)

(الحامد وآخرون، 2004م)

تشكلت بنية التعليم النظامي في المملكة العربية السعودية على نمط السلم التعليمي السائد في معظم الدول العربية والأجنبية الذي يستند إلى ثلاث مراحل تعليمية رئيسة هي التعليم الابتدائي، التعليم الثانوي، التعليم العالي. وتسبق هذه المراحل مرحلة ما قبل التعليم الابتدائي التي تستمر من السنة الأولى إلى السادسة من عمر الطفل وهي لا تعد مرحلة أساسية في التعليم العام.

ويتضمن الهيكل التنظيمي لنظام التعليم السعودي أنماطاً أخرى للتعليم هـي: التعليم الفنـي، التعليم الخاص وتعليم الكبار وسوف تخصص الفصول التالية لمناقشـة أنمـاط ومراحل التعليم السعودي المختلفة.

ويتكون السلم التعليمي للتعليم العام في المملكة العربية السعودية مـن ثـلاث مراحـل: ابتـدائي ومتوسط وثانوي بالإضافة إلى رياض الأطفال وهو: 6+3+3

أ- تعليم رياض الأطفال .

ب- التعليم العام للبنين: ويشمل السلم التعليمي الحالي في المملكة ثلاث مراحل هي:

1- المرحلة الابتدائية: ومدتها 6 سنوات.

2- المرحلة المتوسطة: ومدتها 3 سنوات.

3- المرحلة الثانوية: ومدتها 3 سنوات.

ج- التعليم العام للبنات: وكان في الماضي تابعاً للرئاسة العامة لتعليم البنات ولكن الدولة رأت دمجه مع وزارة المعارف في إطار توحيد الدولة تخطيطاً وإشرافاً وتنفيذاً، ولذا صدر الأمر السامي الكريم في يوم الاثنين 11/محرم/1423هـ بدمج رئاسة تعليم البنات مع وزارة المعارف.

د- التعليم العام الأهلي للبنين والبنات: وتشرف عليه الوزارة من خلال الإدارة العامة للتعليم الأهلي ويشمل مراحل التعليم العام الثلاث، ويعد رافداً مسانداً للتعليم الحكومي.

هـ- مدارس تحفيظ القرآن الكريم: وهي مدارس تطبق سلم التعليم العام بمراحله الثلاث ولكنها تكثف منهج القرآن الكريم حتى يتمكن الطلاب من إتقان تلاوة وحفظ كتاب الله، وتنتشر هذه المدارس في أرجاء شتى من البلاد.

و- مراكز تعليم الكبار ومحو الأمية: وهي مراكز ليلية تتيح الفرصة للدارسين والدارسات لمحو أميتهم، حيث تعادل الشهادة الممنوحة للناجحين شهادة إتمام السنة السادسة من التعليم الابتدائي.

حيث يحدد عبد السلام ورضية الخزرجي (2000م، ص: 90) أن نسبة الأمية في المملكة العربية السعودية بلغت 2.37% من المجتمع السكاني عام 1995م.

ز- معاهد وبرامج التربية الخاصة: وهذا النوع من التعليم يسير في خط مواز لسلم التعليم العام، وتقدم خدمة التعليم فيه لذوي الإعاقات الذهنية والسمعية والبصرية.

ح- مدارس التعليم الأجنبي: وهي تلك المدارس المخصصة لتعليم الجاليات المقيمة في المملكة.

سادساً: ميزانية وزارة التربية والتعليم

تنص وثيقة سياسة التعليم في المملكة العربية السعودية على أن الدولة هي المسؤولة عن تمويل التعليم، وأن التعليم مجاني لجميع المواطنين والوافدين باستثناء مؤسسات التعليم الأهلي، وتعكس الزيادة السنوية لمخصصات التعليم الاهتمام والمكانة التي ينالها في عملية التنمية الشاملة التي تشهدها المملكة في كافة المجالات.

أما التعليم الأهلي الذي تكون ملكيته خاصة ويستلزم دفع رسوم دراسية، وتطور ميزانية التعليم يؤكد أهميته لدى الدولة وأنه يحظى بالمتابعة والحرص على التطوير والانتشار والجدول رقم (1) يوضح تطور نسبة ميزانية التعليم إلى ميزانية الدولة العامة خلال خطط التنمية السبع، إذ بلغت هذه النسبة 98% في عام 1390/ 1391هـ وارتفعت الى 27.51% عام 1423/ 1424هـ.

جدول رقم (1)

تطور ميزانية التعليم من (1390هـ - 1422هـ المبالغ بملايين الريالات)

المصدر (الحامد وآخرون، 2005م)

السنوات المالية	الميزانية العامة للدولة	ميزانية قطاع التعليم	نسبة ميزانية التعليم للميزانية العامة للدولة	ميزانية وزارة المعارف	نسبة ميزانية وزارة المعارف لميزانية التعليم
1391/1390هـ	6780	666	%9.8	431	%64.7
1369/1395هـ	110935	12.941	%11.7	8.986	%69.40
1401/1400هـ	245000	21.294	%8.7	9.6136	%45.3
1406/1405هـ	200.000	23.54	%11.8	10.459	%44.4
1411/1410هـ	135.908	25.460	%18.76	10.675	%41.93
1416/1415هـ	150.000	26.541	%17.69	11.087	%41.77
1421/1420هـ	185.000	49.381	%26.69	20.249	%41.01
1422/1421هـ	215.000	53.300	%24.79	21.172	%39.72
1424/1423هـ	209.000	57.500	%27.51	الميزانية تشمل البنين والبنات بعد الدمج	

كما يؤكد بدران (2004م، ص: 208) أن إجمالي إنفاق المملكة العربية السعودية على التعليم (5.5-4.1) منذ عام 1980م حتى 1995م .

سابعاً: الإدارة التعليمية في المملكة العربية السعودية

(فرج، 2005م ، ص: 54) ، (العقيل، 2005م، ص: 250)

منذ دخول الملك عبد العزيز الرياض أولى التعليم عناية خاصة في جميع مراحل جهاده رغم الظروف الصعبة التي أحاطت بالبلاد، لإيمانه بأهمية التعليم في بناء دولة حديثة عزيزة الجانب، فعندما دخل الملك عبد العزيز مكة المكرمة عام 1343هـ اجتمع مع الأهالي وناقش معهم كيفية نشر التعليم، وبذلك بدأت الحركة التعليمية المباركة، فأصدر الملك المؤسس مرسوماً بإنشاء مديرية المعارف عام 1344هـ للإشراف على تنظيم التعليم وفتح المدارس، وفي عام 1346هـ صدر مرسوم بتكوين مجلس المعارف وعندما حدث تداخل في الاختصاصات بين المديرية والمجلس صدر مرسوم بتحديد صلاحيات كل من المديرية والمجلس، وبدأت الحركة التعليمية تتطور مما أدى إلى صدور مرسوم ملكي بتحويل مديرية المعارف إلى وزارة المعارف عام 1373هـ وعهد آنذاك إلى الأمير فهد بن عبد العزيز أن يكون أول وزير للمعارف يتولى مهام الوزارة ومسؤولياتها الكبرى.

وتعتبر الحكومة هي العنصر الرئيسي المسؤل عن التعليم، وتوفير التعليم مجانياً لكل الطبقات والمستويات ولكل المواطنين وتشيد الدولة المدارس وتزودها بكل التسهيلات الضرورية والكتب والمواد التعليمية الأخرى، كما تدرب وتؤهل المدرسين فتدفع لهم مرتباتهم، وتتم ترقياتهم إلى الدرجات التعليمية الأعلى، كما تتحمل معاشاتهم، كما ترسلهم أيضا إلى منح خارجية وداخلية، وترتب التبادل الثقافي مع الأقطار الأخرى وتقرر المنح المالية التي تعطى للطلبة في كل مرحلة من أنواع التعليم، ويلعب القطاع الخاص دوراً محدداً في تحمل مسؤولية التعليم فهو يزود الذين يسعون للمدارس الخاصة برسوم التعليم ومع ذلك فهو لا يزال تحت إشراف الدولة.

أسس وأهداف سياسة التعليم في المملكة

(الحامد وآخرون، 2004م، ص: 68-81)، (الغامدي وعبد الجواد، 2002م، ص: 71-77)، (العقيل، 2005م، ص: 40-40)، بدران (2004م، ص: 206-211):

أصدرت المملكة في عام 1390هـ/ 1970م وثيقة "سياسة التعليم" كإعلان رسمي من الدولة يفصل الأسس والمبادئ التي يرتكز عليها مسار النظام التعليمي، والدور المنوط به في رعاية النشء والشباب وإعدادهم للحياة، وتزويدهم بالمفاهيم والحقائق والاتجاهات والقيم التي تمكنهم من تحقيق خير أمة أخرجت للناس.

ولقد تحددت سياسة التعليم السعودي في إطار القوى التي شكلت ذلك النظام ولكي تحقق هذه السياسة التنمية المرجوة منها يجب أن تكون مستمدة من تعاليم الدين الإسلامي الحنيف الذي تقوم عليه هذه السياسة، كما يجب أن تكون مرنة بحيث تسمح للعاملين في حقل التعليم بالتصرف في حالة حدوث تغيرات داخلية أو خارجية، كما يجب أن تكون محددة حتى لا تتنافى مع السياسة العامة للدولة القائمة على تعاليم الدين الإسلامي أو تتعارض مع القيم الاجتماعية والأخلاق العامة، وتكون واضحة حتى لا يتم تأويلها وفق الظروف، وكي تكون سياسة التعليم فعالة يجب ان تكون معروفة ومفهومة من جميع العاملين في حقل التربية والتعليم وتعرّف سياسة التعليم بأنها:

" الخطوط العامة التي تقوم عليها عملية التربية والتعليم أداء للواجب في تعريف الفرد بربه ودينه وإقامة سلوكه على شرعه، وتلبية لحاجات المجتمع وتحقيقاً لأهداف الأمة وهي تشمل حقول التعليم ومراحله المختلفة، والخطط والمناهج والوسائل التربوية والنظم الإدارية والأجهزة القائمة على التعليم وسائر ما يتصل به".

وتتمثل السياسة التعليمية لنظام التعليم السعودي في فلسفة نظام التعليم ومؤسسات الإشراف عليه، كما أن نجاح تنفيذها يتوقف على الموارد المالية المتاحة، وأخيراً يمثل السلم التعليمي بنية التعليم التي تحددها سياسة التعليم في المملكة العربية السعودية .

وفلسفة نظام التعليم السعودي تقوم على مبادئ وتعاليم الدين الإسلامي الحنيف وهي تهدف إلى غرس العقيدة الإسلامية بين النشء وتنشئة الأجيال على ذلك، وتظهر فلسفة نظام التعليم السعودي في وثيقة سياسة التعليم بالمملكة العربية السعودية الصادرة عام 1389هـ ، وهي تحدد المسار الـذي ينبغـي أن يسير بموجبه التعليم السعودي في كافة مراحله.

أولاً: الأسس العامة التي يقوم عليها التعليم في المملكة

(الرفاعي، 2001م، ص: 5-9)، (الحقيل، 2002م، ص: 65-77)

تنبثق السياسة التعليمية في المملكة مـن الإسلام الـذي تـدين بـه الأمـة عقيـدة وعبـادة وخلقـاً وشريعة وحكماً ونظاماً متكاملاً للحياة، وهي جزء أساسي من السياسة العامة للدولة يسير وفـق التخطيط الآتي:

1- الإيمان بالله رباً وبالإسلام ديناً وبمحمد صلى الله عليه وسلم نبياً ورسولاً.

2- التصور الإسلامي الكامل للكون والإنسان والحياة، وأن الوجـود كلـه خاضـع لمـا سـنه الله تعـالى ليقوم كل مخلوق بوظيفته دون خلل أو اضطراب.

3- الحياة الدنيا مرحلة إنتاج وعمل يستثمر فيها المسلم طاقاته عـن إيـمان وهـوى للحيـاة الأبديـة الخالدة في الدار الآخرة فاليوم عمل ولا حساب وغداً حساب ولا عمل.

4- الرسالة المحمدية هي المنهج الأقوم للحياة الفاضلة التي تحقق السعادة لبنـي الإنسـان وتنفيـذ البشرية مما تردت فيه من فساد وشقاء.

5- المثل العليا التي جاء بها الإسلام لقيام حضارة إنسانية رشيدة بناء يهتدي برسالة محمد صلى الله عليه وسلم لتحقيق العزة في الدنيا والسعادة في الدار الآخرة.

6- الإيمان بالكرامة الإنسانية التي قررها القرآن الكريم وأناط بها القيام بأمانة الله في الأرض (ولقد كرمنا بني أدم وحملناهم في البر والبحر ورزقناهم من الطيبات وفضلناهم على كثير ممن خلقنا تفضيلاً) (الإسراء: الآية70)

7- فرص النمو مهيأة أمام الطالب للمساهمة في تنمية المجتمع الذي يعيش فيه ومن ثم الإفادة من هذه التنمية التي شارك فيها.

8- تقرير حق الفتاة في التعليم بما يلائم فطرتها ويعدها لمهمتها في الحياة على أن يتم هذا بحشمة ووقار، وفي ضوء الشريعة الإسلامية، فإن النساء شقائق الرجال.

9- طلب العلم فرض على كل فرد بحكم الإسلام، ونشره وتيسيره في المراحل المختلفة واجب على الدولة بقدر وسعها وإمكانياتها.

10- العلوم الدينية أساسية في جميع سنوات التعليم الابتدائي والمتوسط والثانوي بفروعه، والثقافة الإسلامية مادة أساسية في جميع سنوات التعليم العالي.

11- توجيه العلوم بمختلف أنواعها وموادها تأليفاً وتدريساً وجهة إسلامية في معالجة قضاياها والحكم على نظرياتها وطرق استثمارها، حتى تكون منبثقة من الإسلام، متناسقة مع التفكير الإسلامي السديد.

12- الاستفادة من جميع أنواع المعارف الإنسانية النافعة على ضوء الإسلام للنهوض بالأمة ورفع مستوى حياتها فالحكمة ضالة المؤمن أنى وجدها فهو أولى الناس بها.

13- التناسق المنسجم مع العلم والمنهجية التطبيقية (التقنية) باعتبارهما من أهم وسائل التنمية الثقافية والاجتماعية والاقتصادية والصحية، لرفع مستوى أمتنا وبلادنا والقيام بدورنا في التقدم الثقافي العالمي.

14- ربط التربية والتعليم في جميع المراحل بخطة التنمية العامة للدولة .

15- التفاعل الواعي مع التطورات الحضارية العالمية في ميادين العلوم والثقافة والآداب، بتتبعها والمشاركة فيها، وتوجيهها بما يعود على المجتمع والإنسانية بالخير والتقدم.

16- الثقة الكاملة بمقومات الأمة الإسلامية وأنها خير أمة أخرجت للناس وأنها والإيمان بوحدتها على اختلاف أجناسها وألوانها وتباين ديارها (إن هذه أمتكم أمة واحدة وأنا ربكم فاعبدون) (الأنبياء، الآية 92)

17- الارتباط الوثيق بتاريخ أمتنا وحضارة ديننا الإسلامي والإفادة من سير أسلافنا ليكون ذلك نبراساً لنا في حاضرنا ومستقبلنا.

18- التضامن الإسلامي في سبيل جمع كلمة المسلمين وتعاونهم ودرء الأخطار عنهم.

19- احترام الحقوق العامة التي كفلها الإسلام وشرع حمايتها حفاظاً على الأمن، وتحقيقاً لاستقرار المجتمع المسلم في: الدين، والنفس، والنسل، والعرض، والعقل، والمال.

20- التكامل الاجتماعي بين أفراد المجتمع تعاوناً، ومحبة، وإخاء، وإيثار للمصلحة العامة على المصلحة الخاصة .

21- النصح المتبادل بين الراعي والرعية بما يكفل الحقوق والواجبات وينمي الولاء والإخلاص.

22- شخصية المملكة العربية السعودية متميزة بما خصها الله به من حراسة مقدسات الإسلام وحفاظها على مهبط الوحي واتخاذها الإسلام عقيدة عبادة وشريعة ودستور حياة، واستثمار مسؤولياتها العظيمة في قيادة البشرية بالإسلام وهدايتها إلى الخير.

23- الأصل هو أن اللغة العربية لغة التعليم في كافة مواده وجميع مراحله، إلا ما اقتضت الضرورة تعليمه بلغة أخرى.

24- الدعوة إلى الإسلام في مشارق الأرض ومغاربها بالحكمة والموعظة الحسنة من واجبات الدولة والأفراد، وذلك هداية للعالمين، وإخراجاً لهم من الظلمات إلى النور وارتفاعاً بالبشر في مجال العقيدة إلى مستوى الفكر الإسلامي.

25- الجهاد في سبيل الله فريضة محكمة، وسنة متبعة، وضرورة قائمة، وهو ماض إلى يوم القيامة.

26- القوة في أسمى صورها وأشمل معانيها، قوة العقيدة، وقوة الخلق، وقوة الجسم، "فالمؤمن القوي خير وأحب إلى الله من المؤمن الضعيف وفي كل خير".

27- غاية التعليم فهم الإسلام فهماً صحيحاً متكاملاً، وغرس العقيدة الإسلامية ونشرها، وتزويد الطالب بالقيم والتعاليم الإسلامية وبالمثل العليا، وإكسابه المعارف والمهارات المختلفة، وتنمية الاتجاهات السلوكية البناءة، وتطوير المجتمع اقتصادياً واجتماعياً وثقافياً وتهيئة الفرد ليكون عضواً نافعاً في بناء مجتمعه.

ويمكن توضيح الأسس والمبادئ التي يقوم عليها التعليم من خلال التقسيم التالي:

(العقيل، 2005م، ص: 3-35)

1- مبدأ التربية من أجل بناء العقيدة الإيمانية الصحيحة:

وتجسده السياسة التعليمية في المرتكزات التالية:

أ- الإيمان بالله رباً وبالإسلام ديناً وبمحمد صلى الله عليه وسلم نبياً ورسولاً .

ب- التصور الإيماني الكامل للكون والإنسان والحياة وأن الوجود كله خاضع لما سنه الله تعالى ليقوم كل مخلوق بوظيفته دون إخلال أو اضطراب.

ج- الحياة الدنيا مرحلة إنتاج وعمل، يستثمر فيها المسلم طاقته عن إيمان وهدى للحياة الأبدية الخالدة في الدار الآخرة، فاليوم عمل بلا حساب، وغداً حساب بلا عمل.

د- الرسالة المحمدية هي المنهج الأقوم للحياة الفاضلة التي تحقق السعادة لبني الإنسان وتنقذ البشرية مما تردت فيه من فساد وشقاء.

2- مبدأ التربية من أجل بناء الخلق القويم:

وتجسده السياسة التعليمية في المرتكزات التالية:

أ- المثل العليا التي جاء بها الإسلام لقيام حضارة إنسانية رشيدة بناءة تهتدي برسالة محمد صلى الله عليه وسلم لتحقيق العزة في الدنيا والسعادة في الدار الآخرة.

ب- الإيمان بالكرامة الإنسانية التي قررها القرآن الكريم وأناط بها القيام بأمانة الله في الأرض: (ولقد كرمنا بني آدم وحملناه في البر والبحر ورزقناهم من الطيبات وفضلناهم على كثير ممن خلقنا تفضيلاً) .

ج- النصح المتبادل بين الراعي والرعية بما يكفل الحقوق والواجبات وينمي الولاء والإخلاص.

3- تكافؤ الفرص التعليمية:

وتجسّده السياسة التعليمية في المرتكزات التالية:

أ- تقرير حق الفتاة في التعليم بما يلائم فطرتها ويعدها لمهمتها في الحياة على أن يتم هذا بحشمة ووقار، وفي ضوء شريعة الإسلام فإن النساء شقائق للرجال.

ب- طلب العلم فرض على كل فرد بحكم الإسلام ونشره وتيسيره في المراحل المختلفة واجب على الدولة بقدر وسعها وإمكانياتها.

4- الإسلام مرجعية أساسية للعلوم :

وتتناول السياسة التعليمية هذا المبدأ في المرتكزات التالية :

أ- العلوم الدينية أساسية في جميع سنوات التعليم الابتدائي والمتوسط والثانوي بفروعه، والثقافة الإسلامية مادة أساسية في جميع سنوات التعليم العالي.

ب- توجيه العلوم والمعارف بجميع أنواعها وموادها تأليفاً وتدريساً وجهة إسلامية في معالجة قضاياها والحكم على نظرياتها وطرق استثمارها حتى تكون منبثقة من الإسلام متناسقة مع التفكير الإسلامي السديد.

ج- الاستفادة من جميع أنواع المعارف الإنسانية النافعة على ضوء الإسلام للنهوض بالأمة ورفع مستوى حياتها، فالحكمة ضالة المؤمن أنى وجدها فهو أولى الناس بها.

5- علمية التربية :

وتتناول السياسة التعليمية هذا المبدأ في المرتكزات التالية:

أ- التناسق المنسجم مع العلم والمنهجية التطبيقية (التقنية) باعتبارهما من أهم وسائل التنمية الثقافية والاجتماعية والاقتصادية والصحية، لرفع مستوى أمتنا وبلادنا والقيام بدورنا في التقدم الاقتصادي العالمي.

ب- التفاعل الواعي مع التطورات الحضارية العالمية في ميادين العلوم والثقافة والآداب بتتبعها والمشاركة فيها وتوجيهها بما يعود على مجتمع الإنسانية بالخير والتقدم.

6- التربية من أجل التنمية :

وتتضح في المرتكزات التالية:

أ- فرص النمو مهيأة أمام الطالب للمساهمة في تنمية المجتمع الذي يعيش فيه ومن ثم الإفادة من هذه التنمية التي شارك فيها.

ب- ربط التربية والتعليم في جميع المراحل بخطط التنمية العامة للدولة.

7- تعزيز الهوية الإسلامية العربية:

وتتناول السياسة التعليمية هذا المبدأ في المرتكزات التالية:

أ- الثقة الكاملة بمقومات الأمة الإسلامية وأنها خير أمة أخرجت للناس، والإيمان بوحدتها على اختلاف ألوانها وأجناسها وتباين ديارها "إن هذه أمتكم أمة واحدة وأنا ربكم فاعبدون" (الأنبياء: 92)

ب- الارتباط الوثيق بتاريخ أمتنا وحضارة ديننا الإسلامي والإفادة من سير أسلافنا، ليكون بذلك نبراساً لنا في حاضرنا ومستقبلنا .

ج- شخصية المملكة العربية السعودية متميزة بما خصها الله من حراسة مقدسات الإسلام وحفاظها على مهبط الوحي، واتخاذها الإسلام عقيدة وشريعة ودستور حياة، واستشعار مسؤوليتها العظيمة في قيادة البشرية بالإسلام وهدايتها إلى الخير.

د- الأصل هو أن اللغة العربية هي لغة التعليم في كافة مواده وجميع مراحله إلا ما اقتضت الضرورة تعليمه بلغة أخرى.

هـ- التضامن الإسلامي في سبيل جمع كلمة المسلمين وتعاونهم ودرء الأخطار عنهم.

8- إنسانية التربية:

وتتناول السياسة التعليمية هذا المبدأ في المرتكزات التالية:

أ- الدعوة إلى الإسلام في مشارق الأرض ومغاربها بالحكمة والموعظة الحسنة من واجبات الدولة والأفراد وذلك هداية للعالمين وإخراجاً لهم من الظلمات إلى النور.

ب- الجهاد في سبيل الله فريضة محكمة وسنة متبعة وضرورة قائمة وهو ماضٍ إلى يوم القيامة.

9- التربية على المسؤولية الاجتماعية:

وتتناول السياسة التعليمية هذا المبدأ في المرتكزات التالية:

أ- احترام الحقوق العامة التي كفلها الإسلام وشرح حمايتها حفاظاً على الأمن وتحقيقاً لاستقرار المجتمع المسلم في الدين والنفس والنسل والعرض والعقل والمال.

ب- التكافل الاجتماعي بين أفراد المجتمع تعاوناً ومحبة وإخاء وإيثاراً للمصلحة العامة على المصلحة الخاصة.

ج- النصح المتبادل بين الراعي والراعية بما يكفل الحقوق العامة وينمي الولاء والإخلاص.

10- التربية وبناء القوة :

وتؤكد السياسة التعليمية هذا المبدأ أن القوة في أسمى صورها وأشمل معانيها تشمل: قوة العقيدة قوة الخلق قوة الجسم استناداً إلى أن المؤمن القوي خير وأحب إلى الله من المؤمن الضعيف كما أخبر المصطفى صلى الله عليه وسلم بذلك.

ثانياً: أهداف نظام التعليم في المملكة العربية السعودية

(الرفاعي، 2001م، ص: 10-13)، (الحقيل، 2003م، ص: 115-145):

1- تنمية روح الولاء لشريعة الإسلام، وذلك بالبراءة من كل نظام أو مبدأ يخالف هذه الشريعة واستقامة الأعمال والتصرفات وفق أحكامها العامة الشاملة.

2- النصيحة لكتاب الله وسنة رسوله بصيانتهما، ورعاية حفظهما وتعهد علومها والعمل بما جاء فيهما.

3- تزويد الفرد بالأفكار والمشاعر والقدرات اللازمة لحمل رسالة الإسلام.

4- تحقيق الخلق القرآني في المسلم والتأكيد على الضوابط الخلقية لاستعمال المعرفة "إنما بعثت لأتمم مكارم الأخلاق".

5- تربية المواطن المؤمن ليكون لبنة صالحة في بناء أمتة، ويشعر بمسؤوليته لخدمة بلاده والدفاع عنها.

6- تزويد الطالب بالقدر المناسب من المعلومات الثقافية والخبرات المختلفة التي تجعل منه عضواً عاملاً في المجتمع.

7- تنمية إحساس الطلاب بمشكلات المجتمع الثقافية والاقتصادية والاجتماعية، وإعدادهم للإسهام في حلها.

8- تأكيد كرامة الفرد وتوفير الفرص المناسبة لتنمية قدراته حتى يستطيع المساهمة في نهضة الأمة.

9- دراسة ما في هذا الكون الفسيح من عظيم الخلق، وعجيب الصنع، واكتشاف ما ينطوي عليه من أسرار قدرة الخالق للاستفادة منها وتسخيرها لرفع كيان الإسلام وإعزاز أمته.

10- بيان الانسجام التام بين العلم والدين في شريعة الإسلام، فإن الإسلام دين ودنيا، والفكر الإسلامي يفي بمطالب الحياة البشرية في أرقى صورها في كل عصر.

11- تكوين الفكر الإسلامي المنهجي لدى الأفراد، ليصدروا عن تصور إسلامي موحد فيما يتعلق بالكون والإنسان والحياة وما يتفرع عنها من تفصيلات.

12- رفع مستوى الصحة النفسية بإحلال السكينة في نفس الطالب وتهيئة الجو المدرسي المناسب.

13- تشجيع وتنمية روح البحث والتفكير العلميين، وتقوية القدرة على المشاهدة والتأمل، وتبصير الطلاب بآيات الله في الكون وما فيه، وإدراك حكمة الله في خلقه لتمكين الفرد من الاضطلاع بدوره الفعال في بناء الحياة الاجتماعية وتوجيهها توجيهاً سليماً.

14- الاهتمام بالإنجازات العالمية في ميادين العلوم والآداب، والفنون المباحة، وإظهار أن تقدم العلوم ثمرة لجهود الإنسانية عامة وإبراز ما أسهم به أعلام الإسلام في هذا المجال، وتعريف الناشئة برجالات الفكر الإسلامي، وتبيان نواحي الابتكار في آرائهم وأعمالهم في مختلف الميادين العلمية والعملية.

15- تنمية التفكير الرياضي والمهارات الحسابية والتدريب على استعمال لغة الأرقام والإفادة منها في المجالين العلمي والعملي.

16- تنمية مهارات القراءة وعادة المطالبة سعياً وراء زيادة المعارف.

17- اكتساب القدرة على التعبير الصحيح في التخاطب والتحدث والكتابة بلغة سليمة وتفكير منظم.

18- تنمية القدرة اللغوية بشتى الوسائل التي تغذي اللغة العربية، وتساعد على تذوقها وإدراك نواحي الجمال فيها أسلوباً وفكرة.

19- تدريس التاريخ دراسة منهجية مع استخلاص العبرة منه، وبيان وجهة نظر الإسلام فيما يتعارض معه، وإبراز المواقف الخالدة في تاريخ الإسلام وحضارة أمته، حتى تكون قدوة لأجيالنا المسلمة تولد لديها الثقة والإيجابية.

20- تبصير الطلاب بما لوطنهم من أمجاد إسلامية تليدة، وحضارة عالمية إنسانية عريقة، ومزايا جغرافية وطبيعية واقتصادية وبما لمكانته من أهمية بين أمم الدنيا.

21- فهم البيئة بأنواعها المختلفة، وتوسيع آفاق الطلاب بالتعرف على مختلف أقطار العالم وما يتميز به كل قطر من إنتاج وثروات طبيعية مع التأكيد على ثروات بلادنا ومواردها الخام، ومركزها الجغرافي والاقتصادي، ودورها السياسي القيادي في الحفاظ على الإسلام والقيام بواجب دعوته وإظهار مكانة العالم الإسلامي والعمل على ترابط أمته.

22- تزويد الطلاب بلغة أخرى من اللغات الحية على الأقل، بجانب لغتهم الأصلية للتزود من العلوم والمعارف والفنون والابتكارات النافعة، والعمل على نقل علومنا ومعارفنا إلى المجتمعات الأخرى وإسهاماً في نشر الإسلام وخدمة الإنسانية.

23- تعويد الطلاب العادات الصحية السليمة، ونشر الوعي الصحي.

24- إكساب الطلاب المهارات الحركية التي تستند إلى القواعد الرياضية والصحية لبناء الجسم السليم، حتى يؤدي الفرد واجباته في خدمة دينه ومجتمعه بقوة وثبات.

25- مسايرة خصائص مراحل النمو النفسي للناشئين في كل مرحلة ومساعدة الفرد على النمو السوي: (روحياً، وعقلياً، وعاطفياً، واجتماعياً) والتأكيد على الناحية الروحية الإسلامية بحيث تكون هي الموجه الأول للسلوك الخاص والعام للفرد والمجتمع.

26- التعرف على الفروق الفردية بين الطلاب توطئة لحسن توجيههم ومساعدتهم على النمو وفق قدراتهم واستعداداتهم وميولهم.

27- العناية بالمتخلفين دراسيا، والعمل على إزالة ما يمكن إزالته من أسباب هذا التخلف ووضع برامج خاصة ودائمة ومؤقتة وفق حاجاتهم.

28- التربية الخاصة والعناية بالطلاب المعوقين جسمياً وعقلياً، عملاً بهدى الإسلام الذي يجعل التعليم حقاً مشاعاً بين جميع أبناء الأمة.

29- الاهتمام باكتشاف الموهوبين ورعايتهم، وإتاحة الإمكانيات والفرص لنمو مواهبهم في إطار البرامج العامة وبوضع برامج خاصة.

30- تدريب الطاقة البشرية اللازمة وتنويع التعليم مع الاهتمام الخاص بالتعليم المهني.

31- غرس حب العمل في نفوس الطلاب، والإشادة به في سائر صوره، والحض على إتقانه والإبداع فيه، والتأكيد على مدى أثره في بناء كيان الأمة.

ويستعان على ذلك بما يلي:

أ- تكوين المهارات العلمية والعناية بالنواحي التطبيقية في المدرسة، بحيث يتاح للطالب الفرصة للقيام بالأعمال الفنية اليدوية والإسهام في الإنتاج، وإجراء التجارب في المخابر والورش والحقول.

ب- دراسة الأسس العلمية التي تقوم عليها الأعمال المختلفة، حتى يرتفع المستوى الآلي للإنتاج إلى مستوى النهوض والابتكار.

32- إيقاظ روح الجهاد الإسلامي لمقاومة أعدائنا، واسترداد حقوقنا، واستعادة أمجادنا، والقيام بواجب رسالة الإسلام.

33- إقامة الصلات الوثيقة التي تربط بين أبناء الإسلام وتبرز وحدة أمته.

ومن ثمّ يمكن تلخيص هذه الأهداف إلى أهداف عامة وأهداف خاصة.

(الحامد وآخرون، 2004م ، ص: 78-80)

الأهداف العامة:

يمكن تلخيص أهداف نظام التعليم السعودي العامة فيما يلي:

1- **أهداف إسلامية:** المملكة العربية السعودية دولة إسلامية يحكم الإسلام جميع جوانب الحياة فيها، وقد قامت سياستها التعليمية على تعاليم الدين الإسلامي الحنيف، والتي تسعى إلى ترسيخ الإيمان بالله رباً، وبالإسلام ديناً وبمحمد ﷺ نبياً رسولاً.

2- **أهداف معرفية:** تنبثق الأهداف المعرفية لنظام التعليم في المملكة العربية السعودية من ضرورة دراسة ما في الكون الفسيح وإبراز قدرة الله على خلق هذا

الكون وتزويد الأفراد بالأفكار المعرفية النافعة والخبرات الوظيفية وتنمية المهارات لدى أبناء هذا الوطن وإعدادهم لمواجهة متطلبات التنمية.

3- **أهداف تتصل بالمهارات:** وتنطبق هذه الأهداف من ضرورة إكساب الفرد مهارات عملية وسلوكية تمكنه من أداء الأعمال المطلوبة منه على الوجه الأكمل كما تعده لكي يواجه متطلبات الحياة الحالية والمستقبلية.

4- **أهداف تتصل بالميول:** يسعى نظام التعليم السعودي إلى مساعدة الشباب على اكتساب الميول الجيدة والصحيحة والاهتمامات الوظيفية واحترام العمل وتقديره ودعم التكافل الاجتماعي.

5- **أهداف تتصل بالاتجاهات والقيم:** يسعى نظام التعليم إلى مساعدة الفرد على تعميق الاتجاهات والقيم، وذلك عن طريق تبصير الطلاب بالأمجاد التاريخية والحضارية والإسلامية وتنمية إحساسهم بمشكلات المجتمع واحترام العمل وتقديره ودعم التكافل الاجتماعي وإيثار المصلحة العامة على المصلحة الخاصة .

ثالثاً: أهداف مراحل التعليم المختلفة

(العقيل، 2005م ، ص : 250)

أهداف مرحلة الحضانة ورياض الأطفال تتحدد في ضوء متطلبات مرحلة الطفولة وتستهدف تنمية شخصية الطفل بطريقة متكاملة وإعداده للمرحلة الابتدائية التالية.

أما أهداف المرحلة الابتدائية فترمي إلى تنمية شخصية التلميذ ورعايته بتربية إسلامية متكاملة في خلقه وجسمه وعقله ولغته وانتمائه إلى أمة الإسلام، كما تعني تلك الأهداف بتزويد التلميذ بالمهارات الأساسية وخاصة المهارة اللغوية والمهارة العددية والمهارات الحركية.

أما أهداف المرحلة المتوسطة فترمي إلى تمكين العقيدة الإسلاميه من نفس الطالب وجعلها ضابطة لسلوكه وتصرفاته، كما ترمي إلى تزويده بالمعارف والخبرات الملائمة لسنه وتنمية قدراته ومهاراته وإعداده للمرحلة الثانوية التالية.

وفيما يتعلق بأهداف المرحلة الثانوية فتدور حول دعم العقيدة الإسلامية التي تستقيم بها نظرة الطالب إلى الكون والإنسان والحياة في الدنيا والآخرة.

كما ترمي إلى تنمية قدرته واستعدادته الملائمة للمرحلة السنية، وبخاصة من حيث تنمية قدرات التفكير العلمي وتعميق روح البحث والتجريب والتتبع المنهجي والتعود على طرق الدراسة السليمة.

ومن حيث أهداف التعليم العالي فتدور حول إعداد الطلاب علمياً وفكرياً لأداء واجبهم في خدمة بلادهم والنهوض بمهنتهم في ضوء العقيدة السليمة ومبادئ الإسلام السديدة والقيام بدور إيجابي في ميدان البحث العلمي والنهوض بحركة التأليف والإنتاج العلمي .

ويمكن توضيح الأهداف بشيء من التفصيل: (الحقيل، 2003م، ص:115-187)

أ- المرحلة الابتدائية:

وهي القاعدة التي يرتكز عليها إعداد الناشئين للمراحل التالية من حياتهم، وهي مرحلة عامة تشمل أبناء الأمة جميعاً، وتزويدهم بالأساسيات من العقيدة الصحيحة والاتجاهات السليمة، والخبرات والمعلومات والمهارات ومدة الدراسة في المرحلة الابتدائية ست سنوات، والتعليم في هذه المرحلة متاح لكل من بلغ سن التعليم.

وتتمثل أهدافها فيما يلي:

1- تعهد العقيدة الإسلامية الصحيحة في نفس الطفل ورعايته بتربية إسلامية متكاملة في خلقه، وجسمه، وعقله، ولغته، وانتمائه إلى أمة الإسلام.

2- تدريبه على إقامة الصلاة، وأخذه بآداب السلوك والفضائل والمهارة العددية، والمهارة الحركية.

3- تزويده بالقدر المناسب من المعلومات في مختلف الموضوعات.

4- تعريفه بنعم الله عليه في نفسه، وفي بيئته الاجتماعية والجغرافية، ليحسن استخدام النعم، وينفع نفسه وبيئته.

5- تربية ذوقه البديعي، وتعهد نشاطه الابتكاري وتنمية تقدير العمل اليدوي لديه.

6- تنمية وعيه ليدرك ما عليه من الواجبات وما له من الحقوق، وفي حدود سنه وخصائص المرحلة التي يمر بها، وغرس حب وطنه، والإخلاص لولاة أمره.

7- توليد الرغبة لديه في الازدياد من العلم النافع والعمل الصالح، وتدريبه على الاستفادة من أوقات فراغه.

8- إعداد الطالب لما يلي هذه المرحلة من مراحل حياته.

ب- المرحلة المتوسطة:

وهي مرحلة ثقافية عامة، غايتها تربية النشء تربية إسلامية شاملة لعقيدته، وعقله وجسمه وخلقه، يراعى فيها نموه وخصائص الطور الذي يمر به، وهي تشارك غيرها في تحقيق الأهداف العامة من التعليم ومدة الدراسة في المرحلة المتوسطة ثلاث سنوات تبدأ بعد نيل الشهادة الابتدائية، أو ما في مستواها وتنتهي بنيل الشهادة المتوسطة وتكون الدراسة في هذه المرحلة ما أمكن لحاملي الشهادة الابتدائية.

وتتمثل أهدافها فيما يلي :

1- تمكين العقيدة الإسلامية في نفس الطالب وجعلها ضابطة لسلوكه وتصرفاته، وتنمية محبة الله وتقواه وخشيته في قلبه.

2- تزويده بالخبرات والمعارف الملائمة لسنه، حتى يلم بالأصول العامة والمبادئ الأساسية للثقافة والعلوم.

3- تشويقه إلى البحث عن المعرفة، وتعويده التأمل والتتبع العلمي.

4- تنمية القدرات العقلية والمهارات المختلفة لدى الطالب وتعهدها بالتوجيه والتهذيب.

5- تربيته على الحياة الاجتماعية الإسلامية التي يسودها الإخاء والتعاون وتقدير التبعية، وتحمل المسؤولية.

6- تدريبه على خدمة مجتمعه ووطنه، وتنمية روح النصح والإخلاص لولاة أمره.

7- حفز همته لاستعادة أمجاد أمته المسلمة التي ينتمي إليها، واستئناف السير في طريق العزة والمجد.

8- تعويده الانتفاع بوقته في القراءة المفيدة، واستثمار فراغه في الأعمال النافعة، وتصريف نشاطه بما يجعل شخصيته الإسلامية مزدهرة قوية؟

9- تقوية وعي الطالب – ليعرف بقدر سنه- كيف يواجه الإشاعات المضللة، والمذاهب الهدامة والمبادئ الدخيلة.

10- إعداده لما يلي هذه المرحلة من مراحل الحياة.

ج- المرحلة الثانوية:

للمرحلة الثانوية طبيعتها من حيث سن الطلاب وخصائص نموهم فيها، وهي تستدعي ألواناً من التوجيه والإعداد، وتضم فروعاً مختلفة يلتحق بها حاملو الشهادة المتوسطة وفق الأنظمة التي تضعها الجهات المختصة فتشمل: الثانوية العامة، وثانوية المعاهد العلمية، ودار التوحيد، والجامعة الإسلامية، ومعاهد إعداد المعلمين والمعلمات والمعاهد المهنية بأنواعها المختلفة (من زراعية وصناعية وتجارية) والمعاهد الفنية والرياضية، وما يستحدث في هذا المستوى، ومدة الدراسة في المرحلة الثانوية ثلاث

سنوات وتنتهي بنيل الشهادة الثانوية بأنواعها المختلفة، والدراسة فيها متنوعة وهي متاحة ما أمكن لحاملي الشهادة المتوسطة، وتضع الجهات المختصة شروط القبول في كل نوع من أنواع التعليم الثانوي، ضماناً لسد مختلف الحاجات وتوجيه كل طالب لما يناسبه، وتشارك المرحلة الثانوية غيرها من المراحل في تحقيق الأهداف العامة للتربية والتعليم بالإضافة إلى ما تحققه من أهدافها الخاصة التي تتمثل فيما يلي:

1- متابعة تحقيق الولاء لله وحده، وجعل الأعمال خالصة لوجهه ومستقيمة في كافة جوانبها على شرعه.

2- دعم العقيدة الإسلامية التي تستقيم بها نظرة الطالب إلى الكون والإنسان والحياة في الدنيا والآخرة، وتزويده بالمفاهيم الأساسية والثقافية الإسلامية التي تجعله معتزاً بالإسلام، قادراً على الدعوة إليه، والدفاع عنه.

3- تمكين الانتماء الحي لأمة الإسلام الحاملة لراية التوحيد.

4- تحقيق الوفاء للوطن الإسلامي في العالم، وللوطن الخاص (المملكة العربية السعودية) بما يوافق هذه السن، من تسام في الأفق، وتطلع إلى العلياء وقوة في الجسم.

5- تعهد قدرات الطالب، واستعدادته المختلفة التي تظهر في هذه الفترة وتوجيهها وفق ما يناسبه وما يحقق أهداف التربية الإسلامية في مفهومها العام.

6- تنمية التفكير العلمي لدى الطالب، وتعميق روح البحث والتجريب والتتبع المنهجي، واستخدام المراجع، والتعود على طرق الدراسة السليمة.

7- إتاحة الفرصة أمام الطلاب القادرين، وإعدادهم لمواصلة الدراسة بمستوياتهم المختلفة في المعاهد العليا والكليات الجامعية في مختلف التخصصات.

8- تهيئة سائر الطلاب للعمل في ميادين الحياة بمستوى لائق.

9- تخريج عدد من المؤهلين مسلكياً وفنياً لسد حاجة البلاد في المرحلة الأولى من التعليم والقيام بالمهام الدينية والأعمال الفنية (من زراعية وتجارية وصناعية) وغيرها.

10- تحقيق الوعي الأسري لبناء أسرة إسلامية سليمة.

11- إعداد الطلاب للجهاد في سبيل الله روحياً وبدنياً.

12- رعاية الشباب على أساس الإسلام، وعلاج مشكلاتهم الفكرية والانفعالية ومساعدتهم على اجتياز هذه الفترة الحرجة من حياتهم بنجاح وسلام.

13- إكسابهم فضيلة المطالعة النافعة والرغبة في الازدياد من العلم النافع والعمل الصالح، واستغلال أوقات الفراغ على وجه مفيد تزدهر به شخصية الفرد وأحوال المجتمع .

14- تكوين الوعي الإيجابي الذي يواجه به الطالب الأفكار والاتجاهات المضللة.

تعليم رياض الأطفال

في

المملكة العربية السعودية

* تعريف رياض الأطفال

يعــرف اللقــاني، والجمــل (1419هـ ص 144) روضـة الأطفـال Child Nursery بأنهـا: " مؤسسـة للأطفال يلتحق بها الأطفال منذ الرابعة من عمرهم، وحتى السادسة، وتسبق المرحلـة الابتدائيـة، وتسـعى لتطبيق بعض المبادئ التربوية الحديثة في تربية الطفل، وتغرس فيه بعض الصفات الحميدة، وتعتمـد عـلى استخدام الوسائل السمعية والبصرية، وتقدم خبرات تربوية متكاملة مبنية على اللعب والخبرات السـارة، وتتيح له النمو في جميع جوانبه".

كما يعرفانه (المرجع السابق) رياض الأطفال Kindey Carten بأنها: "مرحلة تعليمية، يلتحق بها الأطفال من سن 4-6 سنوات، أو من 3-6 سنوات ولها مناهجها الخاصة التي تناسب المرحلة العمرية لهم، وتهدف إلى تنمية الجوانب المعرفية للطفل، وأيضا الجوانب المهارية والوجدانية، من خلال ما يقدم له من أنشطة وألعاب تعليمية، تمهيداً للالتحاق بالمرحلة الابتدائية.

ويشير الحقيل (1420هـ ص 25) إلى أن مفهوم رياض الأطفال في المملكة العربية السعودية: هي بمثابة المرحلة التمهيدية لدخول الطفل المرحلة الابتدائية، وقد يقضي الطفل في هذه المرحلة سنة أو سنتين ينتقل بعدها إلى الالتحاق بالمرحلة الابتدائية، ومما يجدر ذكره أن قبول الطفل في المرحلة الابتدائية ليس مشروطاً بدخوله في رياض الأطفال.

* نشأة رياض الأطفال في المملكة العربية السعودية:

يذكر عبد الجواد، والغامدي (1422هـ) بأن رياض الأطفال في المملكة العربية السعودية مثل غيرها في عديد من بلدان العالم – خارج السلم التعليمي- تشرف عليها الدولة حرصاً على مستقبل أبنائها، وتساهم من خلال وزارة المعاف (التربية

والتعليم حالياً) ووزارة العمل والشؤون الاجتماعية في القيام بمسؤوليات رياض الأطفال إلى جانب القطاع الأهلي، وفيما يلي رصد لجهود كل منها:

1- جهود القطاع الأهلي:

يعد التعليم الأهلي أصلاً في التربية الإسلامية، فقد قام التعليم في الإسلام على جهود الأهالي، ولم تتدخل الدولة الإسلامية وتقوم بإنشاء المدارس النظامية- نسبة إلى نظام الملك الوزير السلجوقي- سوى في القرن الخامس الهجري، لذا قدّرت المملكة هذا النموذج في التعليم وشجعته.

وفي المملكة العربية السعودية يعد التعليم الأهلي رافداً مهماً من روافد التعليم وسنداً للتعليم الحكومي في التعليم العام في دور الحضانة بوجه خاص.

وكان القطاع الأهلي هو المسؤول الوحيد عن رياض الأطفال بالمملكة حتى عام 1385م، حين أشرفت عليها وزارة المعارف من الناحية الفنية، كما قدمت الدعم المالي للمؤسسات الأهلية العامة في هذا المجال، حتى القيام بمسؤولياتها، وفي عام 1395هـ بلغ عدد رياض الأطفال الأهلية التي تشرف عليها وزارة المعارف 92 روضة. واستمر تصاعد دور الأهالي في مجال رياض الأطفال بتشجيع من الدولة إلى أن وصل عددها الى 430 روضة يلتحق بها 45474 طفلاً، وذلك عام 1418هـ ويعمل بها نحو 8000 معلمة وموظفة وفق إحصاءات 1418هـ

والجدير بالذكر أن كثيراً من دور الحضانة الأهلية تستهدف إلى جانب تقديم خدمة يطلبها المجتمع وتشجع عليها الدولة فإنها تستهدف الكسب المادي، ويعد هذا أمراً مشروعاً طالما تلتزم هذه الرياض بتحقيق الأهداف المرسومة لها.

2- جهود الرئاسة العامة لتعليم البنات قبل دمجها بوزارة المعارف:

تأسست الرئاسة العامة لتعليم البنات عام 1380هـ للإشراف على تعليم البنات بالمملكة العربية السعودية، وبدأت جهودها في مجال رياض الأطفال عام 1396/95هـ حيث افتتحت روضة واحدة في مكة المكرمة بها عشرة فصول تضم 200 طفل وست

عشرة معلمة، وكان وراء هذا الإجراء شعور الأمهات المعلمات بالضيق نتيجة عملهن بالتدريس مع عدم توافر من يقوم برعاية أطفالهن.

وأمام نجاح الرئاسة في تجربتها، بمجال رياض الأطفال، وشدة الطلب على المعلمات السعوديات، وحرصاً منها على توفير رعاية أطفال المعلمات وغير المعلمات أخذت الرئاسة تتوسع عاماً بعد عام في مجال رياض الأطفال، وفي عام 1399/1398هـ قامت الرئاسة بفتح فصول حضانة - للأطفال سن سنتين إلى أربع سنوات ملحقة بمدارسها لمساعدة الأم العاملة في القطاع التعليمي على رعاية طفلها في مقر عملها وتوفير الراحة النفسية للمعلمة الأم، وبدأت هذه التجربة في مدينة الرياض عام 1399/98هـ وفي عام 1400هـ بلغ عدد المدارس الملحق بها فصول حضانة تابعة للرئاسة العامة لتعليم البنات 11 مدرسة تضم 25 فصلاً، وبعد عشر سنوات 1410هـ بلغ عدد المدارس الملحق بها فصول حضانة 111 مدرسة أي أن عددها تضاعف أكثر من عشر مرات تضم 226 فصلاً.

ورغم العقبات التي واجهت تطور رياض الأطفال التابعة للرئاسة العامة والمتمثلة في صعوبة توفير المباني المناسبة وتزويدها بما يلزم من أدوات ومعلمات، إلا أن الرئاسة العامة لتعليم البنات واصلت جهودها الناجحة في هذا المجال إلى أن وصل عدد رياض الأطفال التابعة لها إلى 962 روضة تضم 5042 فصلاً بها 93942 طفلاً يقوم عليهم نحو 8789 معلمة وموظفة، وذلك وفق إحصاءات سنة 1420/19هـ انظر الجدول الآتي:

التطور الكمي لبيانات رياض الأطفال (حكومي وأهلي)

خلال المدة (1411/10هـ-1420/19هـ)

العام الدراسي	رياض الأطفال	فصول	أطفال	معلمات	إداريات
1411/10هـ	511	3360	68715	4521	509
1412/11هـ	550	3351	65901	4655	527
1413/12هـ	608	3540	71732	4964	556
1414/13هـ	679	3685	80083	5711	527
1415/14هـ	752	4396	86413	6445	687
1416/15هـ	796	4469	84665	7054	719
1417/16هـ	838	4601	85483	7367	775
1418/17هـ	895	4692	86514	7797	858
1419/18هـ	937	4937	91806	8441	851
1420/19هـ	962	5043	93942	8789	871

المصدر: وزارة المعارف، تطور التعليم، تقرير وطني عن التعليم في المملكة العربية السعودية، 1422هـ

يتضح من الجدول السابق أن عدد رياض الأطفال خلال السنوات العشر قد زاد بمقدار (411) روضة بنسبة زيادة قدرها (74.6%) صاحبتها زيادة في الفصول الدراسية بلغت (1693) فصلاً بنسبة قدرها (50.4%) كما زاد عدد الأطفال الملتحقين برياض الأطفال بمقدار (25227) بنسبة قدرها (36.7%) كما زاد عدد المعلمات خلال نفس الفترة (4268) معلمة بنسبة (94.4%) وبالنسبة للإداريات فقد زاد العدد بمقدار (362) إدارية بنسبة زيادة قدرها (71.1%)

3- جهود وزارة العمل والشؤون الاجتماعية:

أنشئت وزارة العمل والشؤون الاجتماعية عام 1380هـ ويتضح دورها في مجال رياض الأطفال من خلال مراكز الخدمة الاجتماعية - 7 مراكز في المناطق

الحضرية، 15 مركزاً في المناطق الريفية- ويحتوي كل مركز على وحدة اجتماعية ووحدة ثقافية ووحدة صحية ووحدة زراعية، وتقوم الوحدة الثقافية بتقديم عدة خدمات للمواطنين يأتي في مقدمتها إنشاء رياض الأطفال، وفصول محو الأمية، وتنظيم الخدمات المكتبية للأهالي، وإقامة الندوات والمحاضرات.

كما تشرف وزارة العمل والشؤون الاجتماعية على الجمعيات الخيرية التي من أهم نشاطاتها رعاية الأمومة والطفولة وإنشاء رياض الأطفال.

وتقوم إدارة التعاون التابعة لوزارة العمل والشؤون الاجتماعية بالإشراف على رياض الأطفال التابعة للوزارة ويبلغ عدد رياض الأطفال التابعة لها 194 مدرسة بها 1107 فصول تضم نحو 23.000 طفل، 1500 معلمة ومديرة، وذلك طبقاً لإحصاءات سنة 1418هـ.

4- جهود وزارة المعارف (التربية والتعليم):

تأسست وزارة المعارف عام 1373هـ للإشراف على تعليم البنين في المملكة العربية السعودية، وفي عام 1385هـ أمتد نشاطها للإشراف على رياض الأطفال الأهلية من الناحية الفنية وتشجيعها على تحقيق أهداف في رعاية الأطفال والعناية بهم وتحقيق حاجاتهم، وفي عام 1386هـ افتتحت الوزارة أول روضة تابعة لها بمدينة الرياض، وفي العالم التالي افتتحت روضتين في كل من الدمام والإحساء، وفي عام 1400هـ صدر قرار سمو ولي العهد ونائب رئيس مجلس الوزراء بأن تكون تبعية رياض الأطفال في المملكة للرئاسة العامة لتعليم البنات، وبالتالي تقلص دور وزارة المعارف في هذا المجال.

ومن الجدير بالذكر أن وزارة الدفاع والطيران تشرف على تسع (9) رياض لأطفال منتسبيها، وكذا الحرس الوطني الذي يشرف على إحدى عشرة (11) روضة لأطفال منتسبيه.

وتشير آخر الإحصاءات إلى أن رياض الأطفال بلغ عددها في المملكة العربية السعودية 1320 روضة تضم نحو 100.032 طفلاً، ونحو 9744 من شاغلي الوظائف

التعليمية و 1074 من الإداريين والمساعدين، وذلك طبقاً لإحصاء 1425هـ/1426هـ كما يتضح من الجدول الآتي:

المدارس والفصول والطلاب وشاغلو الوظائف التعليمية حسب المرحلة بالمملكة للعام الدراسي 1425/1426هـ

الإداريون المساعدون Assistants Ad.	شاغلو الوظائف التعليمية Posts Teacher	الطلاب Students	الفصول Classes	المدارس chools	الجنس Sex	المرحلة Stage
1.074	9.744	100.032	5.704	1.320	مشترك Cooperation	رياض الأطفال Kindergarden
2.702	97.869	1.272.295	60.585	6.525	Male Male	ابتدائي Elementary
6.516	103.499	1.241.990	54.000	6.537	Female إناث	
9.218	201.368	2.514.285	114.585	13.062	Total جملة	
1.784	51.351	564.951	23.312	3.662	Male Male	متوسط Intermediate
3.682	49.393	543.380	21.735	3.203	Female إناث	
5.466	100.749	1.108.331	45.074	6.865	Total جملة	
1.330	36.091	500.169	16.974	2.195	Male Male	ثانوي Secondary
2.603	37.931	455.169	15.695	2.035	Female إناث	
3.933	74.022	955.338	32.669	4.230	Total جملة	
1.470	3.595	13.707	2.137	506	Male Male	تربية خاصة Special Education
411	1.380	4.676	602	117	Female إناث	
1.881	4.976	18.473	2.738	623	Total جملة	
246	1.064	6.927	455	79	Female إناث	تعليم فني وتدريب مهني Voc & Tech
0	0	28.374	2.114	1.051	Male Male	تعليم كبار Adult Ed.
513	10.253	51.415	6.981	2.577	Female إناث	
513	10.253	79.790	9.095	3.628	Total جملة	
7.286	188.906	2.379.496	105.122	13.939	Male Male	المجموع العام G. Total
15.045	213.269	2.403.680	105.172	15.868	Female إناث	
22.331	402.176	4.783.176	210.294	29.807	Total مجموع	

* أهداف رياض الأطفال في المملكة العربية السعودية :

حددت وزارة المعارف (1399هـ ص20) أهداف رياض الأطفال من خلال وثيقة التعليم الصادرة من اللجنة العليا لسياسة التعليم عام 1390هـ كما يلي:

– صيانة فطرة الطفل، ورعاية نموه الخلقي والعقلي والجسمي في ظروف طبيعية سوية تماثل جو الأسرة متجاوبة مع مقتضيات الإسلام.

– تكوين الاتجاه الديني القائم على التوحيد، المطابق للفطرة.

– أخذ الطفل بآداب السلوك، وتيسير امتصاصه للفضائل الإسلامية، والاتجاهات الصالحة بوجود أسوة حسنة وقدوة محببة أمام الطفل.

– إيلاف الطفل الجو المدرسي، وتهيئته للحياة المدرسية، ونقله برفق من (الذاتية المركزية) إلى الحياة الاجتماعية المشتركة مع أترابه.

– تزويده بثروة من التعابير الصحيحة والأساسيات الميسرة، والمعلومات المناسبة لسنه والمتصلة بما يحيط به.

– تدريب الطفل على المهارات الحركية، وتعويده العادات الصحيحة، وتربية حواسه وتمرينه على حسن استخدامها.

– تشجيع نشاطه الابتكاري وتعهد ذوقه الجمالي وإتاحة الفرصة أمام حيويته للانطلاق الموجه.

– الوفاء بـ (حاجات الطفولة) وإسعاد الطفل وتهذيبه في غير تدليل ولا إرهاق.

– التيقظ لحماية الأطفال من الأخطار، وعلاج بوادر السلوك غير السوي لديهم، وحسن المواجهة لمشكلات الطفولة.

وتسعى رياض الأطفال في المملكة إلى تحقيق الأهداف السابقة وذلك من خلال:

– تهيئة المناخ التربوي الذي يوفر للطفل النمو المتكامل، ويسهل الانتقال التدريجي للطفل من البيت إلى المدرسة من خلال اللعب والنشاط المدروس.

- إكساب الطفل الاتجاهات الاجتماعية السليمة وذلك من خلال تعامله مع أقرانه.

- إكساب الطفل المهارات اللغوية الأساسية، وتكوين الاتجاهات السليمة نحو عملية التعليم.

- تدريب الطفل على بعض المهارات اليدوية، وكذا المهارات الممهدة لعمليات القراءة والكتابة، ويتم تحقيق ذلك من خلال اللعب والنشاط، والزيارات والرحلات، والأشغال اليدوية، والأناشيد، والممارسات المختلفة للآداب العامة والعادات الصحية، إلى جانب المهارات الأساسية في القراءة والكتابة والحساب.

* حاجة المملكة للتوسع في نشر رياض الأطفال:

يذكر عبد الجواد، والغامدي (1422هـ) أن المملكة حققت نمواً كبيراً في مجال رياض الأطفال خلال السنوات العشر الماضية إذ ارتفع عددها من 511 روضة تضم نحو 69000 طفل عام 1411/10هـ إلى 962 روضة تضم نحو 94.000 طفل عام 1420/19 ورغم أن هذا اللون من التعليم في المملكة مثل غيرها من البلدان المتقدمة والنامية لا يعد مرحلة ضمن السلم التعليمي لذا يترك الآباء الحرية في أن يرسلوا أبناءهم إلى رياض الأطفال أو لا يرسلوهم، ورغم أن الدولة تشجع وتبذل قصارى جهدها في هذا المجال، ورغم أن المملكة قامت بتشكيل لجنة عليا لرعاية الطفولة يقوم عليها كبار رجالات الدولة تتولى التخطيط والإشراف على برامج رعاية الطفولة إلا أننا نرى أن هناك حاجة ماسة إلى التوسع في نشر رياض الأطفال بالمدن عامة والقرى خاصة وذلك للعوامل التالية:

أ‌- خروج المرأة السعودية إلى ميدان التعليم والعمل، والمجتمع السعودي بحاجة ماسة إلى خدمات المعلمة، والممرضة، والطبيبة.. الخ من المهن التي تناسب المرأة، وإذا كان المجتمع السعودي وخطط التنمية تحتاج إلى المزيد من مساهمة المرأة في

الحياة العامة، ففي المقابل ينبغي تحقيق ذلك ببذل المزيد من الجهود في مجال رياض الأطفال والعمل على نشرها والتوسع فيها.

ب- إن كثيراً من أطفالنا وهم ثروة المجتمع وصناع قرار الغد قد لا يتاح لكثير منهم فرص الإشراف الواعي والرعاية الصحية والنمو النفسي والاجتماعي المتوازن لظروف قد تتصل بعدم دراية الوسط الذي يشبون فيه بأمور التربية الواعية السليمة وبخاصة في الأرياف والأحياء الفقيرة مما يتطلب بدوره مزيداً من رياض الأطفال لاستيعابهم.

ج- أدت ظاهرة التمدن وزيادة الطلب على سكن المدن، والسكن في شقق داخل عمارات كبيرة ومبان ضخمة إلى تقليص فرص الطفل في اللعب والبحث والتنقيب، فضلاً عن حاجته لهذا كله تحت إشراف متخصص، وهذا لا يتوافر إلا في رياض الأطفال.

د- ما كشفت عنه البحوث والدراسات من أهمية رياض الأطفال في بناء شخصية الطفل واعتماده على ذاته والتعاون مع أقرانه، وإذا أضفنا إلى جانب هذا كله- وقبله أنها وسيلة مهمة في تنشئة الطفل تنشئة إسلامية صحيحة وجب العمل على التوسع في هذا المجال على المستوى الأهلي والحكومي، وأن يساند الإعلام الجهود في هذا المجال ويعمل على تعزيزها وحب الآباء إرسال أبنائهم إلى رياض الأطفال.

هـ- إن أرقام المملكة المحققة – رغم جهودها المكثفة في هذا المجال- ما زالت أقل من طموحها وأقل مما حققته عديد من البلدان المتقدمة، لهذا كله ينبغي تكثيف الجهود الحكومية والأهلية لنشر رياض الأطفال والتوسع فيها لتغطي المدن والقرى على حد سواء.

* أهمية التحاق الطفل برياض الأطفال:

تؤكد مجلة المعرفة (1426هـ) على أن التحاق الطفل بالروضة يشكل رافداً مهماً لعملية نموه من خلال ما يقدم له من أنشطة وخبرات، وما يوفر له من إمكانات تتلاءم مع حاجاته وخصائصه، والتي عادة ما يحرم منها الطفل حين لا ينضم للروضة، وبخاصة الأطفال المنحدرون من بيئات فقيرة مادياً، أو بيئات غير واعية لأهمية تلك المرحلة وكيفية التفاعل معها وإشباع حاجاتها.

كما أن انضمام الطفل لبرامج الطفولة مبكراً سيساعده على فهم علاقته بالعالم المحيط به، ومعرفة ما يدور حوله، ما يشعره بالأمن الذي يسهل عملية تطوره ونموه، حيث إن حرمان الطفل من الشعور بالأمن يهدد تطوره ونموه من جميع الجوانب، ومما يجعل مرحلة الطفولة المبكرة أكثر أهمية من بقية مراحل عمر الإنسان هو تميز تلك المرحلة بحماس الطفل وحيويته وميله نحو اكتساب المهارات والمعارف، إذ إنه ليس هناك أي فترة في حياة الفرد توازي حماس الطفل للتعلم في تلك المرحلة، هذا إذا سمحنا بتقديم الخبرات بطريقة ملائمة للطفل من الناحية النمائية، كما أن أساسيات التعلم الإنساني يتم اكتسابها في هذه المرحلة العمرية من عمر الإنسان، وأن لذلك أثراً كبيراً على زيادة النمو الاقتصادي في الدول التي تولي تلك المرحلة الاهتمام الكبير والتي تعتمد على العلاقة الوثيقة بين فرص تحقيق التنمية البشرية وما يوفره المجتمع من اهتمام ورعاية للطفل، إذ استنتج العديد من الباحثين أن برامج رياض الأطفال ذات الجودة العالية لا تحسن في حياة الطفل وأسرته فقط، بل ينتج عنها مكاسب اقتصادية للمجتمع، حيث إن العنصر البشري يعد من أهم العناصر اللازمة للإنتاج، وتتأثر قدراته ومهاراته تأثراً مباشراً بما يتلقاه في مرحلة طفولته، مما يؤكد أن نجاح الدول الاقتصادي يتأثر بمدى فاعلية برامج التربية والتعليم، والتي تشمل مرحلة الطفولة المبكرة، وأن فرص تحقيق التنمية البشرية يعتمد اعتماداً كبيراً على ما يوفره المجتمع من اهتمام ورعاية الطفل ولا أبالغ إذا قلت: إن مرحلة الطفولة المبكرة هي بداية لفترات النمو المهمة في حياتنا جميعاً، وأن إهدارها يعد إهداراً لأهم عنصر من عناصر الإنتاج

المستقبلية وهو القوة البشرية، وقدّر البعض العائد الاقتصادي لبرامج رياض الأطفال على مدى ثلاثين عاماً بالضعف، وقدره البعض الآخر بثلاثة أضعاف تكلفة هذه البرامج، ففي برنامج تم تنفيذه في بوليفيا تبين من خلال الدراسات أن كل دولار ينفق في تنمية ذلك البرنامج يعطي عوائد تبلغ حوالي 2.3 دولار، أما مشروع روضة بري (Perry Pre School Project) في الولايات المتحدة الأمريكية فقد قدر العائد الاقتصادي له بـ 7.16 دولار لكل دولار استثمر في هذا البرنامج، ويهدف هذا المشروع إلى مساعدة الطفل على النمو الشامل والكامل من خلال برنامج عالي الجودة، يثري بيئة الطفل ويشبع حاجاته ويطور مهاراته، ويستهدف هذا المشروع أطفال الأسر الفقيرة، وهذا يعني أن المجتمع يسترد ما دفعه بل ويحصل على فوائد من الاستثمار في مرحلة الطفولة المبكرة، ويوجد الآن شبه اتفاق بين الاقتصاديين على أن تحقيق النمو الاقتصادي المطلوب يحتاج إلى الاهتمام برأس المال البشري وإلى الاستثمار في الإنسان منذ ولادته.

وفيما يلي أهم الأسباب لالتحاق الطفل بمرحلة رياض الأطفال:

- إن موقع مرحلة الطفولة المبكرة من حياة الإنسان بالغ الأهمية، فالمخ ينمو في تلك المرحلة بمعدل أعلى من نمو أي جزء آخر في جسم الإنسان، وإن مفتاح تحقيق مزيد من الذكاء لدى الطفل هو تنمية مزيد من الروابط والصلات التشابكية بين خلايا المخ، وعدم فقدان الصلات القائمة، فالروابط هي التي تسمح لنا بحل المشكلات ومعرفة الأشياء ويؤكد العالم (Harry Chugani) أهمية السنوات الأولى من عمر الطفل بقوله: (إن الخبرات والتجارب التي يمر بها الفرد في سنواته الأولى يمكن أن تغير بالكامل المسار أو الوضع الذي سيأخذه في حياته لاحقاً). ومما سبقت الإشارة إليه نصل إلى أن السنوات الأولى من عمر الفرد تعد سنوات حاسمة جداً في نمو الدماغ، وأن التحاق الطفل بالحضانة أو الروضة يوفر له بيئة ملائمة لحاجاته وخصائصه، من حيث أسلوب التعامل معه أو ما يقدم له من خبرات ومهارات.

- إن التحاق الطفل بالروضة يحقق العديد من الجوانب الإيجابية، أولها شعور الطفل بالسعادة والرضا في أثناء قضائه أوقات ممتعة في الروضة، بالإضافة الى إشباع بعض حاجاته من جميع الجوانب ومساعدته على النمو والتطور من خلال تنشيط وتعزيز قدراته بالمثيرات المناسبة أي إثراء بيئة الطفل لأن الطفل يعيش بالروضة خبرات ويكتسب مهارات لا تتوافر له بالمنزل مهما كانت قدرات والديه المادية أو الثقافية. مثل: العمل ضمن جماعة، احترام حق الآخر، تعلم المشاركة، تقبل الآخر، مشاركة الآخرين مشاعرهم، ويكتسب ذلك على أيدي مربين مدربين ومعدين خصيصاً للعمل مع أطفال تلك المرحلة، كذلك يتم في تلك المرحلة الكشف المبكر عن الموهبة واستثمارها أو الصعوبات التي يواجهها الطفل باكراً مما يساعد في عملية معالجتها.

- إن التحاق الطفل بالروضة يساعد على تحقيق نمو اقتصادي، ولو أخذنا على سبيل المثال الجانب التعليمي وأثر التحاق الطفل بالروضة لوجدنا أن نسبة التسرب من المدارس وإعادة الصفوف سوف تنخفض نتيجة للخبرات السابقة في مرحلة رياض الأطفال، والتي تؤدي دوراً فاعلاً في عملية انضباط وتكيف الطفل في المدرسة مما يساعد على تقليل نسبة الفاقد في المراحل التعليمية، لذلك فإن معظم الدول المتقدمة تعد الاهتمام بمرحلة الطفولة المبكرة واجباً وطنياً وشرطاً أساسياً للتقدم والتفوق لأن مؤشرات المقياس الحالي لتقدم الأمم قد تغير عن السابق، وأصبح الاهتمام بالطفولة من المقاييس التي تؤخذ بعين الاعتبار عند الحديث عن مدى تقدم الأمم.

- إن التحاق الطفل برياض الأطفال يشكل تعويضاً كبيراً وسداً للنقص، خصوصاً لحاجات الأطفال المنحدرين من أسر فقيرة من خلال توفير ما يحتاجه الطفل في تلك المرحلة، وسد النقص في تلك المرحلة قد لا يقتصر على تقديم الخدمات التربوية فحسب، بل يشمل الخدمات الصحية والغذائية، ولأن ترك

هؤلاء الأطفال للفراغ والحاجة يزيد من فرص جنوحهم وسهولة استغلالهم لإثارة الشغب والفوضى في مجتمعاتهم، وزيادة نسبة الجريمة والإرهاب.

- إن التحاق الطفل برياض الأطفال يؤدي دوراً فعالاً في توعية الأهالي من خلال العلاقة بين البيت والروضة، مما يساعد الوالدين على معرفة طرق التواصل الفعّال مع الطفل، وأساليب تربيته والعناية به بناء على حاجاته وقدراته.

- بلغت جملة سكان الوطن العربي 280 مليون نسمة(3) وهو ما يمثل 5% من سكان العالم، بهذا الحجم يمثل الوطن العربي المرتبة الرابعة على مستوى العالم، حيث لا يسبقه سوى الصين والهند والولايات المتحدة الأمريكية، وتعد المملكة العربية السعودية من الدول العربية ذات معدل النمو السكاني الكبير، حيث بلغ عدد الأطفال بالمملكة من الولادة حتى سن ست سنوات عام 2000م ما يعادل نسبة 13.45% بالنسبة لسكان المملكة السعوديين لنفس العام والبالغ (15588805) وهذا مؤشر كبير على ضرورة زيادة نسب الالتحاق بمرحلة رياض الأطفال لتهيئة وإعداد الأطفال للحياة بدلاً من إهمالهم، مما يكبد خسارتهم وخسارة مجتمعاتهم.

- أصبحت مشاركة المرأة السعودية في التنمية مطلباً أساسياً، حيث تشكل المرأة نسبة كبيرة من القوى البشرية في المملكة وقد نمت مساهمة المرأة السعودية في سوق العمل خلال فترة وجيزة (راجع الشكل رقم 2) فبعد أن كانت تشكل ما نسبته 1% في نهاية الخطة الخمسية الثانية، ارتفعت إلى 7.5% في عام 1423هـ خلال خطة التنمية السابعة، وقد اهتمت الدولة بالمرأة من خلال توفير فرص تعليمية، وإيجاد مجالات عمل جديدة لها وفق الشريعة الإسلامية، وإصدار العديد من القرارات الحاسمة في زيادة مساهمتها في سوق العمل السعودي متمثلة بقرار مجلس الوزراء رقم 120 وتاريخ 1425/4/12هـ وكل ما سبق يشير إلى ضرورة التحاق الطفل برياض الأطفال خاصة في أثناء انشغال كلا الوالدين بالعمل، وبدلاً من بقاء الطفل في المنزل مع مستخدمة

غير مؤهلة لرعايته، فالأنفع له بقاؤه في حضانة أو روضة حسب مرحلته العمرية،ويقوم برعايته أفراد مؤهلون لهذا الغرض.

كما أن النسبة العظمى من قوة العمل النسائية السعودية تتركز فيمن تتراوح أعمارهن بين (20- 39) سنة حيث بلغت النسبة (85.7%) وهي فترة الإنجاب لدى المرأة وهي أكثر فترة تحتاج فيها المرأة العاملة إلى حضانة أو رياض أطفال تعتني بأطفالها في أثناء انشغالها بعملها خارج المنزل.

- إن التحاق الطفل برياض أطفال ذات جودة عالية يساعده في تخطي إحباطات عديدة تواجهه في الحياة، مثل فقد أحد الوالدين، أو تعرضه لتجربة طلاق والديه.

- زيادة نسبة انتقال العديد من الأسر من القرى إلى المدن، مما يؤثر على الأسرة وخاصة الطفل، حيث إن كثيراً من الأسر في القرى أو في المدن التي نشأت بها تعتمد عادة على علاقات القرابة في الاهتمام بأطفالها في أثناء الذهاب للعمل، بينما تزيد الحاجة إلى التحاق الطفل بالروضة حين انتقال الأسرة من مكان منشئها الأصلي.

يتبين لنا مما سبق ذكره أهمية التحاق الطفل بالروضة لما لذلك الأمر من فائدة كبيرة على مستقبل الطفل نفسه ومستقبل أمته، ويجب ألا ننسى جميعنا أن أطفالنا هم مسؤوليتنا الكبرى، وهم خلفاؤنا من بعدنا، وهم أمل المستقبل وعنصر البقاء، فإما أن يكونوا تراثاً طيباً وميراثاً مباركاً ومفخرة لنا في التاريخ وبين الأمم، وإما أن يكونوا عبئاً ثقيلاً على وطنهم وأنفسهم وبقية بني البشر.

* التطور الكيفي لرياض الأطفال بالمملكة العربية السعودية:

تذكر الفضل (1421هـ) أن التطور الكيفي للمناهج في رياض الأطفال، لم يحدث بين عشية وضحاها ولكن مر بثلاث مراحل هي:

المرحلة الأولى:

لقد كانت البداية الحقيقة لمناهج رياض الأطفال عبارة عن اجتهادات فردية من قبل المعلمات ومديرات المدارس والمشرفات التربويات، لأنه لم تكن هناك جهة معينة مسؤولة آنذاك عن المناهج في رياض الأطفال أو الإشراف عليها فقد ذكرت رفاه بن لادن (1402هـ) أن المناهج كانت اجتهادية تعتمد على اجتهادات مديرات الروضات بالتعاون مع المعلمات (ص28) وأكدت رحمة عراقي (1403هـ) أن الخبرات والأنشطة ليست سوى اجتهادات شخصية من قبل المشرفات الموجودات هناك (ص123) .

المرحلة الثانية:

أوكلت مهمة الإشراف على رياض الأطفال للرئاسة العامة لتعليم البنات، كما أشار فلاته (1413هـ) بأنه "إيماناً من الدولة بأهمية دور الحضانة ورياض الأطفال، فقد صدر قرار سمو ولي العهد نائب رئيس مجلس الوزراء الكريم 13م/1935 في 1400/8/6هـ بأن تكون تبعية دور الحضانة ورياض الأطفال على مستوى المملكة للرئاسة العامة لتعليم البنات" (ص126)

وبهذا القرار حدث التحول الكبير والمنظم لسير العمل في رياض الأطفال بطريقة تربوية وإشرافية موجهة لا اجتهاد فيها، بل وفق أسس ونظم وأهداف تساعد على تحقيق الهدف المنشود منها بطريقة ايجابية على مستوى الطفل والمجتمع بأسره.

ورغم أن المنهج كان يهتم بالنمو الشامل إلا أن التدريس كان يتم عن طريق المواد المنفصلة، وذلك وفق محتوى المنهج الذي وضعته الرئاسة العامة لتعليم البنات (1404هـ) حيث كان المنهج يحتوى على المواد الدينية، واللغة العربية، والرياضيات والعلوم، والتربية الفنية، بالإضافة إلى التربية الصحية، والتربية الجسمية، والتربية الاجتماعية.

ومن الطبيعي أن يكون تدريس هذه المواد عن طريق التلقين وهذا ما يتعارض مع حاجات الأطفال، ورغباتهم.

المرحلة الثالثة:

وفي التسعينات من القرن العشرين كما ذكرت اليحيا (1417هـ) تبنت الرئاسة العامة لتعليم البنات مشروعاً لتطوير مؤسسات رياض الأطفال من خلال إدخال عدة تجديدات تربوية تناولت عناصر العملية التربوية (البيئة الصفية، والخبرات التعليمية، وتوجيه سلوك الطفل، وأساليب التقويم، والعلاقات مع أمهات الأطفال، وإعداد المعلمات) (ص4) .

وقد نتج عن هذا المشروع المنهج المطور (التعلم الذاتي) الذي كما أوردت الرئاسة العامة لتعليم البنات (1408هـ) أن فكرة مشروع تطوير رياض الأطفال انبثقت عام (1406هـ) عقب النتائج غير المرضية للدورة التدريبية التي عقدت لثلاثين دراسة من مؤسسات رياض الأطفال الحكومية والأهلية بمدينة الرياض، ومن ثم لم تحقق الدورة التدريبية النتائج المرجوة. لذا جاء التفكير في مشروع تطوير رياض الأطفال في المملكة.

وتحقيقاً لما تقدم، وفي إطار تبادل الخبرات مع الجهات التي تعني بشؤون الطفولة، تمّ إبرام اتفاقية في عام (1408هـ) تتضمن التعاون بين الرئاسة العامة لتعليم البنات، وبين برنامج الخليج العربي لدعم منظمات الأمم المتحدة الإنمائية، ومنظمة اليونسكو بهدف تطوير منهج رياض الأطفال وفق أسس علمية (ص8) .

وقد أوردت الخطيب أنه تم تطبيقه في المملكة العربية السعودية بمرحلة رياض الأطفال اعتباراً من عام (1415هـ) (ص94).

* المنهج المطوّر في رياض الأطفال

تعريف المنهج المطوّر :

عرفته الخطيب (1415هـ) بأنه هو:"المنهج الذي يركز على النشاط الذاتي للطفل، بمعنى أن يتعلم الطفل من ذاته، وتكون حاجته الذاتية هي محركة للتعلم فيتفاعل مع الألعاب التربوية الهادفة المخططة، التي تساعده على اكتشاف قدرته،

وبالتالي تكون المعلومات والخبرات التي يصل إليها أكثر رسوخاً وثباتاً في ذهنه". (ص94) .

كما عرفته صابر (1417هـ) أنه هو: "المنهج المعتمد على التعلم الذاتي وفيه يتم ترتيب الفصول بشكل أركان تعليمية بعضها دائم وبعضها متغير، ويترك الطفل حرية التنقل بين الأركان منتظم" (ص18)

أهداف المنهج المطور :

لا تختلف الأهداف العامة للمنهج المطور عن الأهداف التي حددتها السياسة التعليمية، فقد ذكرت الصمادي، ومروة (د.ت) "أن أهداف دور الحضانة ورياض الأطفال للمملكة العربية السعودية تشكل العصب الأساسي لمنهج التعليم الذاتي" (ص1).

وبالرغم من أن الأهداف العامة للمنهج المطور لا تختلف عن الأهداف التي حددتها السياسة التعليمية في المملكة العربية السعودية، إلا أن المنهج المطور يختص بأهدافه فقد أوردت البكر (1415هـ) أهم أهداف المنهج المطور التي تتمثل فيما يلي:

1- الاهتمام بالنشاط الذاتي للطفل حيث يتعامل مع الألعاب التربوية الهادفة التي تساعده على اكتشاف مواهبه، والتعرف على ميوله واتجاهاته، والعمل على تنميتها.

2- التركيز على أن يتعلم الطفل بنفسه، والاهتمام بذاته نظراً لأن ما يدفعه إليه هو تلبية لحاجاته الذاتية للتعلم الفعال.

3- الاهتمام والتركيز على القيم الإسلامية والمبادئ الخلقية الفاضلة التي لابد من تنميتها في الطفل مثل الصدق، والحرية، وإبداء الرأي والاعتزاز بذاته ونفسه (ص90) .

مميزات المنهج المطور :

يعد المنهج لمطور من المناهج التربوية الحديثة التي تعني بتلبية احتياجات الطفل في مرحلة رياض الأطفال مع مراعاة الجوانب المختفة لنمو الطفل.

فقد أوردت الصمادي ومروة (د.ت) أهم مميزات المنهج المطور فيما يلي:

1- يسود غرفة الصف جو أسري أليف مليء بالمحبة والعطف، حيث تهتم المعلمة بمشاعر كل طفل وتمنحه الفرصة للتعبير عن مشاعره سواء أكانت فرحاً أو غضباً.

2- تنظيم غرفة الصف بحيث تتضمن أركان تعليمية مختلفة تمثل احتياجات الطفل واهتماماته وتفي بجوانب نموه وتدفعه للبحث والاكتشاف.

3- تقبل المعلمة لدورها كموجهة ومخططة تربوية داخل الفصل بحيث يكون الطفل محور العملية التربوية (ص9) .

ركائز المنهج المطور :

يرتكز المنهج المطور على عدة ركائز مهمة وهي في نفس الوقت تعد خصائص لهذا المنهج وقد أوردتها الخطيب (1415هـ) فيما يلي:

1- الجو العائلي: وهو أشبه ما يكون بالبيت بكل ما يحويه، والمعلمة أشبه ما تكون بالأم لرعايتها وحنانها للطفل.

2- التعلم الذاتي: وهو أن الأنشطة الموجودة في الروضة تدفع الطفل إلى استخدام حواسه من خلال التجربة والممارسة وتعلم المفاهيم بنفسه وبذاته.

3- تعزيز ذات الطفل: وهو أن المعلمة تسعى إلى الطفل بقيمته وتكوين فكرة إيجابية عن ذاته.

4- الاختيار: يعود الطفل على الاختيار المنضبط والموجه، وليس الاختيار المطلق، ويتدرب على اتخاذ القرار ومن ثم يتحمل مسؤولية الاختيار والقرار.

5- العلاقة بين البيت والروضة: يدعم المنهج المطور من خلال الأنشطة والبرامج اليومية، إيجاد علاقة إيجابية فاعلة بين البيت والروضة (ص96).

البرنامج اليومي في المنهج المطور:

يقسم يوم الطفل بالمنهج المطور إلى خمس فترات هي: الحلقة، الوجبة الغذائية، العمل في الأركان، اللعب الحر في الخارج، اللقاء الأخير.

خصائص البرنامج اليومي في المنهج المطور:

تتمثل خصائص البرنامج اليومي في المنهج المطور، وفق ما أوردته الصمادي، ومروة (د.ت) فيما يلي:

1- الانتظام والثبات في تسلسل الفترات وذلك لإعطاء الطفل الإحساس بالراحة والطمأنينة، ولمساعدته على فهم الزمن والوقت.

2- تنوع أساليب التعلم لتفاوت رغبات الأطفال فيما بينهم، فبعضهم يناسبه الاستماع أكثر من النظر، وبعضهم تناسبه الأسئلة وبعضهم تناسبه التجربة الحسية والحركية.

3- تلبية حاجات الأطفال بطريقة متوازنة.

4- تحقيق مبدأ التعلم الذاتي لأن المنهج المطور يعتمد على مبدأ التعلم الذاتي في الأركان المختلفة في الروضة وفي البرنامج اليومي.

5- مبدأ حرية الاختيار وتعلم المسؤولية بطريقة تدريجية (ص166، 162)

وأضاف لبن (1996م) أن خصائص أخرى للبرنامج اليومي أهمها ما يلي:

1- تنوع البرنامج اليومي من نشاط جماعي إلى نشاط فردي حر بالأركان التعليمية.

2- اختيار وتصميم المعلمة للبرنامج اليومي حسب احتياجات الأطفال.

3-   أن يكون دور المعلمة إرشادياً أكثر من كونه تعليمياً، لأنها صاحبة مبدأ ورسالة.

4-   ألا يعتمد البرنامج على الجرس أو جدول للحصص رغم تحديده بالزمن.

5-   اتصاف البرنامج اليومي بالمرونة والتكامل للجوانب المختلفة لشخصية الطفل.

مما سبق يتبين أن خصائص البرنامج اليومي للمنهج المطور في رياض الأطفال في ظل الخصائص سالفة الذكر أن تجعل الطفل يمارس نشاطه اليومي بحرية ويحقق رغباته واحتياجاته مع بقاء دور المعلمة كمرشد وموجه ومعاون، فيتقبل الطفل ذلك اقتناعاً منه أن ذلك يحقق رغبته وهو بذلك يخالف المنهج المبني على مجموعة من المواد الدراسية التقليدية والذي ظل سائداً لفترة طويلة في روضاتنا مهملة فيه جوانب النمو المختلفة مركزاً على الجانب المعرفي فقط.

فترات البرنامج اليومي:

إن البرنامج اليومي في ظل المنهج المطور له تنظيمه الخاص لفتراته اليومية التي تتمثل فيما يلي:

أولاً: فترات الحلقة:

هناك عدة تعريفات للحلقة وهي إن اختلفت في مفرداتها إلا أنها جميعاً تعبر عن مدلولها وأهمها:

أوردت الخطيب (1415هـ) أن الحلقة هي: "نشاط جماعي منظم يتميز بالثبات، وفيها يلتف الأطفال حول حلقة دائرية، تعرض من خلالها المعلمة تجربة علمية أو نشاطاً فكرياً، ومدتها من 15-20 دقيقة" (ص96)

كما عرفتها الصمادي، ومروة (د.ت) بأنها: "فترة من فترات البرنامج اليومي حيث يلتقي جميع الأطفال مع المعلمة فيجلسون على شكل حلقة أو دائرة ليمارسوا

كمجموعة واحدة أنشطة منظمة تقودها المعلمة عادة بعد أن تكون قد خططت لها مسبقا" (ص170) .

من خلال ما سبق نجد أن فترة الحلقة تساعد الأطفال على الاجتماع مع بعضهم والالتفاف حول معلمتهم محققه بذلك جواً من الألفة، كما تساعد الحلقة المعلمة من التقرب إلى أطفالها والتحدث معهم التعرف على ميولهم واهتماماتهم المختلفة مما يتيح لها الفرصة لتوجيههم التوجيه الأمثل، وعادة ما ترتبط الحلقة بموضوع الوحدة، فيردد الأطفال مع المعلمة الآيات القرآنية أو الأحاديث النبوية أو بعض الأناشيد الحقيقية المتعلقة بالوحدة، كما قد يمارس الأطفال من خلال الحلقة بعض التجارب التي تخدم موضوع الوحدة، كما تسهم الحلقة في تمكين المعلمة من شرح الأنشطة للأطفال وتوزيعهم عليها.

ثانياً: فترة اللعب الحر في الخارج :

أوردت الصمادي،ومروة (د.ت) بأنها:"فترة من فترات البرنامج اليومي، ويقضيها الأطفال في الهواء الطلق يمارسون القفز والتأرجح والحفر والجر والرفع، كما أنها فترة لمراقبة الطقس، والتغيرات الجوية، ونمو النبات، مع تتبع حركة الحشرات وجيوش النمل، وفحص الحجارة والرمل والمياه والعشب إذا وجدت" (ص185) .

وتضيف الخطيب (1415هـ) إن فترة اللعب الحر في الخارج مدتها من 45-60 دقيقة، تشبع هذه الفترة حاجة الطفل للحركة واللعب بإشراف المعلمة، وتمارس من خلالها الأنشطة الفردية والجماعية وعادة ما تكون هذه الأنشطة ذات صلة بالوحدة وبأنشطة اليوم كله، وتساعد على تثبيت المفاهيم وتنمية القدرات الجسمية للطفل (ص96) .

ومن المفاهيم السابقة لفترة اللعب الحر في الخارج تتضح أهميتها في تنمية وتدريب حواس الطفل عن طريق التعرف على مكونات الطبيعة من سحب ورياح وأمطار وحيوانات.. الخ، وهي بذلك تعتبر دافعاً لإثارة ميل الطفل للبحث والاستطلاع .

ثالثاً: فترة الوجبة الغذائية :

تعد فترة الوجبة الغذائية من الفترات المهمة في البرنامج اليومي: نظراً لأنها تمثل أحد الأنشطة التربوية الذي يخطط له حتى يتحقق الهدف المنشود منه، فمن خلالها يتعلم الطفل الاعتماد على النفس، وتناول الطعام بطريقة صحيحة، ويردد بعض الأذكار الخاصة بالطعام، كما تعود الأطفال على النظافة والترتيب.

وقد عرفتها الخطيب (1415هـ) بأن "يتناول الأطفال الطعام مع المعلمة وترتبط الوجبة بأنشطة الحلقة صباحاً ومفاهيمها، فإذا شاهد الطفل أنواع الخضروات الورقية فإنه يتناولها في فترة الوجبة من خلال عمل (السلاطة) والتحدث عنها، ويؤدي ذلك إلى التواصل والتعاون بين الأطفال لتدعيم الآداب الإسلامية مثل آداب الطعام، وتكون مدتها من 15-20 دقيقة (حسب ظروف الطفل)" (ص 96)

مما سبق يتضح أن فترة الوجبة الغذائية في البرنامج اليومي تمثل جانباً مشابهاً للمنزل والجو الأسري الذي يسوده الحنان والشعور العائلي.

رابعاً: فترة العمل الحر في الأركان :

عرفتها الصمادي ، ومروة (د.ت) بأنها "فترة في البرنامج اليومي يتوزع فيها الأطفال حسب اختيارهم إلى الأركان التعليمية في غرفة الصف فيتجه بعضهم إلى ركن المطالعة، وآخرون إلى ركن التعايش الأسري، والبعض الآخر إلى ركن البناء والهدم، وينتمي الطفل إلى ركن منها باختياره، ويبقى في الركن طيلة انهماكه في عمله، وحين ينتهي منه ينتقل إلى ركن آخر، وتتميز هذه الفترة بأنها أطول فترة في البرنامج اليومي، وتشمل أكبر اختيارات عمل يقوم بها الطفل" (ص200) .

وأضافت الخطيب (1415هـ) أن مدتها من 45- 60 دقيقة يتعلم الطفل من خلالها الكثير من القيم والاتجاهات والميزات (ص96) .

وجاء في التوجيهات الصادرة عن الرئاسة العامة لتعليم البنات (1414هـ) أن العمل الحر في الأركان يعني "فترة من فترات البرنامج اليومي تعده المعلمة ويتوزع فيه

الأطفال في الأركان حسب اختيارهم فيقوم الطفل فيه بعمل من اختياره، وهي أطول فترة في البرنامج وقد أطلق عليها، عمل حر" (ص1) .

ويختلف العمل عن اللعب، يؤكد ذلك ما ورد في التوجيهات الصادرة عن الرئاسة العامة لتعليم البنات (1414هـ) فالعمل يعني شيئاً منظماً وموجهاً ومتدرجاً تخطط له المعلمة بدقة حتى يحقق النتائج المطلوبة التي تبنى على حاجات الأطفال، إضافة إلى أنه يقوي الأنامل والحبال الصوتية للأطفال، كما يتطلب التركيز والإنجاز والتجريب والابتكار ومن ثم ينتهي بنتيجة، ولذا يسمى عملاً وليس لعباً (ص12) .

خامساً: فترة اللقاء الأخير :

أوردت الصمادي، ومروة(د.ت) أن فترة اللقاء الأخير هي: "اللقاء الذي تجتمع فيه المعلمة مع مجموعة من الأطفال في نهاية زمن العمل للوقوف على مدى الإنجازات المحققة في ذلك اليوم، وما حواه من أفكار وأنشطة، وتذكرهم بأعمال اليوم التالي وما فيه من مشوقات ليستعدوا له نفسياً، ويكون الأطفال محور نشاط أعمال هذه الفترة" (ص 208)

وقد أضافت الخطيب (1415هـ) أن فترة اللقاء الأخير مدتها من 45-60 دقيقة في البرنامج اليومي، حيث تمارس بعض الأنشطة الحركية المنظمة والألعاب الهادفة، وتعرض على الأطفال قصة أو بعض أعمال الأطفال التي تشعر الطفل من خلالها تعزيزاً لذاته ومدة ذلك تتراوح ما بين 15-20 دقيقة، ومن الفترة الزمنية المحددة لفترة اللقاء الأخير (ص 96).

ترتيب فترات البرنامج ثابت تقريباً وهذا يشعر الأطفال بالأمان والثقة ويساعدهم في توقع النشاط التالي، ومع ذلك فقد يطرأ أحياناً تغيير في الجدول اليومي لملاءمة تغير الطقس، رحلات، زائرة ما، .. الخ

فيما يلي شرح لما يمكن للطفل أن يتعلمه من مهارات خلال برنامجه اليومي في الروضة:

ركن المطالعة والكتب :

- تضيف معلومات وخبرات جديدة.

- تنمي المفردات اللغوية.

- تنمي مهارة الإنصات.

- تنمي مهارة الاستعداد للقراءة.

- تنمي اللغة وذلك بالحوار والنقاش.

- تساعد الطفل على تذوق الأدب الجيد.

- تنمي الإبداع.

- تساعد على زيادة الانتباه.

ركن البحث والاكتشاف:

- ينمي مهارات الملاحظة ، (التشابه والاختلاف).

- ينمي احترام البيئة.

- يشجع الأطفال على حب المعرفة والاستطلاع والبحث والاكتشاف للوصول إلى أجوبة مختلفة عن طريق توفير تجارب علمية.

- ينمي مفهوم الحياة عند الطفل لجميع أشكال الكائنات من حيوانات ونباتات.

ركن المكعبات والبناء :

- يمارس الأطفال المهارات الاجتماعية.

- ينمي مهارة العضلات الصغرى والكبرى.

- يساعد على تعلم المفاهيم الأساسية للرياضيات (الشكل، الحجم، العلاقات الفراغية، العد .. الخ)
- ينمي الخيال والإبداع ومهارة اتخاذ القرارات.
- يوفر الفرص للعب الأدوار .
- ينمي مهارة الاتصال واللغة.
- ينمي المشاركة والتعاون.
- يساعد على اكتشاف المفاهيم العلمية مثل (التوازن، الجاذبية، الثبات)
- يساعد على احترام عمل الآخرين.

ركن اللعب الإيهامي :

- يوفر الفرصة للعب أدوار أفراد العائلة.
- ينمي مهارات الاتصال والتطور الاجتماعي.
- ينمي مهارات العضلات الصغرى والكبرى ومهارة التآزر.
- يساعد على تنمية وتنشيط العمليات الإدراكية المنظمة كالعد، التطابق، التسلسل.. الخ.
- يساعد على نمو الذات بطريقة إيجابية.

ركن التعبير الفني :

- يوفر الفرص للإبداع والتخيل.
- ينمي مهارة العضلات الصغرى والكبرى.
- ينمي مفهوم الألوان.
- يوفر فرصة للتعبير عن الشعور السلبي والإيجابي.

- ينمي مهارة الاستعداد للقراءة.
- ينمي مهارة الاستعداد للكتابة.
- يشجع على تقدير الفن.

ركن الألعاب الإدراكية :

- تنمي مهارة تآزر العضلات الصغرى.
- تنمي مهارات الاتصال والنمو الاجتماعي.
- تنمي التخيل والإبداع.
- تعلم المفاهيم الأساسية للرياضيات (أشكال، أحجام، أعداد.. الخ)
- توفر الفرص لحل المشاكل.
- تنمي المهارات البصرية وحاسة اللمس.
- تمهد الطفل للخبرات الأولية للرياضيات.

اللعب الحر بالرمل والماء :

- ينمي مفاهيم القياس، والحجم، والفراغ.
- ينمي العضلات الصغرى والكبرى.
- يوفر الفرص للتفكير المبدع وحل المشكلات .
- يشجع الأطفال على التفكير، والتحليل، والسؤال ، والتجريب.
- ينمي المعرفة بالحواس.

اللعب الحر في الخارج:

- ينمي مهارة تآزر العضلات الصغرى والكبرى.
- ينمي مهارات الاتصال والنمو الاجتماعي.

- يوفر الفرص للمشاركة.
- يوفر الفرص للعب الأدوار.
- يولد عند الطفل الاهتمام بالسلامة والأمن.

*** اللعب في رياض الأطفال في المملكة العربية السعودية :**

يعد اللعب نشاطاً مهما يمارسه الفرد، إذ يسهم بدور حيوي في تكوين شخصية الطفل بأبعادها وسماتها كافة، وهو وسيط تربوي مهم يعمل على تعليمه ونموه ويشبع حاجاته، ويكشف أمامه أبعاد العلاقات الاجتماعية التفاعلية القائمة بين الناس، فاللعب بعامة، والألعاب التربوية بخاصة مدخل أساسي لنمو الطفل من الجوانب العقلية والجسمية والاجتماعية والأخلاقية والانفعالية والمهارية واللغوية.. الخ كما يسمح باكتشاف العلاقات بينهما وينمي التفكير.

ونظراً لما توفره الألعاب التربوية من بيئة خصبة تساعد في نمو الطفل، فقد أخذت المناهج التربوية الحديثة تبني فكرة المناهج التربوية القائمة على الألعاب التربوية التي تسعى إلى تحقيق أهداف متنوعة وشاملة لجميع جوانب نمو المتعلم.

مفهوم اللعب :

عندما نراجع ما كتب عن اللعب نجد أن له تعريفات عديدة وعلى الرغم من تعددها فإن جل هذه التعريفات يربطها خيط مشترك من الصفات وهي: الحركة والنشاط والواقعية، ولعلنا نستعرض بعض هذه التعريفات.

تعرف خليفة (1423هـ) اللعب بأنه: " نشاط يمارسه الطفل من أجل المتعة والفرح يعبر من خلاله عن رغبة ملحة للتعبير عن ذاته ومعرفة عالمه وهو وسيلة لنمو شخصيته القادمة".

كما يرى عدس (1425هـ) أن اللعب هو: " استغلال طاقة الجسم الحركية في جلب المتعة النفسية للفرد، ولا يتم لعب دون طاقة ذهنية أو حركية أو جسمية" (ص172)

وقد عرفه مردان (1425هـ) نقلا عن كروس حيث قال: (إن اللعب ما هو إلا إعداد الصغار لحياة الكبار، وما اللعب بالنسبة للطفل إلا تدريب لتنمية الوظائف الجسمية والعقلية والنفسية والاجتماعية وما اللعب الا طريقة الطبيعة في التربية)(ص38).

ومن خلال التعريفات السابقة نستخلص التعريف التالي: "اللعب نشاط حر وموجه يكون على شكل حركة أو عمل، ويمارس فرديا أو جماعيا، ويستغل طاقة الجسم الحركية والذهنية، ويمتاز بالسرعة والخفة، ولا يتعب صاحبه، ولا يهدف إلا الى الاستمتاع".

أنواع اللعب :

للعب أنواع عدة يمكن تصنيفها كما يلي:

1- من حيث عدد المشتركين في اللعب هناك نوعان هما:

أ- اللعب الفردي .

ب- اللعب الجماعي.

2- من حيث تنظيم اللعب، والإشراف عليه هناك أيضاً نوعان هما:

أ- اللعب الحر التلقائي غير المنظم.

ب- اللعب المنظم.

3- من حيث نوعية اللعب وطبيعته هناك عدة أنواع منها ما يلي:

أ-   اللعب النشط.

ب- اللعب الهادئ.

ج- اللعب الذي يساعد على تنسيق الحركات ونمو العضلات.

د- اللعب الذي تغلب عليه الصفة العقلية.

ويشير فلاته (1413هـ ص 102) بأن أنواع اللعب تنحصر في المجالات الأربعة التالية:

1- ألعاب جسمية

2- ألعاب عقلية

3- ألعاب اجتماعية

4- ألعاب انفعالية

أهداف اللعب :

يذكر عدس (1425هـ ص 174) أن للعب أهدافاً ثلاثة هي:

أ- أنه يقود إلى التفكير والاستكشاف.

ب- أنه الجسر الذي يعبّر عنه إلى إقامة علاقات اجتماعية مع الآخرين.

ج- أنه يؤدي بنا إلى التوازن العاطفي .

فوائد اللعب :

يرى (هازيلي وفرانك وغولد) المشار إليهما في عدس (1425هـ ص174) أن للعب أهدافاً ثمانية

وهي:

1- تقليد الكبار.

2- مواجهة أدوار سيواجهها الأطفال عندما يكبرون.

3- إظهار تجارب مكتسبة.

4- التخلص من نوازع وميول غير مقبولة.

5- القيام بتمثيل أدوار معكوسة.

6- التعبير عن حاجات ملحة وضرورية.

7- معرفة مدى النضج والنمو عند الطفل.

8- إيجاد حلول لبعض المشاكل التي يتعرض لها الأطفال ويواجهونها.

أهمية اللعب :

يرى مصلح وآخرون (1403هـ) "أن اللعب هو القناة التي تتسرب منها المعرفة إلى الطفل وعن طريقه يكتشف الكثير عن نفسه وعمن حوله من الأشخاص والأشياء وبخاصة من له مساس بهم، ولهم أهميتهم عنده كالآباء والمعلمين والزملاء والأصدقاء وذي القربى من أفراد العائلة وغيرهم" ص 72 .

واللعب وسيلة ينمي بها الطفل رغبته في المشاركة في حياة الكبار، والتعاون معهم وفي زيادة المعرفة عنده، فهو يوفر له الفرصة المناسبة لتطوير ذاكرته ونمو خياله وقدرته على التعبير عن أفكاره الخاصة ونقل أفكار الآخرين.

ويجد الطفل في اللعب متعة كبيرة وهو يلعب، وبخاصة إذا ما قام بإنجاز يدخل في نفسه المتعة والسرور، فسروره عظيم حين يدخل سدادة الفلين مثلاً في زجاجة، أو يضع غطاء على صندوق، أو حين يدخل شيئين في بعضهما البعض من أشكال وحجوم مختلفة.

اللعب ونمو الأطفال في الروضة:

كما ذكرنا سابقاً في أهمية اللعب فإنه يعني النمو الشامل للطفل في كل المجالات فمن خلاله يتمكن من اكتساب ثقافة المجتمع ولغته وقيمه وعاداته فيصبح بذلك وسيلة للوفاء بمطالب نموه في جميع جوانبه.

ويبين حسان (1406هـ ص182) إسهامات اللعب في الوفاء بهذه المطالب نذكر منها:

1- إعطاء الأطفال إحساساً بالقوة: يعطي اللعب الأطفال إحساسا بأنهم سادة بيئتهم مما يزيد من ثقتهم في أنفسهم وإحساسهم بالقوة وإعطائهم شعورا بالمبادرة، وقد تنتقل هذه الثقة إلى مواقف أخرى.

2- تشجيع الاتصال: إن مجرد ممارسة اللعب الناجح مع الآخرين يعني تعلم الأطفال الاتصال بين بعضهم البعض وأنهم يفهمون الآخرين ويؤثرون فيهم وأن الآخرين يفهمونهم ويتأثرون بهم.

3- يساعد اللعب على النمو العاطفي: حيث إن اللعب يزود الأطفال بطريقة يتعاملون بها مع عواطفهم ويتعرفون عليها. فاللعب التمثيلي كثيرا ما يسهل عليهم تمثل المشاعر المختلفة وتفريغ ما يقبلونه من إحباط.

4- التعرف على الذات: يتعرف الأطفال من خلال اللعب على قدراتهم بالنسبة لزملائهم في اللعب وما يمكن أن يقوموا به فعلا ويساعد هذا على تنمية مفهوم سليم للذات أكثر واقعية من ذي قبل.

5- مصدر من مصادر التعلم: يعطي اللعب فرصة للأطفال لتعلم أشياء كثيرة من خلال مشاهدة التلفزيون، واستكشاف البيئة وألعاب الفك والتركيب تلك الفرصة التي قد لا تتهيأ في البيت أو المدرسة التي لا تهتم بهذه الأشياء.

نظريات اللعب :

تساعد نظريات اللعب على تفسير، وفي بعض الأحيان التنبؤ بسلوك اللعب، كما تساهم في تعريفه وإلقاء الضوء على مسبباته، ويمكن تقسيم هذه النظريات إلى قسمين: نظريات قديمة وأخرى حديثة وذلك طبقاً للمدرسة الفكرية التي تتبعها كل نظرية وفيما يلي يبين لنا مردان (1425هـ) بعض النظريات الشائعة في اللعب:

أولاً: نظرية الطاقة الفائضة :

تعتبر نظرية الطاقة الفائضة، من أقدم النظريات الفلسفية التي فسّرت اللعب بأنه طاقة زائدة كامنة في داخل الإنسان، حيث أكد شيلر (1873م) أن اللعب تعبير عن الطاقة المشحونة، وهو أصل جميع الفنون.

إلا أن هذه النظرية أصبحت مرفوضة، فالطفل قد يواصل اللعب من جديد، وإن كان متعباً في لعبته السابقة، أو يلعب مع دميته، ثم يركن بعد ذلك إلى النوم، كما أن الجسم يصرف طاقته الزائدة مع إفرازاته الأخرى، وهكذا لم توفق هذه النظرية في تحديد دافع اللعب والسمات الأساسية له يمكن الركون إليها في إدراك اللعب.

ثانياً: نظرية الاسترخاء :

فاللعب وفق هذه النظرية، ما هو إلا وسيلة لاستكمال أو تجديد الطاقة المفقودة الكامنة عند الإنسان ويعتبر الفيلسوف الألماني (لازاروس 1883م) و (باتريك 1916م) من أهم أقطاب هذه النظرية، وقد أكدا أن اللعب يجدد القوى المشرفة على النفاذ، فوظيفة اللعب وفق هذه النظرية هي إراحة العضلات، والأعصاب من التعب الذي أصابها، ثم إعادتها في نظام جديد.

ومما يلاحظ على هذه النظرية أنها لا تفسر اللعب تفسيراً شاملاً، حيث إن نظرتها قد تصلح لتفسير ألعاب الكبار المسلية، إلا أنها قد لا تنطبق على ألعاب الصغار الذين يحبون اللعب بشغف، ولا يتخذون اللعب لاستكمال وتجديد طاقتهم المفقودة، لأنهم في نشاط مستمر ويتفاعلون بحماس مع اللعب.

ثالثاً : نظرية التخفيف من القلق :

إن اللعب يقوم بوظيفة نفسية مهمة في حياة الطفل الانفعالية، حيث يساعده على تخفيف ما يعانيه من صراعات، وقلق نفسي، وتوترات انفعالية، بطريقته الخاصة.

لقد توصل (فرويد) إلى نظريته من خلال معالجته العيادية لمرضاه، واستخدامه اللعب مع الأطفال المضطربين نفسياً، حيث افترض أن السلوك البشري يتحدد بمدى ما يؤدي إليه من اللذة، أو الألم فالتجارب السارة يرتاح لها، أما المؤلمة فيتجنبها.

ويلاحظ على هذه النظرية أنها لا تقدم تفسيراً متكاملاً للعب يمكن الاعتماد عليه في تفسير جميع ألعاب الأطفال، حيث إن الظاهرة الواحدة في اللعب يمكن أن ترمز إلى معان متعددة. وهكذا نجد أن نظرية التحليل النفسي تركز على فئة واحدة من الألعاب وتحليل أحد وظائف اللعب في تحليل بنيته.

رابعاً: نظرية جان بياجيه :

اعتبر بياجيه اللعب جزءاً من فعالية الطفل الكلية النابعة من قدراته العقلية ونشاطه الذهني، مفترضاً جدوى عمليتين أساسيتين لكل موقف يمارسه الطفل في اللعب وتتمان في ترابط عضوي داخلي وهما:

1- التمّثل.

2- التكيّف .

ولذلك صنف اللعب لدى الطفل حسب عمره وحسب نمو قدراته العقلية بالشكل الآتي:

أ- اللعب التدريبي: وهو الذي يظهر خلال المرحلة الحسية من حياة الطفل.

ب- اللعب الرمزي: والذي يتضمن بعض التفكير، بعكس النوع السابق.

ج- اللعب الذي يخضع للقوانين والقواعد: والتي تمثلها الألعاب الجماعية.

وقد حظيت النظرية بتأييد الكثير من المربين المحدثين باعتبارها عاملاً مساعداً في تربية وتعليم الأطفال الصغار.

اللعب والنمو العقلي:

يستطيع الطفل ومن خلال اللعب أن يجمع الكثير من حقائق الحياة ثم يأخذ في فهم هذه الحقائق وفهم أسرار الحياة فقد يكتشف مثلاً أن عليه أن يضع طوبة على الأرض بشكل متوافق حتى يحفظ توازنها، وأن الشكل المستدير كالبرتقالة مثلاً يدور في كل الاتجاهات بخلاف المربع والمستطيل والمثلث.

ويتعلم الطفل من خلال اللعب وبالتدرج كثيراً من الحقائق المجردة، وإن كان لا يستطيع صياغة هذه الحقائق في كلمات، كما يعرف وبواسطة اللعب أيضاً شيئاً فشيئاً عن كثير من الظواهر في عالمه الواسع الذي يعيش فيه، ويحاول أن يجد لها تعليلاً مقبولاً عنده، ومقنعاً له، مثل اشتعال النار، وانكسار الزجاج إذا وقع على الأرض، ومع أن هذه أمور تبدو بسيطة إلا أنها ذات أثر واضح في تشكيل صورة عنها بالنسبة إليه، وتكوين فكرة يستطيع فهمها واستيعابها وتزيد من قدرته على التفاعل مع هذه الأشياء.

اللعب والنمو الاجتماعي:

تتم جميع أنواع اللعب إما بشكل فردي أو جماعي يشارك الطفل فيها غيره، وإذا لعب وحده فسرعان ما يجدّ في البحث عمن يشاركه اللعب من الأطفال والذين هم في مثل سنه ليسهل التعاون معهم والتفاهم، لأنهم متقاربون في مرحلة نموهم.

وما أسرع أن يستبدل الطفل أصدقاءه بآخرين غيرهم، فمطالبه تتغير باستمرار تبعاً للتغير المستمر في نموه - غير أنه- وعن طريق الألعاب الجماعية-يقف الأطفال على حياة أقرانهم، يعلمون بعضهم بعضاً مما عند كل منهم من خبرة وتجربة ويكتسبون من ذلك كله خبرة في اختيار الأصدقاء والتعامل معهم.

وعن طريق اللعب نتيح للأطفال الفرصة لتعلم الأسلوب الأنسب لتكوين علاقات سليمة مع الغير والاشتراك في اتخاذ قرار جماعي وتقبل الرأي الآخر واحترامه حتى لو كان هذه الرأي مخالفاً لرأيه.

اللعب والنمو العاطفي:

إن اللعب بالنسبة للطفل هو صمام الأمان لعواطفه وانفعالاته فإذا ألقينا نظرة على رسوماته واطلعنا على الأسلوب الذي يخاطب به نفسه، وألعابه، فسنعرف عندها الكثير عن عالمه الداخلي ما يثور في نفسه من عواطف وانفعالات وكنا بذلك قادرين على مساعدته للوصول إلى درجة كافية من النضج والاكتمال.

وكل عمل يقوم به الطفل ينمي به جسمه وعقله، إنما هو في الوقت نفسه عامل على تطور عواطفه وانفعالاته وهو أمر يجب أن ننتبه إليه وجدير بأن يلقى منا العناية والاهتمام وسعادته في المستقبل تكمن إلى حد ما في قدرته على حفظ التوازن في أحاسيسه.

*** مشكلات رياض الأطفال :**

تواجه رياض الأطفال بالمملكة العربية السعودية عدة مشكلات يصنفها عبد الجواد، والغامدي (1422هـ) كما يلي:

مشكلات تتعلق بالكم والتوزيع :

دور الحضانة الحكومية منها والأهلية محدودة في عددها وفي مدى استيعابها للأطفال الذين هم في الفئة العمرية من (3-6 سنوات) والأطفال الذين يستمتعون بهذه الخدمة هم في الغالب ممن ينتمون إلى بيئات غنية ثقافياً واجتماعياً واقتصادياً وتتهيأ لهم ظروف طيبة، وهم في الغالب - أيضاً- من سكان المدن، والأمر يتطلب تعاوناً وثيقاً بين كافة الجهات المعنية الحكومية وغير الحكومية للتوسع في تقديم هذه الخدمة في المدن والأرياف، حقاً إن الدولة تبذل جهوداً مكّثفة في هذا المجال لكن بعض الأهالي لا يستفيدون مما تقدمه لهم الدولة من خدمات في هذا المجال، لذا ينبغي على أجهزة الإعلام أن تساند دور الدولة وتعمل على توعية الأهالي إلحاق أطفالهم برياض الأطفال.

مشكلات تتعلق بالتعاون بين الأسرة والروضة:

يتصور عديد من الآباء والأمهات ان مسؤولياتهم نحو أطفالهم تتمثل في إلحاقهم بالروضة وكفى، ليتفرغوا هم إلى أعمالهم، ولا يتابعوا أطفالهم، ويؤثر هذا الوضع سلباً على الخدمات التي يمكن أن تقدمها الروضة لأطفالها، لذا فإن الأمر يتطلب تعاوناً وثيقاً بين الأسرة والروضة يتمثل في مناقشة مستفيضة من جانب الأم – من خلال مقابلات منسقة مع المعلمة لملاحظة نمو الطفل وأوضاعه ومشكلاته والعمل معاً على تدارك جوانب القصور.

مشكلات اقتصادية :

والمشكلات الاقتصادية لرياض الأطفال متشعبة، وبخاصة بالنسبة للرياض الأهلية، فإمكاناتها دون المطلوب، ومعظم مبانيها مستأجرة ولم تبنَ أصلاً لهذا الغرض، كما أنها تدفع للمعلمات أجوراً أقل بكثير مما تدفع لهن الرياض الحكومية وأصحاب الرياض الأهلية يعللون ذلك بارتفاع أجور المباني، وعدم دفع الآباء للأقساط المالية في حينها، بينما يشكو الآباء من ناحية ثانية من ارتفاع المصروفات التي يدفعونها للرياض الأهلية.

وحقيقة الأمر، أن بعض أصحاب الرياض الأهلية يبالغون في رسوم التحاق الأطفال بهذه الرياض دون مبرر سوى الربح المادي. الأمر الذي يتطلب سياسة عامة تحدد الشروط والمواصفات والمعايير والأجور والمصروفات.

مشكلة تعدد جهات الإشراف:

بعض رياض الأطفال حكومي، وبعضها أهلي، وتشرف على هذه وتلك جهات متعددة، وزارة العمل والشؤون الاجتماعية، ووزارة المعارف، ووزارة الدفاع والطيران، الحرس الوطني، هذا خلاف القطاع الأهلي، وتعدد الجهات المسؤولة يمكن أن تكون له نتائج إيجابية، فالتعدد قد يحمل معه النمو والثراء وتحقيق الحاجات المتنوعة وخاصة، أن كل هذا التعدد مخططاً ليخدم أهدافاً معينة، وإن كان هذا التعدد

يستند إلى سياسة واحدة تنسق الجهود في هذا المجال وتحدد نوعية البرامج ومستويات الخدمة المطلوبة، ومعايير اختيار العلامات في هذا المجال من معلمات وإداريات وكذا ضبط الأجور والرسوم.

إن واقع الحال لدينا يؤكد أن تعدد جهات الإشراف أدى إلى ضعف حركة التنسيق بين هذه الجهات، وعدم وضوح اللوائح التي تحدد الأدوار لكل منهما، والنتيجة ارتباط في تنفيذ البرامج، واقتصر إشراف هذه المؤسسات على الالتزام بالقيم والثقافة الدينية في مناهجها.

لذا، ينبغي أن تتوحد جهات الإشراف على دور الحضانة في جهة واحدة، وهي وزارة المعارف على أن تتولى التخطيط والتنظيم ووضع الضوابط والمعايير ومن ثم التقويم، والمساءلة لا تقتصر على الجوانب الفنية فقط.

مشكلات تتعلق بمعلمات رياض الأطفال :

معلمة رياض الأطفال ركن رئيسي في العملية التربوية ووفق تأهيلها ونشاطها وحبها لعملها وإقبالها عليه يكون عطاؤها، لكن الواقع يؤكد أن عديداً من معلمات رياض الأطفال وبخاصة في القطاع الأهلي، غير مؤهلات للعمل في هذا المجال، وقلة منهن مؤهلات على المستوى الجامعي، والغالبية إما غير مؤهلات للعمل في هذا المجال أو أنهن يحملن مؤهلاً متوسطاً، من خريجات جمعية فتاة الخليج التي تؤهلن لمدة عامين بعد الثانوية العامة للعمل في هذا المجال أو من خريجات الكليات المتوسطة لإعداد المعلمات. كما أن نسبة كبيرة من العاملات في القطاع الأهلي هن من غير السعوديات ويعملن بأجور متدنية، ولا شك أن هذا الوضع يؤثر على كفاءة وعطاء المعلمة، حقاً إن هذه المشكلة في سبيلها إلى الحل، فجامعة الملك سعود لديها قسم متخصص لتخريج معلمات رياض الأطفال بدأ منذ عام 1407/1406هـ ، كما أن الكليات المتوسطة لإعداد البنات التي كانت بها أقسام لرياض الأطفال تحولت الدراسة فيها إلى أربع سنوات وتمنح درجة البكالوريوس، وإقبال الفتيات على هذا التخصص يتصاعد بدرجة

كبيرة بحكم مناسبته لطبيعة المرأة، ورغم ذلك فما زالت معظم معلمات رياض الأطفال دون التأهيل المطلوب.

مشكلات تتعلق بصحة الطفل:

تقدم الرياض الحكومية وجبة غذاء للطفل يومياً، وتعمل على تنوع هذه الوجبات يوماً بعد آخر، وتشرف على تقديم هذه الوجبات المشرفة الصحية، أما بالنسبة للرياض الأهلية فلا تقدم في معظمها هذه الخدمة لكي لا يترتب على ذلك زيادة المصروفات، وفي حين يتوافر في رياض الأطفال الحكومية مشرفات صحيات لمتابعة نمو الأطفال والإشراف على طعامهم وتقديم الإسعافات الأولية.. الخ هذا إلى جانب زيارات منظمة من طبيبة الصحة المدرسية واتصال مباشر مع الصحة المدرسية، فإن هذه الخدمات الصحية قد لا تتوافر بنفس الدرجة في عديد من الرياض الأهلية.

مشكلات تتعلق بإدارة رياض الأطفال:

الإدارة علم له أصوله ونظرياته وعملياته، ولا ينبغي أن يتولى فرد ما موقعاً إدارياً ما لم يكن قد أعُد لذلك وتدرب على القيام بواجباته، وإلا تعثر الموقع وقلت كفاءته.

وفي مجال إدارة رياض الأطفال لا يتوفر عدد من التخصصات في إدارتها، وفضلاً عن قلة عدد المتخصصات في هذا المجال فإن أصحاب رياض الأطفال الأهلية لا يفضلونهن في العمل لمطالبتهن بأجور تناسب تخصصهن، الأمر الذي يؤثر بدوره على كفاءة رياض الأطفال.

ونظراً لأن العديد من مديرات رياض الأطفال يفتقرن إلى المهارات الإدارية والخبرات القيادية والتربوية فإن كثيراً منهن يلجأن في الغالب إلى الاحتفاظ بجميع الصلاحيات في أيديهن دون تفويض لبعض صلاحياتهن على زميلاتهن المعلمات، وهذا بدوره يؤدي على الافتقار للأفكار الجيدة وللمشاريع التجديدية التي تقدمها أو تمارسها المعلمات، الأمر الذي يضفي روح التقليدية على نشاط هذه الرياض.

*** الخطط المستقبلية لتطوير رياض الأطفال:**

وضعت خطة عشرية في فترة عشر السنوات 14250-1435هـ 2004م-2014م من أجل الرقي بمرحلة رياض الأطفال، وقد تساءلت مجلة المعرفة (1426هـ) لماذا تم تحديد عشر سنوات؟ ثم أجابت بما يلي:

فهذا يعود إلى طبيعة النظام التعليمي حيث يعتبر من النظم المحافظة، ثم إن المدة الزمنية التي بنيت عليها الخطة تعد نموذجاً مقبولاً لبقاء الطالب على مقعد الدراسة في مراحل التعليم العام، وقد التمسنا فيها تفصيلاً أكبر للمنطلقات التي ارتكزنا عليها من حيث المبادئ التربوية الأساسية وتأتي في مقدمتها: العقيدة الإسلامية، مطالب التنمية، اتجاهات العصر ومقتضياته، حاجات الفرد ومطالب نموه، ثم ما يندرج تحت هذه المنطلقات وغيرها من أهداف تربوية عامة، تتحقق من خلال جملة من الأهداف التفصيلية والبرامج التي تتناول المعرفة والمهارات والتفكير العلمي والميول والاتجاهات والقيم، أي بناء الإنسان بصورة متكاملة وهو ما يعطي المدة الزمنية للخطة (عشر سنوات) شرعية مقبولة، فضلاً عن القبول العلمي لهذا المدى عند كثير من مدارس التخطيط المختلفة، ثم إن المرونة باعتبارها إحدى خصائص التخطيط والتي تمت الخطة في ضوئها تعد معالجة مثلى وأسلوباً علمياً في مقابلة ما قد يستجد من متغيرات يجد المخطط ومتخذو القرار أنفسهم في حاجة الى التعامل معها.

1. الهدف العام: تهيئة الأطفال من سن (4-6) سنوات للدخول في التعليم، واعتبار مرحلة رياض الأطفال مرحلة مستقلة بمبانيها ومناهجها عن مراحل التعليم العام.

2. الهدف الاستراتيجي: استيعاب الأطفال من سن (4-6) سنوات (مرحلة رياض الأطفال) بنسبة 40% بنهاية سنوات الخطة.

البرامج :

- **وضع الاستراتيجية الوطنية للطفولة.**

- تحديث وتطوير الأنظمة واللوائح المتعلقة برياض الأطفال بما يحقق زيادة نسب الاستيعاب.

- دعم وتشجيع القطاع الخاص للإسهام في إنشاء وإدارة رياض الأطفال بنسبة 10% سنوياً.

- مشاركة الجمعيات الخيرية في توعية الأسر بأهمية تعليم الأطفال في مرحلة ما قبل المدرسة.

- مشاركة الجمعيات الخيرية لتحفيظ القرآن الكريم في تعليم مبادئ القراءة والكتابة والحساب للأطفال في سن ما قبل الدراسة.

1- الهدف العام: تهيئة الأطفال من سن (4-6) سنوات للدخول في التعليم واعتبار مرحلة رياض الأطفال مرحلة مستقلة بمبانيها ومناهجها عن مراحل التعليم العام.

2- الهدف الاستراتيجي: تحديث البرامج والنشاطات المتخصصة في الطفولة المبكرة.

البرامج:

- تقويم البرامج الحالية الخاصة برياض الأطفال وفق الاتجاهات العالمية المعاصرة بما يتناسب مع قيم وطبيعة المجتمع والبيئة المحلية.

- بناء برامج ونشاطات متخصصة في مرحلة رياض الأطفال وفق الاتجاهات العالمية المعاصرة بما يتناسب مع قيم وطبيعة المجتمع والبيئة المحلية.

- بناء قاعدة معلومات للطفولة في المملكة.

- برنامج تطوير مناهج ما قبل المدرسة.

- برنامج تطوير وتجريب وتقويم الخطط الدراسية في المرحلة الأولية.

1- الهدف العام: تهيئة الأطفال من سن (4-6) سنوات للدخول في التعليم، واعتبار مرحلة رياض الأطفال مرحلة مستقلة بمبانيها ومناهجها عن مراحل التعليم العام.

2- الهدف الاستراتيجي: توفير كوادر متخصصة في رياض الأطفال لتلبية احتياجات القبول في هذه المرحلة بمعدل 10% سنوياً.

البرامج:

— التوسع في إنشاء وتطوير أقسام رياض الأطفال في كليات التربية والجامعات.

— بناء وتطوير أدوات قياس استعدادات الكوادر البشرية في مجال رياض الأطفال.

— التوسع في تأهيل وتدريب الكوادر البشرية في مجال رياض الأطفال ممن هم على رأس العمل.

1- الهدف العام: تهيئة الأطفال من سن (4-6) سنوات للدخول في التعليم، واعتبار مرحلة رياض الأطفال مرحلة مستقلة بمبانيها ومناهجها عن مراحل التعليم العام.

2- الهدف الاستراتيجي: تطوير برامج وأدوات قياس استعدادات الأطفال في سن ما قبل المدرسة.

البرامج :

— بناء وتطوير أدوات قياس استعدادات الأطفال في سن ما قبل المدرسة وفق المعايير الدولية بما يتناسب مع المجتمع السعودي.

— بناء وتطوير أدوات للكشف المبكر لصعوبات التعلم ومشاكل النمو لدى الأطفال.

- بناء وتطوير برامج للتدخل المبكر لمواجهة الصعوبات التعليمية والسلوكية ومشكلات الأطفال.

- تدريب الكوادر البشرية العامة بمرحلة رياض الأطفال على تطبيق أدوات القياس والكشف وبرامج التدخل المبكر.

1- الهدف العام: تهيئة الأطفال من سن (4-6) سنوات للدخول في التعليم، واعتبار مرحلة رياض الأطفال مرحلة مستقلة بمبانيها ومناهجها عن مراحل التعليم العام.

2- الهدف الاستراتيجي: توفير مبان مدرسية مجهزة ومستقلة خاصة برياض الأطفال لاستيعاب 10% سنوياً من الشريحة المستهدفة.

البرامج :

- دراسة التجارب العالمية والعربية الخاصة بمرحلة رياض الأطفال.

- إعداد مواصفات مباني رياض الأطفال تتناسب مع خصائص المرحلة وواقع المجتمع.

- إعداد مواصفات وشروط لتجهيزات مدارس رياض الأطفال من وسائل وأدوات وألعاب وقصص بما يتناسب وخصائص النمو في المرحلة.

- توفير مبانٍ مستقلة وتجهيزات لمرحلة رياض الأطفال تدريجياً على أن تكون في السنوات الثلاث الأولى من الخطة ملحقة بمباني المرحلة الابتدائية وبمشاركة القطاع الخاص.

1- الهدف العام: تهيئة الأطفال من سن (4-6) سنوات للدخول في التعليم، واعتبار مرحلة رياض الأطفال مرحلة مستقلة بمبانيها ومناهجها عن مراحل التعليم العام.

2- الهدف الاستراتيجي: تطوير برامج إعداد وتأهيل العاملات في مرحلة رياض الأطفال.

البرامج:

– دراسة التجارب العالمية والعربية المتعلقة بإعداد وتأهيل العاملات بمرحلة رياض الأطفال.

– وضع معايير ومتطلبات لإعداد وتأهيل العاملات برياض الأطفال (مديرة، معلمة، أفراد مساندين).

* اللجنة الوطنية السعودية للطفولة:

في ظل اهتمام المملكة العربية السعودية بمرحلة الطفولة تم إنشاء اللجنة الوطنية السعودية للطفولة، وهذه نبذة مختصرة عنها نقلاً عن موقع وزارة التربية والتعليم على شبكة الانترنت:

النشأة

تأسست اللجنة الوطنية السعودية للطفولة عام 1398هـ/1979م وهو العام الدولي للطفل، بموجب موافقة صاحب السمو الملكي نائب رئيس مجلس الوزراء رقم 13003/م/5 وتاريخ 1398/6/2هـ وذلك تأكيداً لاهتمام المملكة العربية السعودية بالطفولة، ورغبة في تطوير وتعزيز أوجه الرعاية التي تقدم للأطفال.

الهدف العام:

وضع السياسة العامة للطفولة في المملكة العربية السعودية والتخطيط لبرامج الأطفال واحتياجاتهم، والتنسيق بين جهود الجهات الحكومية الأهلية المعنية بشؤون الطفولة في المملكة العربية السعودية.

المهام والاختصاصات :

تعنى اللجنة الوطنية السعودية للطفولة بكل ما يتصل بشؤون الأطفال في المملكة العربية السعودية وعلى الأخص المهام الآتية:

1- التنسيق بين الأجهزة الحكومية والهيئات والمؤسسات الوطنية المعنية بالطفولة في المملكة العربية السعودية لتحقيق التكامل وتلافي الازدواجية.

2- وضع استراتيجية وطنية للطفولة تساعد الجهات المعنية بالطفولة في المملكة العربية السعودية على تعزيز أوجه الرعاية التي يحتاجها الأطفال.

3- اقتراح البرامج والمشروعات المتعلقة بالأطفال لتنفذها الجهات الحكومية والأهلية المختصة.

4- وضع قاعدة للمعلومات والبيانات لكل ما يتعلق بالطفولة في المملكة العربية السعودية والعمل على تحديثها وتبادلها بين كافة الأجهزة المعنية.

5- التحضير لاجتماعات المجلس الأعلى للطفولة ولجنة التخطيط والمتابعة للجنة الوطنية السعودية للطفولة.

6- متابعة تنفيذ توصيات وقرارات المجلس الأعلى للطفولة، ولجنة التخطيط والمتابعة.

7- متابعة ما يخص المملكة العربية السعودية من نشاط الهيئات والمؤسسات الدولية والإقليمية المعنية بالطفولة.

8- تشجيع البحوث والدراسات وكافة أوجه الثقافة الخاصة بالطفولة واحتياجاتها.

9- إعداد تقارير دورية عن نشاطات اللجنة الوطنية السعودية للطفولة.

تشكيل اللجنة :

تتشكل اللجنة الوطنية السعودية للطفولة من:

1- المجلس الأعلى للطفولة:

ويرأسه معالي وزير التربية والتعليم ويضم وكلاء وزارات الجهات المعنية بالأطفال في المملكة العربية السعودية، وهي: (وزارة الداخلية، وزارة الخارجية، وزارة التربية والتعليم، وزارة الثقافة والإعلام، وزارة الصحة، وزارة الاقتصاد والتخطيط، وزارة العمل، وزارة الشؤون الاجتماعية، وزارة الشؤون البلدية والقروية، الرئاسة العامة لرعاية الشباب).

وعدداً من المؤسسات والجمعيات الأهلية.

2- لجنة التخطيط والمتابعة :

ويرأسها وكيل وزارة التربية والتعليم للشؤون الثقافية وتضم مديري عموم الإدارات المعنية بالطفولة في المملكة العربية السعودية.

3- الأمانة العامة للجنة :

ومقرها الشؤون الثقافية بوزارة التربية والتعليم وتضم أخصائيين للتخطيط لنشاطات اللجنة ومتابعتها مع الجهات المعنية بالطفولة، وإعداد التقارير والدراسات التي تعرض على المجلس الأعلى للطفولة ولجنة التخطيط والمتابعة، إضافة إلى عدد من الإداريين لمتابعة الشؤون الادارية في الأمانة العامة للجنة .

الخطة المستقبلية للجنة الوطنية السعودية للطفولة :

1-   تطوير نشاط اللجنة الوطنية السعودية للطفولة من خلال اللقاءات المستمرة لمجلسها الأعلى، ولجنة التخطيط والمتابعة، وذلك لمتابعة الموضوعات الخاصة بالطفولة ووضع التوصيات المناسبة حيالها مع تنشيط التنسيق والمتابعة لمختلف الجهود بين الجهات المعنية.

2- وضع استراتيجية وطنية للطفولة لمساعدة الجهات ذات العلاقة بالأطفال للتخطيط لبرامجها ونشاطاتها التي تعزز أوجه الرعاية التي تقدم للأطفال.

3- وضع دليل موحد يشمل كافة الأنظمة والإجراءات والتعليمات الخاصة بالطفولة في المملكة العربية السعودية.

4- إنشاء مركز معلومات وطني للطفولة في المملكة العربية السعودية مع وضع آلية لتحديث المعلومات وطرق الاستفادة منها.

5- وضع المعايير التي تظهر مدى حصول الأطفال على الرعاية التي يحتاجونها وفقاً لأوضاعهم الصحية والاجتماعية والثقافية وغيرها.

6- تشجيع الكتّاب والمؤلفين والعلماء على البحث والكتابة في مجال الطفولة للاستجابة لحاجات الأطفال وفق مراحل نموهم.

7- نشر الوعي التربوي والتعريف بحقوق الطفل لدى الأسر والجهات المعنية بالأطفال .

المراجع

1- البكر، فوزية (1415هـ) المنهج المطور لرياض الأطفال، مجلة الدفاع، العدد 95، السنة 33 .

2- حسان، حسن (1406هـ) دراسات وبحوث تربوية، مكتبة الطالب الجامعي، مكة المكرمة.

3- الحقيل، سليمان عبد الرحمن (1420هـ) نظام وسياسة التعليم في المملكة العربية السعودية، الطبعة الثالثة عشرة، الرياض.

4- الخطيب، سحر (1415هـ) أهمية المنهج المطور لرياض الأطفال، مجلة الدفاع، العدد 95، السنة 33 .

5- خليفة، إيناس خليفة (1423هـ) رياض الأطفال الكتاب الشامل، دار المناهج، عمان، الأردن.

6- الرئاسة العامة لتعليم البنات (1408هـ) مشروع تطوير رياض الأطفال.

7- الرئاسة العامة لتعليم البنات (1412هـ) المنهج المطور لرياض الأطفال، الرياض.

8- صابر، ملكة حسين (1417هـ) المشكلات التي تواجه رياض الأطفال في أثناء تطبيقها للمنهج المطور بمدينة جدة، جامعة أم القرى، معهد البحوث العلمية إحياء التراث الإسلامي، مكة المكرمة .

9- الصمادي، هالة،ومروة، نجوى (د.ت) المنهج المطور لرياض الأطفال (التعلم الذاتي) الرئاسة العامة لتعليم البنات.

10- عبد الجواد، نور الدين، الغامدي، حمدان (1422هـ) تطور نظام التعليم بالمملكة العربية السعودية، مكتب التربية العربي لدول الخليج، الرياض.

11- عدس، محمد عبد الرحيم (1425هـ) مدخل إلى رياض الأطفال، دار الفكر، عمان، الأردن.

12- الفضل، فاتن (1421هـ) فاعلية الأركان التعليمية في تنمية المفاهيم العلمية لدى أطفال مؤسسات رياض الأطفال الحكومية من وجهة نظر المعلمات ومن واقع اختبار تحصيلي للأطفال بمدينة مكة المكرمة، جامعة أم القرى، كلية التربية.

13- فلاته، إبراهيم محمود (1413هـ) العملية التربوية في دور الحضانة ورياض الأطفال أسسها وتطبيقها، المكتبة الفيصلية، مكة المكرمة.

14- لبن، علي أحمد (1996م) مرشد المعلمة برياض الأطفال، سفير، القاهرة.

15- اللقاني، أحمد، والجمل، علي (1419هـ) معجم المصطلحات التربوية المعرفية في المناهج وطرق التدريس، عالم الكتب، الطبعة الثانية، القاهرة.

16- مردان، نجم الدين علي (1425هـ) سيكولوجية اللعب في مرحلة الطفولة المبكرة، مكتبة الفلاح، الكويت.

17- مصلح، عدنان عارف (1403هـ) رياض الأطفال، دار الفكر، عمان.

18- المعرفة (1426هـ) هل تصبح مرحلة رياض الأطفال إلزامية؟ العدد 125، وزارة التربية والتعليم، الرياض.

19- وزارة المعارف (1399هـ) معالم التطوير في نظام التعليم الابتدائي في المملكة العربية السعودية خلال الثمانين سنة الماضية، إعداد مركز المعلومات الإحصائية والتوثيق التربوي.

20- اليحيا، أسماء (1417هـ) اتجاهات المعلمات وأولياء الأمور نحو التجديدات التربوية في مؤسسات رياض الأطفال في المملكة العربية السعودية، رسالة ماجستير غير منشورة، كلية التربية، جامعة الملك سعود، الرياض.

21- http://www.moe.gov.sa/openshare/moe/index.htm

التعليم الابتدائي

في

المملكة العربية السعودية

مفهوم التعليم الابتدائي :

يذهب المربون إلى أن التعليم الابتدائي هو ذلك النوع من التعليم النظامي الـذي يأخـذ مكانـه بصفة أصيلة في أول السلم التعليمي، والذي يلتحق به الصغار من طفولتهم المتوسطة إلى مـا حـول سـن المراهقة بقصد تحصيل بعض المعارف والمهارات الأساسية.

أما المؤلف فيرى بأن أشمل تعريف للتعليم الابتدائي أن نقول (بأنه ذلك النوع من التعليم الرسمي الذي يتناول التلميذ من سن السادسة إلى الثانية عشر فيتعهده بالرعاية الروحية والجسمية والفكرية والانفعالية والاجتماعية على نحو يتفق مع طبيعته كطفل ومع أهداف المجتمع الذي يعيش فيه) (فلاته ، 1405هـ- 1406هـ ص 13).

أهمية التعليم الابتدائي :

إن أهمية التعليم الابتدائي قضية شبه مسلمة قد لا تحتاج إلى تأكيد ذلك أن التعليم الابتدائي في كل أمة يضطلع بمسؤولية جسيمة آلا وهي تربية الغالبية العظمى من الأفراد وإعدادهم للحياة.

ويمكن القول بأن أبعاد التربية في التعليم الابتدائي تتمثل في الجوانب الهامة التالية:

1- صقل معالم شخصية الطفل وتحديد إطارها العام بعد أن تشكلت عواملها الأساسية في المنزل.

2- وضع بذور التربية النظامية في جميع جوانبها الخلقية والجسمية والفكرية والاجتماعية والسلوكية.

3- إعداد الطفل للمراحل التعليمية التالية للمرحلة الابتدائية.

4 إعداد الطفل للحياة العامة في المجتمع على اعتبار أن هذه المرحلة قد تكون نهاية المطاف لبعض الأطفال.

5- المساهمة الفعالة في تحقيق أهداف التنمية الشاملة في المجتمع. (فلاته، المرجع السابق، ص 13-14).

ويمثل التعليم الابتدائي في المملكة العربية السعودية قاعدة التعليم وأساسه لجميع مراحله وأنواعه، حيث تنص المادة (72) من سياسة التعليم في المملكة العربية السعودية على أن:

"المرحلة الابتدائية هي القاعدة التي يرتكز عليها إعداد الناشئين للمرحلة التالية من حياتهم، وهي مرحلة عامة تشمل أبناء الأمة جميعاً، وتزويدهم بالأساسيات من العقيدة الصحيحة، والاتجاهات السليمة، والخبرات والمعلومات والمهارات" (وزارة المعارف سابقاً، سياسة التعليم في المملكة العربية السعودية 1416هـ ص16)

وتبرز أهمية المرحلة الابتدائية بالإضافة إلى ما ذكره الباحث إلى أن المرحلة الابتدائية تستند إلى طائفة كبيرة من المبادئ والاعتبارات الاجتماعية والاقتصادية والتربوية ومن هذه الاعتبارات والمبادئ ما يلي:

1- تعتبر القوى البشرية أثمن موارد الدولة، لذلك وجبت رعاية وتربية وتدريب وتعليم الأطفال منذ بداية حياتهم للاستفادة من هذه التربية في تنمية قدراتهم واستعداداتهم ومن شأن تحقيق ذلك تمكينهم من المساهمة في بناء المجتمع.

2- لأن الأطفال لا يتمكنون من اكتساب الخبرات الحضارية عن طريق الوراثة، فلابد من تعليمهم وتدريبهم وإكسابهم خلاصة التجارب الإنسانية وعلوم العصر الذين يعيشون فيه، وكلما بكرنا في هذه العملية، أتحنا لهم الفرصة لكي يفهموا المجتمع ويتعاملوا معه ويعملوا من أجل بنائه.

3- إن حاجة الأطفال للكبار في المراحل الأولى من حياتهم تستوجب من الكبار فهم ومرافقة ومساعدة هؤلاء الأطفال لضمان نموهم - بإذن الله- في مرحلة

هامة وأساسية من حياتهم، وهذا يتطلب إيجاد بيئة مناسبة تساعدهم على النمو المتزن.

4- إن طبيعة البيئة التي يعيش فيها الأطفال، وخاصة في السنوات الأولى وما لها من أثر في تكوينهم النفسي والانفعالي فيما بعد تستوجب أن تكون تلك البيئة سليمة وصحيحة ومناسبة وغنية بالخبرات والمثيرات مما لا يتيسر لكل منزل تأمينه لأطفاله، ولذلك تعتبر المدرسة الابتدائية اليوم جزءاً هاماً من حياة الطفل العملية والاجتماعية.

5- إن تضاعف حقول المعرفة واتساع مجالات الخبرة الإنسانية كل ذلك يلقي على كاهل الوالدين والمجتمع بصورة عامة، أعباء فوق طاقتهم، ويمكن أن تسند التربية الأولوية في المرحلة الابتدائية معظم متطلبات الأسرة والمجتمع فيما يتعلق بتربية الطفل إذا ما تم تنظيمها وإدارتها من قبل المجتمع كمؤسسة متخصصة ومتفرغة لهذه العملية الهامة.

6- ان اتجاه معظم دول العالم إلى تنمية مواردها البشرية والمادية بسرعة، قد أدى إلى انتشار الفرص التعليمية وإتاحتها لكل الأطفال مما استدعى أن تكون المرحلة إلزامية ولا غنى عنها في أي منطقة نحو مزيد من التعليم والتدريب.

7- إن الجهود الكبيرة التي تبذل على مستوى المجتمع الدولي لمكافحة الأمية تتطلب الاهتمام بالمرحلة الابتدائية بحيث تستطيع مدارس المرحلة الابتدائية من استيعاب جميع الأطفال ممن هم في سن الدراسة الابتدائية، وبذلك تضمن تلك الدول عدم إفراز المجتمعات لأعداد جديدة من الأميين.

ولبروز أهمية التعليم الابتدائي على قمة الأسبقيات في الوقت الحاضر، فقد تعالت الأصوات بين المختصين في الدول العربية لإيجاد صيغة جديدة للتعليم الابتدائي وهي صيغة التعليم الأساسي (الحقيل، 1415هـ ص 42-44).

يتضح مما تقدم، أن التعليم الابتدائي تنطلق أهميته من حيث كونه مرحلة التعليم العام الشامل الإلزامي في كثير من المجتمعات المعاصرة، وأنه المرحلة التي تهتم بالأولويات في التعليم خاصة في الدول النامية.

التطور التاريخي للتعليم الابتدائي :

والتعليم الابتدائي كنمط رسمي للتربية والتعليم نظام قديم، ولكننا لا نستطيع تحديد التاريخ الذي أنشئت فيه أول مدرسة ابتدائية. إلا أنه من المفيد أن نقرر هنا أمرين:

الأول: أن مولد أول مدرسة ابتدائية قد ارتبط باتباع الإنسان رموز الكتابة واستخدامها في اختزان خبراته وثقافته فاستحداث الكتابة أدى إلى قيام مهنة تدور حول تعليم الناشئين قراءة رموزها ليستفيدوا من المختزنات الثقافية.

والثاني: أن المدرسة الابتدائية أسبق منظمة تربوية أنشئت في مجال التعليم، وتأتي مرحلة أسبقيتها من اعتماد ما يقدم في المراحل التالية لها على اكتساب المهارات التي تقدم فيها. ولعل هذا هو سبب اشتهارها بتعليم المواد الأساسية الثلاث: القراءة والكتابة، والحساب.

أما في تاريخنا الإسلامي فنجد أن التعليم الابتدائي قد عرف من خلال أنماط عديدة ظهرت، خاصة في صدر الإسلام الأول أهمها: الكتاتيب، والحلقات التعليمية في المساجد والتي كان يؤمها عدد كبير من التلاميذ من مختلف الأعمار حيث يتلقون فيها مبادئ القراءة والكتابة والحساب، بالإضافة إلى تلاوة القرآن الكريم وأساسيات الشريعة الإسلامية.

وهناك أيضاً "مدارس القصور" التي ظهرت إبان عصور الخلافة الأموية، وذلك بعد وفاة الرسول عليه الصلاة والسلام، وفي عام 459هـ أي في عصر الخلافة العباسية ظهرت أول مدرسة للتعليم الرسمي والتي ما لبثت أن انتشرت في أرجاء الدولة الإسلامية آنذاك ويمكن القول بأن هذه المدارس تعتبر بحق نقطة تحول في تاريخنا التعليمي من

المسجد إلى نظام المدرسة العامة، وفي الواقع فالتعليم الابتدائي في التاريخ الإسلامي كان نظاماً شاملاً حيث كان الخلفاء العباسيون ابتداءً بهارون الرشيد، حريصون كل الحرص على نشر التعليم، بل شجعوه بكافة الوسائل، حيث أكدوا ضرورة تزويد كل طفل بأساسيات القراءة والكتابة والحساب علاوة على بعض العلوم الأولية والجغرافيا والتاريخ. بالإضافة – طبعاً إلى القرآن الكريم وعلوم الشريعة.

ومن ناحية أخرى فإن المتتبع للتاريخ الإسلامي ليجد بأن التعليم الابتدائي وما بعده قد اتسم بالعمق إذ ما قورن بالبرامج المنهجية في نظم التعليم المعاصر. ولذلك ما لم يكن من المستغرب في ذلك الوقت أن نجد برامج في مجالات الرياضيات والعلوم والدراسات الاجتماعية، ناهيك عن الفلسفة والأدب والطب وعلوم الدين التي كانت تدرس في مراحل متقدمة.

وفي هذا الصدد يقول (ناكستين Nakosteen) : "وفي العصر الذهبي لازدهار الحضارة الإسلامية، لم تسمح العلوم والعقائد والعلوم المذهبية بأن تحد من التفوق العلمي، إذ أنه (أي المسلمون) بحثوا في كل نوع من فروع المعرفة سواءً الفلسفة والتاريخ والتشريع وعلم الاجتماع وعلم الأخلاق والطب والرياضيات والعمارة".

ويقول (فرانك جريفز Frak Graves) في كتابه "تاريخ التربية" "لذلك من غير المستغرب في ذلك الوقت أن تخرّج المدرسة الإسلامية علماء مشاهير في شتى فروع المعرفة، ومن بين هؤلاء ظهر علماء مثل ابن سينا (980-1037م) الذي وضع كتاباً في الرياضيات والفلسفة ووضع مؤلفاً في الطب والذي كان مرجعاً لخمسة قرون تلت. والغزالي(1058-1111م) الذي تعددت كتبه في الفلسفة وعلوم الدين وصارت مرجعاً للباحثين من بعده".

وبعد اضمحلال الحضارة الإسلامية بعد عصرها الذهبي أصبحت التربية أميل ما تكون إلى العشوائية والارتجال في جميع المجتمعات الإسلامية تقريباً بما في ذلك الجزيرة العربية، حيث اقتصرت مدارس التعليم الابتدائي على الكتاتيب وحلقات المسجد.

ومع نهاية القرن التاسع عشر ومطلع القرن العشرين شهدت الجزيرة العربية نهضة تعليمية واسعة وذلك بفضل الجهود الفردية والجماعات الإسلامية التي قامت في كل من مكة والمدينة.

ففي عام 1323هـ تم افتتاح مدارس الفلاح في جدة وبعد ذلك التاريخ بسبع سنوات افتتحت مدرسة الفلاح بمكة. ولقد كان هدف المدارس ما يلي:

1- بعث الثقافة الإسلامية.

2- نشر اللغة العربية.

3- العمل على تنمية وتطوير المجتمع علمياً وثقافياً.

وفي عام 1352هـ تم تأسيس مدرسة دار الحديث في مكة على يد الشيخ عبد الظاهر أبو السمح. وهناك مدرسة الصحراء بالقرب من المدينة المنورة والتي أسسها لأبناء البلاد الشيخان علي وعثمان حافظ.

وبالإضافة إلى ما تقدم انتشرت العديد من المدارس في الحجاز مثل المدرسة الصولتية في مكة والتي كانت تضم مرحلة الروضة الابتدائية والثانوية والعالية.

ولم تكن المناطق الأخرى في شبه الجزيرة أحسن حالاً من الحجاز ومع ذلك فمع ظهور الحركة الاصلاحية للشيخ محمد عبد الوهاب شهدت كل من نجد والإحساء نهضة تعليمية كبيرة.

وبعد أن تم توحيد أجزاء الوطن في شبه الجزيرة العربية على يد المغفور له الملك عبد العزيز آل سعود في مطلع العشرينات من القرن الحالي، كانت مشكلة الأمية من أخطر المشكلات التي تصدت لها الدولة، وبذلت الجهود المكثفة من أجل تعليم الناس من جميع الأعمار ولكي يتحقق هذا الهدف تم إنشاء مديرية المعارف العامة عام 1344هـ-1373هـ وكان لصدور نظام المدارس في شعبان من عام 1347هـ أثر كبير على تطور التعليم بشكل عام والابتدائي على وجه الخصوص. وقد ظل هذا النظام ساري المفعول قرابة عشر سنوات. وفي عام 1358هـ حل محله نظام جديد نص

على مجانية التعليم في جميع المدارس الحكومية. وحدد مدة الدراسة في المدارس التحضيرية بثلاث سنوات وفي المدارس الابتدائية بأربع سنوات.

أما أول منهاج دراسي للمرحلة الابتدائية طبق في المعهد السعودي هو المنهاج الذي أعده محمد كامل القصاب عام 1345هـ وأهم ما تميز به ذلك المنهاج:

1- عنايته بالأمور الدينية، فهو قد وضع لتخريج طلاب متمسكين بتعاليم الدين الإسلامي الحنيف.

2- حرصه على تزويد التلميذ بقدر كاف من العلوم تمكنه من خدمة الوطن بصورة أفضل.

3- تأكيده على تنمية الروح العربية.

4- عنايته بتنمية الاتجاهات وخاصة حب الوطن، فالطالب يتخرج بعد دراسته محباً لوطنه عن قناعة لا عن جهل.

أما النظام الحديث للتعليم الابتدائي في المملكة العربية السعودية فقد حددت ملامحه وتشكلت معالمه مع قيام وزارة المعارف عام 1373هـ الموافق عام 1953 حيث ارتكزت السياسة التعليمية للمملكة في جميع المراحل التعليمية- بما في ذلك المرحلة الابتدائية-على ثلاث ركائز وهي:

1- القيم الإسلامية: فالمدرسة في المملكة تهدف إلى جعل أقوال وأفعال الطالب مستمدة من تعاليم الدين الحنيف- ولهذا فإن التربية الدينية قد خصص لها 33% من وقت الدراسة في التعليم الابتدائي.

2- حب اللغة العربية وذلك لأنها مصدر عزنا وافتخارنا وسجل أمجادنا وملامح بطولاتنا شرفها الله فجعلها لغة القرآن.

3- **الثقافة العامة**: فالمملكة العربية السعودية لا يمكن أن تعزل نفسها عن الأحداث العالمية، كما أنها بحاجة لمواصلة السير في ركب الحضارة. لذا كان لابد من تزويد الطالب بقسط كاف من مختلف العلوم الحديثة.

وانطلاقاً من السياسة الحكيمة للمملكة أصبح التعليم الابتدائي مجانياً لكنه غير إلزامي: بمعنى الدولة لا تلزم آباء من هم في سن الدراسة بإلحاق أطفالهم بالمدارس الابتدائية، ولكنها تلزم نفسها باستيعاب جميع الأطفال ممن هم في سن التعليم الابتدائي.

وفي الواقع، فإن المتتبع لنمو التعليم الابتدائي في المملكة ليستطيع أن يدرك مدى التغير والتطور الذي أحرزه والمتصفح للوثائق الرسمية وخطط الدراسة ليمكنه الوقوف على التطور الكمي والكيفي الذي يمر به، فمن الناحية الكمية يكفي أن نذكر أن عدد المدارس الابتدائية في المملكة عام 1344هـ كان أربع مدارس فقط وأصبح في عام 1371هـ 306 مدرسة ليقفز في 1395هـ إلى 2067 مدرسة بمعنى أن عدد المدارس الابتدائية تضاعف في نحو الخمسين سنة الماضية إلى خمسمائة مرة.

على أن هذا التطور في الواقع أسرع في جوانبه الكمية منه في الجوانب الكيفية ويتجلى ذلك عندما نقيس مقدار التغير الذي أصاب مناهج هذه المرحلة في ضوء التغيرات المختلفة التي سادت العصر (فلاته، المرجع السابق، ص13-19، وانظر: صلاح عبد الحميد مصطفى، 1401هـ/1402هـ ص15-19).

أسس التعليم الابتدائي في المملكة العربية السعودية

تمثل أسس التعليم الابتدائي في المملكة العربية السعودية جزءاً من الأسس العامة التي تقوم عليها عملية التربية والتعليم. ونظام التعليم في المملكة العربية السعودية يعتبر أحد البنى الأساسية التي يقوم عليها النظام الاجتماعي. فالتعليم حق تفرضه الشريعة الإسلامية، وواجب تتكفل به الدولة لكل مواطن في هذا البلد الأمين، ولقد أصدرت المملكة العربية السعودية في عام 1390هـ/1970م وثيقة "سياسة التعليم في المملكة العربية السعودية" كإعلان رسمي من الدولة يفصل الأسس والمبادئ التي يرتكز عليها مسار البناء التعليمي والدور المنوط بالتعليم في رعاية النشء وإعدادهم للحياة، مزودين بالمفاهيم والحقائق والمهارات والاتجاهات والقيم اللازمة للحياة الناجحة الكريمة، وفيما يلي بيان للأسس العامة التي يقوم عليها التعليم كما أوردتها وثيقة التعليم المذكورة:

1- الإيمان بالله رباً وبالإسلام ديناً وبمحمد ﷺ نبياً ورسولاً .

2- التصور الإسلامي الكامل للكون والإنسان والحياة، وأن الوجود كله خاضع لما سنه الله تعالى ليقوم كل مخلوق بوظيفته دون خلل أو اضطراب.

3- الحياة الدنيا مرحلة إنتاج وعمل، يستثمر فيها المسلم طاقاته عن إيمان وهدى للحياة الأبدية الخالدة في الدار الآخرة، فاليوم عمل ولا حساب، وغداً حساب ولا عمل.

4- الرسالة المحمدية هي المنهج الأقوم للحياة الفاضلة التي تحقق السعادة لبني الإنسان، وتنقذ البشرية مما تردت فيه من فساد وشقاء.

5- المثل العليا التي جاء بها الإسلام لقيام حضارة إنسانية رشيدة بناءة تهتدي برسالة محمد ﷺ ، لتحقيق العزة في الدنيا والسعادة في الآخرة.

6- الإيمان بالكرامة الإنسانية التي قررها القرآن الكريم وأناط بها القيام بأمانة الله في الأرض: (ولقد كرمنا بني آدم وحملناهم في البر والبحر ورزقناهم من الطيبات وفضلناهم على كثير ممن خلقنا تفضيلاً) (سورة الإسراء، الآية: 70)

7- فرص النمو مهيأة أمام الطالب للمساهمة في تنمية المجتمع الذي يعيش فيه، ومن ثم الإفادة من هذه التنمية التي شارك فيها.

8- تقرير حق الفتاة في التعليم بما يلائم فطرتها ويعدها لمهمتها في الحياة على أن يتم هذا بحشمة ووقار، وفي ضوء شريعة الإسلام، فإن النساء شقائق الرجال.

9- طلب العلم فرض على كل فرد بحكم الإسلام ونشره وتيسيره في المراحل المختلفة واجب على الدولة بقدر وسعها وإمكاناتها.

10- العلوم الدينية أساسية في جميع سنوات التعليم الابتدائي والمتوسط والثانوي بفروعه، والثقافة الاسلامية مادة اساسية في جميع سنوات التعليم العالي.

11- توجيه العلوم والمعارف بمختلف أنواعها وموادها منهجاً وتأليفاً وتدريساً وجهة إسلامية في معالجة قضاياها والحكم على نظرياتها وطرق استثمارها، حتى تكون منبثقة من الإسلام، متناسقة مع التفكير الإسلامي السديد.

12- الاستفادة من جميع أنواع المعارف الإنسانية النافعة على ضوء الإسلام، للنهوض بالأمة ورفع مستوى حياتها، فالحكمة ضالة المؤمن أنى وجدها فهو أولى الناس بها.

13- التناسق المنسجم مع العلم والمنهجية (التقنية) باعتبارهما من أهم وسائل التنمية الثقافية والاجتماعية والاقتصادية والصحية لرفع مستوى أمتنا وبلادنا والقيام بدورنا في التقدم الثقافي العالمي.

14- ربط التربية والتعليم في جميع المراحل بخطة التنمية العامة للدولة.

15- التفاعل الواعي مع التطورات الحضارية العالمية في ميادين العلوم والثقافة والآداب، بتتبعها والمشاركة فيها، وتوجيهها بما يعود على المجتمع والإنسانية بالخير والتقدم.

16- الثقة الكاملة بمقومات الأمة الإسلامية وأنها خير أمة أخرجت للناس، والإيمان بوحدتها على اختلاف أجناسها وألوانها وتباين ديارها (إن هذه أمتكم أمة واحدة وأنا ربكم فاعبدون) (سورة الأنبياء، الآية: 92)

17- الارتباط الوثيق بتاريخ أمتنا وحضارة ديننا الإسلامي، والإفادة من سير أسلافنا، ليكون ذلك نبراساً لنا في حاضرنا ومستقبلنا.

18- التضامن الإسلامي في سبيل جمع كلمة المسلمين وتعاونهم ودرء الأخطار عنهم.

19- احترام الحقوق العامة التي كفلها الإسلام وشرح حمايتها حفاظاً على الأمن، وتحقيقاً لاستقرار المجتمع المسلم في الدين والنفس، والنسل، والعرض، والعقل، والمال.

20- التكافل الاجتماعي بين أفراد المجتمع: تعاوناً، ومحبة، وإخاء، وإيثاراً للمصلحة العامة على المصلحة الخاصة.

21- النصح المتبادل بين الراعي والرعية بما يكفل الحقوق والواجبات، وينمي الولاء والإخلاص.

22- شخصية المملكة العربية السعودية متميزة بما خصها الله به من حراسة مقدسات الإسلام، وحفاظاً على مهبط الوحي، واتخاذها الإسلام عقيدة وعبادة وشريعة ودستور حياة، واستشعار مسؤوليتها العظيمة في قيادة البشرية بالإسلام وهدايتها إلى الخير.

23- الأصل هو أن اللغة العربية لغة التعليم في كافة مواد وجميع مراحله إلا ما اقتضت الضرورة تعليمه بلغة أخرى.

24- الدعوة إلى الإسلام في مشارق الأرض ومغاربها بالحكمة والموعظة الحسنة من واجبات الدولة والأفراد، وذلك هداية للعالمين، وإخراجاً لهم من الظلمات إلى النور، وارتفاعاً بالبشر في مجال العقيدة إلى مستوى الفكر الإسلامي.

25- الجهاد في سبيل الله فريضة محكمة، وسنة متبعة، وضرورة قائمة، وهو ماض إلى يوم القيامة.

26- القوة في أسمى صورها وأشمل معانيها: قوة العقيدة، وقوة الخلق، وقوة الجسم "فالمؤمن القوي خير وأحب إلى الله من المؤمن الضعيف وفي كلٍّ خير" (وزارة المعارف السعودية سابقاً، سياسة التعليم في المملكة العربية السعودية، المرجع السابق، 5-9) .

هذه هي الأسس التي يقوم عليها التعليم في المملكة العربية السعودية الذي يعتبر التعليم الابتدائي قاعدته ويمكن تصنيف هذه الأسس كما حددتها اللجنة العليا لسياسة التعليم عام 1390هـ إلى عشرة مبادئ هي:

1- المبدأ الإيماني.

2- المبدأ الإنساني.

3- مبدأ العمل وتكافؤ الفرص التعليمية بين المواطنين.

4- المبدأ التنموي.

5- المبدأ العلمي.

6- مبدأ التربية للعمل.

7- مبدأ التربية للقوة والبناء.

8- مبدأ التربية المتكاملة.

9- مبدأ الأصالة والتجديد.

10- مبدأ التربية للحياة. (الحقيل، المرجع السابق، ص53)

أهداف التعليم الإبتدائي في المملكة العربية السعودية:

يتطلب الحديث عن أهداف التعليم الابتدائي الحديث عن غاية التعليم في المملكة العربية السعودية والأهداف العامة، لأن أهداف المرحلة الابتدائية فرع من الأهداف العامة للتعليم، لذا سأتناول في البداية غاية التعليم وأهدافه العامة في المملكة، وبعد ذلك أتناول أهداف التعليم الابتدائي في المملكة العربية السعودية وسأبدأ أولاً: بغاية التعليم، فقد حددت اللجنة العليا لسياسة التعليم في المملكة العربية السعودية في وثيقة التعليم الصادرة عام 1390هـ غاية التعليم بقولها:

"إن غاية التعليم في المملكة العربية السعودية فهم الإسلام فهماً صحيحاً متكاملاً، وغرس العقيدة الإسلامية ونشرها، وتزويد الطالب بالقيم والتعاليم الإسلامية وبالمثل العليا وإكسابه المعارف والمهارات المختلفة، وتنمية الاتجاهات السلوكية البناءة وتطوير المجتمع اقتصادياً واجتماعياً وثقافياً، وتهيئة الفرد ليكون عضواً نافعاً في بناء مجتمعه" (وزارة المعارف السعودية سابقاً، سياسة التعليم في المملكة العربية السعودية، المرجع السابق، ص 10).

هذه هي غاية التعليم في المملكة العربية السعودية وكما حددت اللجنة العليا غاية التعليم حددت كذلك الأهداف الإسلامية العامة التي تحقق غاية التعليم فيما يلي:

1- تنمية روح الولاء لشريعة الإسلام، وذلك بالبراءة من كل نظام أو مبدأ يخالف هذه الشريعة، واستقامة الأعمال والتصرفات وفق أحكامها العامة الشاملة.

2- النصيحة لكتاب الله وسنة رسوله بصيانتها، ورعاية حفظهما، وتعهد علومهما، والعمل بما جاء فيهما.

3- تزويد الفرد بالأفكار والمشاعر والقدرات اللازمة لحمل رسالة الإسلام.

4- تحقيق الخلق القرآني في المسلم والتأكيد على الضوابط الخلقية لاستعمال المعرفة "إنما بعثت لأتمم مكارم الأخلاق".

5- تربية المواطن المؤمن ليكون لبنة صالحة في بناء أمته ويشعر بمسؤوليته لخدمة بلاده والدفاع عنها.

6- تزويد الطالب بالقدر المناسب من المعلومات الثقافية والخبرات المختلفة التي تجعل منه عضواً عاملاً في المجتمع.

7- تنمية إحساس الطلاب بمشكلات المجتمع الثقافية والاقتصادية والاجتماعية، وإعدادهم للإسهام في حلها.

8- تأكيد كرامة الفرد وتوفير الفرص المناسبة لتنمية قدراته حتى يستطيع المساهمة في نهضة الأمة.

9- دراسة ما في هذا الكون الفسيح عن عظيم الخلق، وعجيب الصنع، واكتشاف ما ينطوي عليه من أسرار قدرة الخالق للاستفادة منها وتسخيرها لرفع كيان الإسلام وإعزاز أمته.

10- بيان الانسجام التام بين العلم والدين في شريعة الإسلام ، فإن الإسلام في دين ودنيا، والفكر الإسلامي يفي بمطالب الحياة البشرية في أرقى صورها في كل عصر.

11- تكوين الفكر الإسلامي المنهجي لدى الأفراد ليصدروا عن تصور إسلامي موحد فيما يتعلق بالكون والإنسان والحياة وما يتفرع عنها من تفصيلات.

12- رفع مستوى الصحة النفسية بإحلال السكينة في نفس الطالب وتهيئة الجو المدرسي المناسب.

13- تشجيع وتنمية روح البحث والتفكير العلميين، وتقوية القدرة على المشاهدة والتأمل، وتبصير الطلاب بآيات الله في الكون وما فيه، وإدراك حكمة الله في خلقه لتمكين الفرد من الاضطلاع بدوره الفعال في بناء الحياة الاجتماعية وتوجيهها توجيهاً سليماً.

14- الاهتمام بالانجازات العالمية في ميادين العلوم والآداب والفنون المباحة، وإظهار أن تقدم العلوم ثمرة لجهود الإنسانية عامة، وإبراز ما أسهم به أعلام الإسلام في هذا المجال، وتعريف الناشئة برجالات الفكر الإسلامي، وتبيان نواحي الابتكار في آرائهم وأعمالهم، في مختلف الميادين العلمية والعملية.

15- تنمية التفكير الرياضي والمهارات الحسابية، والتدرب على استعمال لغة الأرقام والإفادة منها في المجالين العلمي والعملي.

16- تنمية مهارات القراءة وعادة المطالعة سعياً وراء زيادة المعارف.

17- اكتساب القدرة على التعبير الصحيح في التخاطب والتحدث والكتابة بلغة سليمة وتفكير منظم.

18- تنمية القدرة اللغوية بشتى الوسائل التي تغذي اللغة العربية وتساعد على تذوقها وإدراك نواحي الجمال فيها أسلوباً وفكرة.

19- تدريس التاريخ دراسة منهجية مع استخلاص العبرة منه، وبيان وجهة نظر الإسلام فيما يتعارض معه، وإبراز المواقف الخالدة في تاريخ الإسلام وحضارة أمته، حتى تكون قدوة لأجيالنا المسلمة، وتولد لديها الثقة والإيجابية.

20- تبصير الطلاب بما لوطنهم من أمجاد إسلامية تليدة، وحضارة عالمية إنسانية عريقة، ومزايا جغرافية وطبيعية واقتصادية، وبما لمكانته من أهمية بين أمم الدنيا.

21- فهم البيئة بأنواعها المختلفة، وتوسيع آفاق الطلاب بالتعرف على مختلف أقطار العالم وما يتميز به كل قطر من إنتاج وثروات طبيعية مع التأكيد على ثروات بلادنا ومواردها الخام، ومركزها الجغرافي والاقتصادي، ودورها السياسي القيادي في الحفاظ على الإسلام، والقيام بواجب دعوته، وإظهار مكانة العالم الإسلامي، والعمل على ترابط أمته.

22- تزويد الطلاب بلغة أخرى من اللغات الحية على الأقل بجانب لغتهم الأصلية، للتزود من العلوم والمعارف والفنون والابتكارات النافعة، والعمل على نقل علومنا ومعارفنا إلى المجتمعات الأخرى وإسهاماً في نشر الإسلام وخدمة الإنسانية.

23- تعويد الطلاب العادات الصحية السليمة، ونشر الوعي الصحي.

24- إكساب الطلاب المهارات الحركية التي تستند إلى القواعد الرياضية والصحية لبناء الجسم السليم، حتى يؤدي الفرد واجباته في خدمة دينه ومجتمعه بقوة وثبات.

25- مسايرة خصائص مراحل النمو النفسي للناشئين في كل مرحلة، ومساعدة الفرد على النمو السوي: روحياً، وعقلياً، وعاطفياً، واجتماعياً، والتأكيد على الناحية الروحية الإسلامية بحيث تكون هي الموجه الأول للسلوك الخاص والعام للفرد والمجتمع.

26- التعرف على الفروق الفردية بين الطلاب توطئة لحسن توجيههم، ومساعدتهم على النمو وفق قدراتهم واستعداداتهم وميولهم.

27- العناية بالمتخلفين دراسياً، والعمل على إزالة ما يمكن إزالته من أسباب هذا التخلف، ووضع برامج خاصة دائمة ومؤقتة وفق حاجاتهم.

28- التربية الخاصة والعناية بالطلاب المعوقين جسمياً أو عقلياً عملاً بهدي الإسلام الذي يجعل التعليم حقاً مشاعاً بين جميع أبناء الأمة.

29- الاهتمام باكتشاف الموهوبين ورعايتهم، وإتاحة الإمكانيات والفرص المختلفة لنمو مواهبهم في إطار البرامج العامة، وبوضع برامج خاصة.

30- تدريب الطاقة البشرية اللازمة، وتنويع التعليم مع الاهتمام الخاص بالتعليم المهني.

31- غرس حب العمل في نفس الطلاب، والإشادة به في سائر صوره، والحض على إتقانه والإبداع فيه، والتأكيد على مدى أثره في بناء كيان الأمة، ويستعان على ذلك بما يلي:

أ- تكوين المهارات العلمية والعناية بالنواحي التطبيقية في المدرسة، بحيث يتاح للطالب الفرصة للقيام بالأعمال الفنية اليدوية، والإسهام في الإنتاج، وإجراء التجارب في المخابر والورش والحقول.

ب- دراسة الأسس العلمية التي تقوم عليها الأعمال المختلفة، حتى يرتفع المستوى الآلي للإنتاج إلى مستوى النهوض والابتكار.

32- إيقاظ روح الجهاد الإسلامي لمقاومة أعدائنا، واسترداد حقوقنا، واستعادة أمجادنا، والقيام بواجب رسالة الإسلام.

33- إقامة الصلات الوثيقة التي تربط بين أبناء الإسلام وتبرز وحدة أمته (وزارة المعارف السعودية سابقاً، سياسة التعليم في المملكة العربية السعودية، المرجع السابقب، ص10-14)

هذه هي الأهداف الإسلامية العامة التي تحقق غاية التعليم، ويمكن تصنيف هذه الأهداف إلى الأبعاد التالية:

1- أهداف إسلامية (دينية).

2- أهداف معرفية.

3- أهداف تتصل بالمهارات.

4- أهداف تتصل بالتفكير العلمي.

5- أهداف تتصل بالميول والاهتمامات.

6- أهداف تتصل بالقيم والاتجاهات.

وقد اشتقت الأهداف العامة للتعليم في المملكة العربية السعودية من المصادر التالية:

أولاً: العقيدة الإسلامية.

ثانياً: الأوضاع الاجتماعية والاقتصادية والثقافية ومطالب التنمية في المملكة العربية السعودية.

ثالثاً: اتجاهات العصر ومقتضياته وخصائصه.

رابعاً: حاجات المواطن السعودي ومطالب نموه.

ومن تحليل أهداف التعليم العامة للتعليم في المملكة العربية السعودية بمفهومها الوارد في وثيقة التعليم، أستطيع القول بأن هذه الأهداف اشتقت من الفكر الإسلامي العام وهي بذلك تعبر عن الفكر السعودي المبني في أساسه على تعاليم الإسلام كما جاءت هذه الأهداف متناسقة مع الأهداف العامة للتربية الإسلامية، التي توجه قطاعات العمل والإنتاج الأخرى في المملكة العربية السعودية، كما نستطيع القول بكل تأكيد بأن هذه الأهداف تعطي أهمية للفرد والمجتمع معاً: فهي بالنسبة للفرد تعطي أهمية كبيرة لنموه الروحي والاجتماعي وتهذيب أخلاقه وبناء اتجاهاته ومهاراته الاجتماعية التي من شأنها أن تجعل منه عضواً نافعاً منتجاً ومتعاوناً في تحقيق الأهداف الإسلامية والتي من شأنها أن تجعل منه مواطناً مسلماً محباً لوطنه، ومضحياً في سبيل الله ثم في سبيل الدفاع عن وطنه ومقدساته، ومقدراً لتراث بلده، ومقدراً لمسؤولياته، ومدركاً لحقوقه وواجباته، سديداً في حُكمه على الأشياء، حكيماً في تصرفاته ومتكيفاً مع المجتمع الذي يعيش فيه، مكتسباً للكفاية المهنية وغير ذلك من الصفات المرغوب فيها وبجانب الاهتمام بالنمو الروحي والاجتماعي فإن الأهداف التربوية المحددة من قبل اللجنة العليا لسياسة التعليم لم تهمل جوانب النمو الأخرى، كجوانب النمو الجسمي والنمو العقلي والنضج النفسي والاستقرار الانفعالي، لأن تحقيق نمو هذه الجوانب يعتبر أمراً ضرورياً لإعداد المواطن المسلم الصالح.

أما بالنسبة للمجتمع فإن أهداف التعليم تهدف إلى تحقيق التقدم الاجتماعي والمحافظة على تُراث الأمة وتطويره في ضوء تعاليم الإسلام ونقله إلى الأجيال اللاحقة، كما تهدف هذه الأهداف إلى تحقيق التماسك والانسياق بين أعضاء المجتمع وتثبيت الاستقرار الآمن الذي تعيشه المملكة العربية السعودية، كما تهدف أيضاً هذه الأهداف إلى تقوية الشعور الوطني والولاء الصادق لله أولاً ثم للوطن وولاة أمره في نفوس الناشئين كما يهدف بجانب ذلك الى إعداد الموظفين والعمال ذوي الخبرة الفنية والمهنية وتحقيق التقدم والازدهار الاقتصاديين، إلى غير ذلك من مظاهر النمو الاجتماعي بمفهومه الواسع، وهكذا يتضح أن نمو كل من الفرد والمجتمع ينال حظه من أهداف التربية والتعليم في المملكة العربية السعودية. (الحقيل، المرجع السابق، ص62-63).

أما بالنسبة لأهداف التعليم الابتدائي في المملكة العربية السعودية فقد حددت وثيقة التعليم الصادرة من اللجنة العليا لسياسة التعليم عام 1390هـ أهداف التعليم الابتدائي في المملكة العربية السعودية فيما يلي:

1- تعهد العقيدة الإسلامية الصحيحة في نفس الطفل ورعايته بتربية إسلامية متكاملة في خلقه، وجسمه، وعقله، ولغته، وانتمائه إلى أمة الإسلام.

2- تدريبه على إقامة الصلاة، وأخذه بآداب السلوك والفضائل.

3- تنمية المهارات الأساسية المختلفة وخاصة المهارة اللغوية، والمهارة العددية، والمهارات الحركية.

4- تزويده بالقدر المناسب من المعلومات في مختلف الموضوعات.

5- تعريفه بنعم الله عليه في نفسه، وفي بيئته الاجتماعية والجغرافية، ليحسن استخدام النعم، وينفع نفسه وبيئته.

6- تربية ذوقه البديعي، وتعهد نشاطه الابتكاري، وتنمية تقدير العمل اليدوي لديه.

7- تنمية وعيه ليدرك ما عليه من الواجبات وما له من الحقوق، في حدود سنه وخصائص المرحلة التي يمر بها، وغرس حب وطنه، والإخلاص لولاة أمره.

8- توليد الرغبة لديه في الازدياد من العلم النافع والعمل الصالح، وتدريبه على الاستفادة من أوقات فراغه.

9- إعداد الطالب لما يلي هذه المرحلة من مراحل حياته (وزارة المعارف السعودية سابقاً، سياسة التعليم في المملكة العربية السعودية، المرجع السابق، ص 16-17)

هذه أهداف التعليم الابتدائي كما حددتها وثيقة التعليم الصادرة عن اللجنة العليا لسياسة التعليم وهي كما يتضح قد اشتقت في ضوء غاية التعليم وأهدافه الإسلامية العامة التي تقدم ذكرها.

ويمكن تصنيف أهداف النمو الابتدائي التي ورد ذكرها قبل قليل إلى الأبعاد التالية:

أولاً: تحقيق النمو المتكامل للطفل في جميع النواحي الروحية، والجسمية، والعقلية، والوجدانية، والاجتماعية إلى أقصى حد تمكنه من استعداداته وقدراته في المرحلة الابتدائية.

ثانياً: إعداد الطفل للحياة في البيئة التي يعيش فيها.

ثالثاً: الاعتزاز بالوطن والإخلاص لولاة أمره.

رابعاً: إسهام المدرسة الابتدائية في خدمة البيئة بأن تنشر الوعي الاجتماعي والصحي والثقافي والاقتصادي بين الأهالي وتوفير الخدمات لهم.

(الحقيل، المرجع السابق، ص67 ، 81 ، 83، 87).

مناهج التعليم الابتدائي في المملكة العربية السعودية

أولاً: نشأة المنهج الدراسي بالمرحلة الابتدائية في المملكة العربية السعودية وتطوره

استعانت مديرية المعارف التي أنشئت عام 1344هـ بمناهج وكتب بعض الأقطار العربية المجاورة، حيث اقتبست منها ما يتفق وطبيعة البلاد وتقاليدها وبيئتها، وفي عام 1345هـ تم إعداد أول منهج دراسي مطبق في المعهد السعودي ويمكن تلخيص أهم خصائص هذا المنهج فيما يلي:

1- عنايته بالعلوم الدينية، فقد صمم هذا المنهج ليخرج طلاباً متمسكين بتعاليم دينهم الحنيف.

2- حرصه على تزويد الطالب بقدر كاف من المعلوم يمكنه من خدمة الوطن بصورة أفضل.

3- عنايته بتنمية الاتجاهات وخاصة حب الوطن فالطالب يتخرج بعد دراسته محباً لوطنه عن قناعة لا عن جهل.

وفي عام 1348هـ كانت مواد الدراسة بالمرحلة الابتدائية كما يلي:

أ- العلوم الدينية: القرآن الكريم، التجويد، التوحيد، الفقه.

ب- اللغة العربية: اللغة العربية، الخط.

ج- اللغة الاجتماعية: التاريخ، والأخلاق والتربية الوطنية، والجغرافيا.

د- العلوم الرياضية: الحساب والهندسة العملية.

و- الرسم.

هـ- العلوم والصحة: الأشياء.

ز- اللغة الانجليزية.

وفيما يلي بيان بالخطة الدراسية التفصيلية للمرحلة الابتدائية عام 1348هـ

المواد الدراسية		عدد الحصص الأسبوعية			
		السنة الاولى	السنة الثانية	السنة الثالثة	السنة الرابعة
العلوم الدينية	القرآن الكريم	3	3	3	3
	التجويد	2	1	-	-
	التوحيد	3	3	2	2
	الفقه	3	3	2	2
	المجموع	11	10	7	7
اللغة العربية	اللغة العربية	8	8	8	8
	الخط	2	2	2	1
	المجموع	10	10	10	9
العلوم الاجتماعية	التاريخ	1	1	2	2
	الأخلاق والتربية الوطنية	-	-	1	2
	الجغرافيا	2	2	2	2
	المجموع	3	3	5	6
العلوم الرياضية	الحساب	5	5	4	4
	الهندسة العملية	-	1	2	2
	المجموع	5	6	6	6
العلوم والصحة	الأشياء ومبادئ العلوم	1	1	-	-
	الصحة	-	-	1	1
	المجموع	1	1	1	1
اللغة الانجليزية		4	4	4	4
جملة عدد الحصص الأسبوعية		34	34	34	34

ويلاحظ على هذا المنهج الموضح بتلك الخطة الدراسية أنه يعطي المقام الأول للعلوم الدينية واللغة العربية؛ إذ إن نسبة الحصص الأسبوعية المخصصة لدراسة المادتين تعادل حوالي 60% من مجموع الحصص الأسبوعية بالنسبة للسنة الأولى 58 للسنة الثانية، 49 للسنة الثالثة 46% للسنة الرابعة.

وفي عام 1349هـ تم تعديل منهج الدراسة للمرحلة الابتدائية حيث صدرت الإرادة السنية الملكية بالموافقة على منهج الدراسة الابتدائية برقم 805 وتاريخ 1349/5/5هـ وفيما يلي بيان بالخطة التفصيلية للمرحلة الابتدائية عام 1349هـ .

الخطة الدراسية التفصيلية للمرحلة الابتدائية عام 1349هـ

المواد الدراسية		عدد الحصص الأسبوعية			
		السنة الاولى	السنة الثانية	السنة الثالثة	السنة الرابعة
العلوم الدينية	القرآن الكريم	3	3	2	2
	التجويد	1	-	-	-
	التهذيب	1	1	1	1
	التوحيد	3	3	2	2
	الفقه	3	3	3	3
	السيرة النبوية	-	-	-	1
	المجموع	11	10	8	9
اللغة العربية	المطالعة	1	1	1	1
	الإملاء	2	2	1	1
	المحفوظات	1	1	1	1
	المحادثة	1	1	1	1
	الإنشاء	-	-	1	1
	القواعد والتطبيق	3	3	4	4
	الخط العربي	2	2	2	1
	المجموع	10	10	10	9
العلوم الاجتماعية	التاريخ	1	1	2	2
	المعلومات المدنية	-	-	-	1
	تقويم البلدان	3	2	2	2
	المجموع	4	3	4	5
العلوم الرياضية	الحساب	4	4	5	5
	الهندسة	-	2	2	2
	المجموع	4	6	7	7
العلوم والصحة	خواص الأجسام	1	1	1	-
	تدبير الصحة	1	1	-	-
	المجموع	2	2	1	-
اللغة الانجليزية		3	3	3	3
جملة عدد الحصص الأسبوعية		34	34	34	34

ومن خلال هذه الخطة يتضح أن أهم التعديلات التي حدثت في منهاج 1349هـ عما كان عليه في عام 1348هـ :

- إفراد حصة للسيرة النبوية في السنة الرابعة.

- تغيير اسم مادة الأخلاق والتربية الوطنية إلى مادة المعلومات المدنية وقصرها على حصة واحدة في السنة الرابعة.

- تغيير اسم مادة الجغرافيا إلى اسم تقويم البلدان.

- تغيير اسم مادة الأشياء ومبادئ العلوم إلى اسم مادة خواص الأجسام.

- إنقاص حصص اللغة الإنجليزية إلى ثلاث حصص.

التنبيه إلى أن الحصص المقررة للغة الانجليزية تضاف إلى حصص القرآن الكريم في المدارس التي لم تكن بها لغة إنجليزية.

يلاحظ أن هذا المنهج يعطي المقام الأول للعلوم الدينية وعلوم اللغة العربية؛ إذ إن نسبة الحصص الأسبوعية المخصصة لدراسة الموضوعين تعادل:

62% من مجموع الحصص الأسبوعية للسنة الأولى.

59% من مجموع الحصص الأسبوعية للسنة الثانية.

56% من مجموع الحصص الأسبوعية للسنة الثالثة.

56% من مجموع الحصص الأسبوعية للسنة الرابعة.

ويتضح من تلك النسب المئوية أن الحصص الأسبوعية للعلوم الدينية وعلوم اللغة العربية قد ارتفعت من 49% للسنة الثالثة، 46% للسنة الرابعة إلى 56% للسنتين الثالثة والرابعة.

وفي عام 1355هـ أدخلت بعض التعديلات على منهج المرحلة الابتدائية، حيث أدمجت مادة السيرة النبوية في العلوم الدينية، وحذفت مادة العلوم الدينية من بين العلوم

الاجتماعية. كما أضيفت مادة مسك الدفاتر بمعدل حصة واحدة لكلا السنتين الثالثة والرابعة كما زيدت حصص اللغة الإنجليزية إلى أربع حصص في الأسبوع.

وفي عام 1361هـ تم دمج المرحلة التحضرية ومدتها ثلاث سنوات والمرحلة الابتدائية ومدتها أربع سنوات وأطلق عليها اسم المرحلة الابتدائية ومدة الدراسة بها ست سنوات، ونتيجة لهذا الدمج فقد تم إعداد منهج جديد للدراسة بالمرحلة الابتدائية، وبمقتضى منهاج الدراسة الابتدائية عام 1316هـ حدثت التعديلات التالية:

1- خصصت الأشهر الأولى للهجاء.

2- تم إلغاء عدة موضوعات كانت تدرس في منهاج 1348هـ مثل الرسم، واللغة الإنجليزية ودروس الأشياء، ومبادئ العلوم والتي أصبحت تسمى بمادة خواص الأجسام،كما تم إلغاء عدة موضوعات من منهاج 1355هـ مثل مادة المحادثة من علوم اللغة العربية، ومادة مسك الدفاتر من العلوم الرياضية.

وفي عام 1365هـ تم تعديل منهج عام 1361هـ بإدخال تعديلات، من أهمها: تدريس الأربعين النووية في الحديث في السنة الخامسة وبالسنة السادسة بتوسيع في المعنى مع قراءة الأحاديث التي زادها الحافظ ابن رجب عليها، كما ألغيت حصة التقويم من السنة السادسة وخفضت حصة من الهندسة من السنة السادسة، وزيدت حصة في التجويد في السنة الخامسة، كما أصبح عدد حصص الفقه في السنتين الخامسة والسادسة ثلاث حصص.

وفي 1365/12/17هـ أدخلت تعديلات على الخطة الدراسية الصادرة في 1365/1/31هـ وكان أهم التعديلات:

1- إدخال مادة التهذيب من العلوم الدينية في السنتين الخامسة والسادسة.

2- إضافة حصتي التهذيب في السنتين الخامسة والسادسة إلى حصص القواعد النحوية من علوم اللغة العربية بهدف تقوية الطلاب في اللغة العربية.

3- إضافة حصة لمادة الصرف ضمن علوم اللغة العربية.

4- إلغاء مادة الصحة من المنهج. (الحقيل، المرجع السابق، ص148-154)

التطور الكيفي في المنهج والخطة الدراسية للتعليم الابتدائي (1374/73هـ-1380/79هـ)

في عام 1375هـ أدخلت تعديلات على المنهج وتضمنت ما يلي:

العلوم الدينية:

– نقص عدد حصص القرآن الكريم بمقدار حصتين في السنة الثالثة وحصة واحدة في كل من السنتين الرابعة والسادسة.

– نقص حصة واحدة من مادة التوحيد في السنتين الثالثة والرابعة.

– اقتصار تدريس مادة الحديث على حصة واحدة أسبوعياً في كل من السنتين الخامسة والسادسة.

علوم اللغة العربية :

– زيادة حصة واحدة عما كانت عليه الخطة في مادة المطالعة بالسنة الخامسة.

– زيادة حصة واحدة تدريس مادة الإملاء بالسنة الثالثة.

– نقص حصة من حصص تدريس مادة المحفوظات بالسنة الرابعة.

– استبدال تدريس مادة التعبير الشفهي والتحريري بدلاً من مادة الإنشاء والبدء بها من السنة الثالثة.

– نقص حصة واحدة من تدريس مادة القواعد بالسنتين الخامسة والسادسة.

– إلغاء حصة تدريس مادة الصرف.

– زيادة حصة في تدريس مادة الخط العربي في السنة الأولى.

باقي المواد الدراسية :

- تدريس مادة الجغرافيا بدلاً من التقويم اعتباراً من السنة الرابعة.

- زيادة حصة في تدريس مادة الهندسة في السنة السادسة لتصبح حصتين أسبوعياً.

- تدريس مادة مبادئ الصحة العامة بواقع حصة واحدة أسبوعياً في كل من السنتين الخامسة والسادسة.

- تقرر تدريس مادة التربية الرياضية بواقع حصة واحدة أسبوعياً في كل من السنوات الرابعة والخامسة والسادسة.

وفي عام 1377هـ طبق منهاج جديد في المرحلة الابتدائية، ويعتبر منهج عام 1377هـ أول منهج وضع خصيصاً لمدارس المملكة العربية السعودية وقد روعي في هذا المنهج متطلبات البيئة السعودية ومكانة المملكة العربية السعودية باعتبارها دولة إسلامية دستورها القرآن وقانونها الشريعة الإسلامية السمحة، ويمكن تلخيص أهم التعديلات التي طرأت على الخطط الدراسية بعد عام 1377هـ فيما يلي:

1- أصبحت مادة التربية البدنية تدرس بواقع حصتين لكل صف من صفوف المرحلة الابتدائية بعد أن كانت درس بواقع حصة واحدة لكل من الصفوف الرابع والخامس والسادس.

2- أدخلت موضوعات جديدة مثل مبادئ العلوم والتربية الصحية.

3- إدخال تدريس مادة التربية الفنية (الرسم والأشغال اليدوية) لتنمية الجانب الجمالي في شخصية الأطفال وإشباع هواياتهم.

4- إدخال الأناشيد ضمن دروس مواد اللغة العربية.

وفي عام 1381هـ شكلت لجان لدراسة مناهج مراحل الدراسة المختلفة وبعد انتهاء هذه اللجان من عملها قدمت مقترحاتها لوضع منهج جديد إلى اللجنة الفرعية لسياسة التعليم.

وقد رفع مشروع هذا المنهج مشتملاً على توجيهات تربوية تسبق منهج كل مادة ليسترشد بها مؤلفو الكتب الدراسية وتكون عوناً للمعلم، إلى معالي وزير المعارف مع نهاية العام الدراسي 1385/84هـ فوافق عليه معاليه وأحاله إلى اللجنة الفرعية للتعليم في العام الدراسي 1386/85هـ ووضعته في صيغته النهائية ثم رفع إلى مجلس الوزراء الموقر حيث أقره وصدّر وطبّق اعتباراً من العام الدراسي 1389/88هـ

ونظراً لأن هذا المنهج هو أكثر المناهج تطوراً وأنه قد تميّز عن المناهج السابقة بما صاحبه من توجيهات تربوية توضح أهداف المرحلة وأهداف تدريس كل مادة فإني سأستعرض بشيء من التفصيل بعض خصائصه البارزة وما قدمه من تعريف للمرحلة الابتدائية وأهدافها.

يقرر منهج 1388هـ في مقدمته أن "التعليم الابتدائي هو المرحلة الأولى التي تقوم عليها تربية أبناء الأمة تربية يتم بموجبها إعداد الفرد إعداداً صالحاً متكاملاً: علمياً وعملياً، جسمياً وعقلياً، خلقياً واجتماعياً بحيث يكون ذلك الإعداد عوناً على التمسك بدينه ومواجهة متطلبات الحياة في أيامه المقبلة".

ثم يحدد منهج 1388هـ أهداف المرحلة الابتدائية على النحو التالي:

1- بناء المناهج على أسس تساير اتجاهات التربية الحديثة بحيث لا تكون قاصرة على التعليم المجرد الذي يكون فيه دور الطفل سلبياً قاصراً على الإصغاء والاستماع لما يجود به المدرس بل تتعدى ذلك إلى تربية الطفل لتجعل منه مواطناً صالحاً يخدم دينه ووطنه.

2- أن تدور المناهج حول موضوعات دينية وخلقية واجتماعية وصناعية وزراعية وصحية واقتصادية وترويجية هادفة ذات صلة مباشرة بحياة التلميذ وبيئته.

وبذلك يمكن أن تكون هذه المناهج أكثر مسايرة للتطورات التي عمت مجتمعنا في شتى النواحي وأصبحت ذات قيم ومفاهيم تتفق وتقاليد وتعاليم ديننا الإسلامي الحنيف.

3- لما كانت المرحلة الابتدائية قد تكون مرحلة منتهية بالنسبة لكثير من التلاميذ فقد وضعت بشكل يعدهم لمواجهة الحياة الاجتماعية وفي الوقت نفسه مرحلة تعد من تسمح له ظروفه المعيشية والاجتماعية وإمكاناته العقلية والجسمية لمواصلة الدراسة إعداداً يمكنه من متابعة دراسته في أية مرحلة من مراحل التعليم المختلفة – التي يميل إليها- مما يلي المرحلة الابتدائية.

4- وقد أفراد المنهج معالجة خاصة لأهداف تدريس كل مجموعة من المواد: العلوم الدينية ص11، علوم اللغة العربية ص25، المواد الاجتماعية ص55، الرياضيات ص67، العلوم والتربية الصحية ص91، الرسم والأشغال ص115، التربية الرياضية ص131.

وتلفت مقدمة المنهج إلى أن تبويب مناهج المرحلة في صورة مواد مستقلة، لا يعني انفصال بعضها عن البعض الآخر من المعرفة ولذلك توصي بمراعاة الربط بين مواد المنهج في المواقف التعليمية لحفز التلميذ على اكتساب مهارات وخبرات متكاملة.

كما توجه مقدمة المنهج النظر أيضاً إلى أن توزيع الحصص في الخطة على مواد الدراسة ليس المقصود منه الالتزام بها حرفياً بل يمكن للمعلم أن يستخدم حصة إحدى المواد في خدمة مادة أخرى إذا كانت تجمعها وحدة مستقلة كالعلوم الدينية أو اللغة العربية.

وتشير المقدمة أن مدة الحصة هي خمس وأربعون دقيقة، وأن من الممكن الجمع عند الحاجة بين طلاب سنتين من حلقتين ومتقاربتين في حصص التربية الرياضية والتربية الفنية.

ويلاحظ من الخطة الدراسية التفصيلية لمنهج عام 1388هـ ما يلي:

- أصبح المجموع الكلي للحصص الأسبوعية 32 حصة في كل من الصفين الأول والثاني بعد أن كانت 30 حصة للصف الأول، 34 حصة للصف الثاني في منهج 1381هـ

- زاد المجموع الكلي للحصص الأسبوعية حصة واحدة بحيث أصبحت 35 حصة في الأسبوع بدلاً من 34 حصة لكل من الصفوف الثالث، والرابع، والخامس، والسادس.

- بلغت النسبة المئوية للمواد الدراسية في جميع السنوات الدراسية كالتالي:

  - 22.3% لمجموع حصص العلوم الدينية.

  - 27.9% لمجموع حصص اللغة العربية.

  - 3.9% لمجموع حصص العلوم الاجتماعية (التاريخ والجغرافيا)

  - 15.7% لمجموع حصص العلوم الرياضية (الحساب والهندسة التحليلية)

  - 7.4% لمجموع حصص العلوم والتربية الصحية.

  - 6.9% لمجموع حصص التربية الرياضية.

  - 5.9% لمجموع حصص الأشغال اليدوية.

  - خصصت حصة في الأسبوع من القرآن الكريم بالصف السادس لحفظ القرآن الكريم.

  - في الصفوف الثاني والثالث والرابع يمكن شغل الفائض من حصص التوحيد والفقه في حفظ وتلاوة القرآن الكريم.

الخطة الدراسية التفصيلية للمرحلة الابتدائية لمنهج عام 1388هـ

المواد الدراسية		الأولى	الثانية	الثالثة	الرابعة	الخامسة	السادسة
		عدد الحصص الأسبوعية للسنوات الدراسية					
العلوم الدينية	القرآن الكريم	8	8	8	7	3	+4
	التجويد	-	-	-	1	1	-
	التوحيد	2	×2	×2	×2	2	2
	الفقه	2	×2	×2	×2	2	2
	الحديث	-	-	-	-	1	1
	المجموع	12	12	12	12	9	9
علوم اللغة العربية	الهجاء والكتابة	7	7	-	-	-	-
	القراءة والمطالعة	-	-	3	2	2	2
	أناشيد ومحفوظات	2	2	2	2	1	1
	الإملاء	-	-	3	2	2	2
	التعبير والإنشاء	-	-	2	2	1	1
	النحو	-	-	-	1	2	2
	الخط	-	-	1	1	1	1
	المجموع	9	9	11	10	9	9
العلوم الاجتماعية	التاريخ	-	-	-	1	1.5	1.5
	الجغرافيا	-	-	-	1	1.5	1.5
	المجموع	-	-	-	2	3	3
العلوم الرياضية	الحساب	4	4	6	5	6	5
	الهندسة العملية	-	-	-	-	1	1
	المجموع	4	4	6	5	7	6
العلوم والتربية الصحية		2	2	2	2	3	4
التربية الرياضية		3	3	2	2	2	2
أشغال يدوية		2	2	2	2	2	2
جملة عدد الحصص الأسبوعية		32	32	35	35	35	35

+ = حصة للحفظ

× = يشغل فائض هذه الحصة في القرآن الكريم حفظاً وتلاوة

وفي عام 1399هـ حدث تطور في منهج المرحلة الابتدائية وأول ما تغير فيه هو الخطة الدراسية التفصيلية للمرحلة الابتدائية حيث استقرت كما يلي:

1- أصبح مجموع الحصص الأسبوعية 28 حصة بالنسبة للصفوف الأول والثاني والثالث وقد كان مجموع الحصص في الخطة الدراسية السابقة 1388هـ عبارة عن 32 حصة لكل من الصفين الأول والثاني و 35 حصة بالنسبة للصف الثالث.

2- كما أن مجموع الحصص الأسبوعية أصبح 30 حصة للصفوف الرابع والخامس والسادس بعد أن كان 35 حصة أسبوعية لكل منها:

3- بلغة النسب المئوية للمواد الدراسية في جميع الصفوف كالتالي:

– 31% لمجموع حصص العلوم الدينية.

– 29.9% لمجموع حصص علوم اللغة العربية.

– 3.5% لمجموع حصص العلوم الاجتماعية (التاريخ والجغرافيا).

– 15.5% لمجموع حصص الرياضيات.

– 8 % لمجموع حصص العلوم والتربية الصحية.

– 5.2% لمجموع حصص الرسم والأشغال.

– 6.9% لمجموع حصص التربية الرياضية.

الخطة الدراسية التفصيلية للمرحلة الابتدائية لمنهج عام 1399هـ وحتى عام 1410/1409هـ

المواد الدراسية		عدد الحصص الأسبوعية للسنوات الدراسية					
		الأولى	الثانية	الثالثة	الرابعة	الخامسة	السادسة
العلوم الدينية	القرآن الكريم	7	7	7	6	3	4 *
	التجويد	-	-	-	1	1	-
	التوحيد	1	1	1	1	2	2
	الفقه	1	1	1	1	2	2
	الحديث	-	-	-	-	1	1
	المجموع	9	9	9	9	9	9
علوم اللغة العربية	الهجاء والكتابة	7	7	-	-	-	-
	القراءة والمطالعة	-	-	3	2	2	2
	أناشيد ومحفوظات	2	2	2	2	1	1
	الإملاء	-	-	2	2	11	-
	التعبير والإنشاء	-	-	1	1	1	1
	النحو	-	-	-	1	2	2
	الخط	-	-	1	1	1	1
	المجموع	9	9	9	9	8	8
العلوم الاجتماعية	التاريخ	-	-	-	1	1	1
	الجغرافيا	-	-	-	1	1	1
	المجموع	-	-	-	2	2	2
الرياضيات		4	4	4	5	5	5
العلوم والتربية الصحية		2	2	2	2	3	3
الرسم والأشغال		2	2	2	1	1	1
التربية الرياضية		2	2	2	2	2	2
جملة عدد الحصص الأسبوعية		28	28	28	30	30	30

* حصة للحفظ .

ويعكس هذا التغير في الخطة تطوراً في المناهج وخاصة في مناهج العلوم والرياضيات والعلوم الاجتماعية، وتتسم مناهج الرياضيات الجديدة بما يلي:

- التوازن بين الحساب والهندسة، وبدء دراسة الهندسة من الصف الأول الابتدائي (بدلاً من الصف الخامس كما هو متبع حسب منهج 1388هـ)
- اعتبار الرياضيات في هذه المرحلة مادة واحدة فلا تفصل في الخطة الدراسية إلى حساب وهندسة.
- اعتبار المفاهيم والمهارات الرياضية في المنهج الحالي كحد أدنى والارتقاء بأساليب تعليم تلك المفاهيم والمهارات.

وقد أقيم المنهج الجديد للرياضيات بالمرحلة الابتدائية لتحقيق الأهداف الحديثة في تعليم الرياضيات كما تشير البحوث الجديدة والتي يمكن تلخيصها فيما يلي:

1- تعليم التلميذ العدد عن طريق توظيف الأعداد، ويتضمن هذا فهم منازل العدد والكسور العشرية فيتعرف الطفل على مجموعة كبيرة من الأعداد ويعرف لماذا ومتى تجرى العمليات الحسابية ولا تقتصر معرفته على كيفية إجراء العمليات.

2- اكتساب بعض المهارات لوضع خطط لحل المسائل.

3- اكتساب البراعة في تمثيل وترجمة البيانات الرقمية.

4- معرفة القياس والتقريب والتقدير.

5- اكتشاف مفاهيم للفراغ والقدرة على تمثيلها فيتعرف مثلاً على مقياس الرسم.

أما فيما يتعلق بمواد الدراسات الاجتماعية فقد حظيت هي الأخرى بجانب كبير من جهود التطوير، فقد تكونت الأسرة الوطنية للاجتماعيات، وعهد إليها باتخاذ خطوات التطوير. ووضعت الأسرة مشروعاً جديداً للدراسات الاجتماعية في المرحلة

الابتدائية وتمت مناقشته من قبل أساتذة متخصصين من جامعات المملكة والمختصين عن الوزارة.

وتقوم الاستراتيجيات الجديدة في تدريس الاجتماعيات على :

1- الربط بين المعلومات التاريخية والجغرافية والاقتصادية والاجتماعية بعضها مع البعض الآخر والربط بينها وبين المواد الدراسية الأخرى.

2- تشجيع الطالب على استخدام مهاراته وقدراته في التعرف على الحقائق العلمية واستخدام ما يعرفه استخداماً مثمراً في تكوين شخصيته وأسلوب علاقاته بالآخرين.

3- تنويع مصادر المعرفة التي يتعامل معها التلميذ مثل المشاهدة الواقعية وقراءة الكتب والمراجع واستخدام المصورات والرسوم والخرائط.

4- تدريب المدرسين على المفاهيم لتدريس الاجتماعيات.

ومع هذه الخطوات الجارية لتطوير مناهج المرحلة الابتدائية تطويراً يتفق مع البحوث التربوية الحديثة والاتجاهات العصرية في التعليم بما يتفق وتطورات المعرفة والعلم في العصر الحديث، صاحب ذلك تطويراً في إعداد المعلم للمرحلة الابتدائية.

وفي الفترة من 1401هـ-1403هـ تم إنشاء تسع أسر وطنية أخرى وهي:

1- التربية الإسلامية.

2- اللغة العربية .

3- العلوم الاجتماعية.

4- اللغة الإنجليزية.

5- العلوم التطبيقية.

6- العلوم الطبيعية.

7- التقنيات التربوية.

8- تعليم الكبار .

9- القياس والتقويم.

وما زالت الخطط الدراسية التفصيلية للمرحلة الابتدائية لم تتغير منذ 1399هـ حتى 1409هـ/1410هـ

وفي الفترة ما بين (1406هـ-1408هـ) قامت الإدارة العامة للمناهج بجهاز التطوير التربوي بمراجعة أهداف المناهج في المرحلة الابتدائية وإعادة صياغتها على هيئة أهداف سلوكية بهدف مساعدة المخطط في المناهج على تحديد المحتوى المطلوب عند المعالجة في الموقف التعليمي وعند إعداد الكتب المدرسية وأدلة المعلم وغيرها.

كما قامت الإدارة العامة للمناهج بتحديد المحتوى في المناهج القائمة ليتواءم مع الأهداف في صياغتها السلوكية الجديدة.

هذه نبذة عن نشأة وتطور منهج التعليم للمرحلة الإبتدائية للبنين أما فيما يتعلق بمنهج التعليم للبنات فقد سارت الرئاسة العامة عند افتتاحها عام 1380هـ على منهج مؤقت يأخذ في الاعتبار طبيعة المرأة المسلمة ثم شكلت لجنة من كبار المسؤولين في وزارة المعارف والرئاسة العامة لتعليم البنات والمعاهد العلمية والكليات قامت بدراسة المنهج المؤقت ووضعته في صيغة أفضل وكان يعادل في مستواه منهاج المدارس الابتدائية للبنين ورعي أن يأخذ هذا المنهاج بالطرق التربوية الحديثة ويتلاءم وطبيعة الفتاة المسلمة، وما يجب أن تزود به من الثقافة والمعرفة، وتمت المصادقة عليه بقرار مجلس الوزراء رقم 15997 وتاريخ 13818/8/9هـ وفي عام 1387هـ طبقت الخطة الدراسية المبينة في الجدول التالي:

الخطة الدراسية بالتعليم الابتدائي للبنات
من عام 1388/87هـ إلى 1398/97هـ

السنة السادسة	السنة الخامسة	السنة الرابعة	السنة الثالثة	السنة الثانية	السنة الأولى	المادة
9	10	11	13	14	14	العلوم الدينية
9	10	10	11	9	5	العلوم العربية
2	2	2	-	-	-	المواد الاجتماعية
2	2	2	2	2	2	العلوم الصحية
5	5	4	5	4	5	الحساب والمقاييس
3	3	3	3	3	2	التربية الفنية
4	3	3	-	-	-	التربية النسوية
34	35	35	34	32	28	المجموع

وفي عام 1398/97هـ جرى تعديل المناهج والخطط الدراسية في المرحلة الابتدائية للبنات وأصبحت كما يلي:

المواد الدراسية		عدد الحصص الأسبوعية للسنوات الدراسية					
		الأولى	الثانية	الثالثة	الرابعة	الخامسة	السادسة
العلوم الدينية	القرآن الكريم	7	7	7	7	7	7
	التجويد	-	-	-	-	-	-
	التوحيد	1	1	1	1	2	2
	الفقه	1	1	1	1	2	2
	الحديث	-	-	-	-	1	1
	المجموع	9	9	9	9	9	9
علوم اللغة العربية	الهجاء والكتابة	7	7	-	-	-	-
	القراءة والمطالعة	-	-	3	2	2	2
	أناشيد ومحفوظات	2	2	2	2	1	1
	الإملاء	-	-	2	2	1	1
	التعبير والإنشاء	-	-	1	1	1	1
	الخط	-	-	1	1	1	1
	النحو	-	-	-	1	2	2
	المجموع	9	9	9	9	9	9
العلوم الاجتماعية	التاريخ	-	-	-	1	1	1
	الجغرافيا	-	-	-	2	2	2
	المجموع	-	-	-	2	2	2
	الحساب	4	4	4	5	4	4
	الهندسة	-	-	-	-	1	1
	المجموع	4	4	4	5	5	5
العلوم والتربية الصحية		2	2	2	2	3	3
الرسوم والأشغال		2	2	2	2	3	3
التربية النسوية		-	-	-	2	2	2
جملة عدد الحصص الأسبوعية		26	26	26	30	30	30

ومن خلال الخطة الدراسية التفصيلية للمرحلة الابتدائية للبنات يتضح أن المناهج في أغلب المواد الموحدة في المرحلة الابتدائية للبنات مع مناهج البنين ما عدا تعديل محدود بما يتناسب مع الفتاة وتشتمل مناهج التعليم الابتدائي للبنات بصفة عامة على المواد الدراسية التالية:

1- العلوم الدينية: القرآن الكريم، التجويد، الفقه، التوحيد، الحديث.

2- علوم اللغة العربية: الهجاء والكتابة، القراءة والمطالعة، الأناشيد والمحفوظات، الإملاء، والخط، التعبير والإنشاء، النحو.

3- العلوم الاجتماعية: التاريخ والجغرافيا.

4- الرياضيات.

5- العلوم والتربية الصحية.

6- الرسم والأشغال.

7- التربية النسوية. (الحقيل، المرجع السابق، ص154-168)

وما زالت الخطط الدراسية التفصيلية للمرحلة الابتدائية لم تتغير منذ 1399هـ حتى 1409هـ/1410هـ

وفي الفترة ما بين 1406هـ-1408هـ قامت الإدارة العامة للمناهج بجهاز التطوير التربوي بمراجعة أهداف المناهج في المرحلة الابتدائية وإعادة صياغتها على هيئة أهداف سلوكية بهدف مساعدة المخطط في المناهج على تحديد المحتوى المطلوب عند المعالجة في الموقف التعليمي وعند إعداد الكتب المدرسية وأدلة المعلم وغيرها.

كما قامت الإدارة العامة للمناهج بتحديد المحتوى في المقررات الدراسية والأنظمة والكتب ليتواءم مع الأهداف المخططة للمناهج الجديدة، وتعديل صياغتها السلوكية الجديدة (الحقيل، المرجع السابق، ص165)

مما سبق من استعراض لنشأة المناهج وتطويرها في المرحلة الابتدائية في المملكة العربية السعودية، يستطيع الباحث القول بأن مناهج التعليم الابتدائي للبنين والبنات تشهد حركة تجديد نشطة تستهدف إعادة بناء المناهج وتطويرها استجابة لمقتضيات التطور الكبير الذي تشهده المملكة في مختلف جوانب الحياة.

وتتواصل الجهود الآن لتحقيق ذلك، فاليوم نشهد على الخطة الدراسية للمرحلة الابتدائية في المملكة العربية السعودية تطوراً ملموساً، حيث أضيفت مواد جديدة لم تكن في الخطط السابقة مثل إضافة مادة اللغة الإنجليزية للصف السادس للبنين والبنات، والتربية الوطنية للبنين فقط في الصفوف (الرابع، والخامس، والسادس) ومادة الفقه والسلوك للبنين والبنات في الصفوف الثلاثة الأولى فقط.

وهكذا أصبحت الخطة الدراسية في صفوف المرحلة الابتدائية اعتباراً من العام الدراسي 1425هـ/1426هـ كما يوضحها الجدولان التاليان: (الأول للبنين والثاني للبنات).

جدول رقم (1) الخطة الدراسية التفصيلية للمرحلة الابتدائية المعتمدة لمنهج العام الدراسي

1426/1425هـ وحتى الآن 1427/1426هـ (للبنين)

المواد الدراسية		المرحلة الابتدائية						
		الصف الأول		الصف الثاني	الصف الثالث	الصف الرابع	الصف الخامس	الصف السادس
		ف1	ف2					
التربية الاسلامية	القرآن الكريم	7	7	7	7	7	3	3
	التجويد	-	-	-	-	-	1	1
	التوحيد	-	1	1	1	1	2	2
	الفقه	-	-	-	-	1	2	2
	الحديث	-	-	-	-	-	1	1
اللغة العربية	القراءة والكتابة والأناشيد	12	11	9	-	-	-	-
	القراءة والأناشيد	-	-	-	5	-	-	-
	القراءة والمحفوظات	-	-	-	2	2	1	1
	الإملاء	-	-	-	2	2	1	1
	الخط	-	-	-	1	1	1	1
	التعبير	-	-	-	1	1	1	1
	قواعد اللغة العربية	-	-	-	-	1	2	2
الاجتماعيات	التاريخ	-	-	-	-	1	1	1
	الجغرافيا	-	-	-	-	1	1	1
بقية المواد	الرياضيات	2	4	4	4	5	5	5
	العلوم	-	1	2	2	2	3	3
	اللغة الانجليزية	-	-	-	-	-	-	2
	التربية الوطنية	-	-	-	-	1	1	1
	التربية الفنية	2	1	2	2	1	1	1
	التربية البدنية	3	2	2	2	2	2	2
مجموع الحصص		28	28	28	28	31	31	33
مجموع المواد		6	8	8	11	15	17	18

جدول رقم (2) الخطة الدراسية التفصيلية للمرحلة الابتدائية المعتمدة لمنهج العام الدراسي 1426/1425هـ وحتى الآن 1426هـ/1427هـ (للبنات)

المواد الدراسية		المرحلة الابتدائية						
		الصف الأول		الصف الثاني	الصف الثالث	الصف الرابع	الصف الخامس	الصف السادس
		ف1	ف2					
التربية الاسلامية	القرآن الكريم	7	7	7	7	7	3	3
	التجويد	-	-	-	-	-	1	1
	التوحيد	-	1	1	1	1	2	2
	الفقه والسلوك	2	1	1	1	-	-	-
	الفقه	-	-	-	-	1	2	2
	الحديث	-	-	-	-	-	1	1
	التفسير	-	-	-	-	-	-	-
اللغة العربية	القراءة والكتابة والأناشيد	12	11	9	-	-	-	-
	القراءة والأناشيد	-	-	-	5	-	-	-
	القراءة والمحفوظات	-	-	-	-	4	3	3
	القراءة	-	-	-	-	-	-	-
	الإملاء	-	-	-	2	2	1	1
	الخط	-	-	-	1	1	1	1
	التعبير	-	-	-	1	1	1	1
	قواعد اللغة العربية	-	-	-	-	1	2	2
	النصوص	-	-	-	-	-	-	-
الاجتماعيات	التاريخ	-	-	-	-	1	1	1
	الجغرافيا	-	-	-	-	1	1	1
بقية المواد	الرياضيات	2	4	4	4	5	5	5
	العلوم	-	1	2	2	2	3	3
	اللغة الانجليزية	-	-	-	-	-	-	2
	التربية الوطنية (بنين)	-	-	-	-	1	1	1
	التربية الفنية	2	1	2	2	1	1	1
	التفصيل والخياطة (بنات)	-	-	-	-	-	-	-
	الاقتصاد المنزلي (بنات)	-	-	-	-	2	2	2
	التدبير المنزلي (بنات)	-	-	-	-	-	-	-
	التربية البدنية (للبنين)	3	2	2	2	2	2	2
	مجموع الحصص (للبنين)	28	28	28	28	31	31	33
	مجموع الحصص (للبنات)	25	26	26	26	30	30	32
	مجموع المواد (للبنين)	6	8	8	11	15	17	18
	مجموع المواد (للبنات)	5	7	7	10	14	16	17

* تم الحصول على الخطتين في الجدولين السابقين (1)، (2) من إدارة التعليم بمنطقة مكة المكرمة (إدارة التطوير التربوي)

ثانياً: أهم مشكلات مناهج التعليم الابتدائي في المملكة

بالرغم من أن مناهج التعليم الابتدائي قد شهدت منذ نشأتها إجراءات كثيرة لإعادة بنائها وتطويرها كما اتضح ذلك من خلال استعراض التطور التأريخي لهذه المناهج ولكن بالرغم من تلك الجهود التي بذلت لتطوير هذه المناهج فلا زالت هناك مشكلات تعاني منها هذه المناهج حتى وقتنا الحاضر لعل أهم هذه المشكلات تنحصر فيما يلي:

1- كون مناهج المرحلة الابتدائية لا تتلاءم مع حجم التطور الشامل والملموس في مختلف الجوانب الاجتماعية والاقتصادية والثقافية والحضارية التي تعيشها المملكة:

والمعروف أنه لا يمر يوم تقريباً دون أن يشهد المجتمع السعودي نمواً في البناء العمراني، نمواً في المجال الصحي، نموا في المجال التجاري، والصناعي والزراعي، وفي مجال المواصلات وغير ذلك.. فهل تتواكب مناهج التعليم الابتدائي في المملكة العربية السعودية مع هذه التغيرات الشاملة للحياة في هذا المجتمع؟

اعتقد بأن الإجابة هي أن المناهج المطبقة حالياً في المدارس الابتدائية منذ وقت طويل لم يطرأ عليها تطوير جذري، اللهم إذا استثنيا بعض الحذف والإضافة في بعض المناهج وبخاصة في مناهج العلوم والرياضيات.

ومن ناحية أخرى يلاحظ خلو مناهج التعليم الابتدائي من مواد مهمة وأساسية لمتطلبات التنمية في المملكة وهي المواد الزراعية والصناعية رغم تأكيد السياسة التعليمية على توفيرها.

ومن جانب آخر يلاحظ افتقار هذه المناهج إلى تقويم دراسات عملية في مجالات مختلفة داخل المنهج، رغم أهمية هذه المجالات العملية اليدوية في دعم وتثبيت الجزء النظري من المنهج، إضافة إلى أهميتها في تنمية المهارات العملية لدى التلاميذ، ومعروف أن هذه المهارات هي من أهم متطلبات ميادين التنمية الشاملة في المملكة.

2- اقتصار عملية بناء المناهج على المختصين في المادة العلمية:

من المعروف أن من يقوم بوضع مناهج التعليم الابتدائي في المملكة هم المختصون في المادة العلمية من أستاذة الجامعات وغيرهم مما يعني إهمال ميول التلاميذ واهتماماتهم وكذلك إهمال ظروف المجتمع. والدليل على ذلك ما يلاحظ على محتوى المناهج من ازدحام المواد الدراسية والتركيز على الجوانب المعرفية والمنطقية وإهمال التلاميذ.

3- فقدان المناهج للمرونة المطلوبة :

وأعني بذلك أن محتوى مناهج المرحلة الابتدائية لا تسمح للمدرس من تكييف المناهج لحاجات التلاميذ والبيئة وظروف المدرسة وإمكاناتها، ذلك أن المناهج قد صيغت بطريقة جيدة في بعض جوانبها، كما هو على سبيل المثال في منهج التعبير للصف الثالث، حيث أوضحت الخطة الدراسية بأن الهدف من هذا المنهج، محادثة المدرس تلاميذه في موضوعات من بيئتهم تتناسب ومقدرتهم العقلية واللغوية كأن يختار قصة ويوجه إلى التلاميذ أسئلة تدور حول موضوع معين كالمسجد، وحجرة الدراسة أو حديقة المدرسة أو السيارة.. الخ ثم تكليفهم تدوينها في كراساتهم ويقوم بتصحيحها.

والحقيقة أن هذا مثال جيد لما يجب أن تكون عليه صياغة المناهج، ولكن للأسف ليس الأمر كذلك في شتى جوانب المنهج بل نجد في كثير من جوانبه تدخل كثير من التفاصيل تجعل حرية المعلم شبه معدومة في اختيار ما يراه مناسباً لمستويات تلاميذه وبيئاتهم. (سعيد بامشموس وآخر، 1400هـ ص11، 126، 134).

ثالثاً: اتجاهات تطوير مناهج التعليم الابتدائي في المملكة

وبالرغم من تلك المشكلات التي تعاني منها مناهج التعليم الابتدائي في المملكة، إلا أنه مما سبق استعراضه لنشأة هذه المناهج وتطويرها، يمكن القول بأن مناهج التعليم الابتدائي للبنين والبنات تشهد حركة تجديد نشطة وجادة تستهدف إعادة بناء المناهج وتطويرها استجابة لمقتضيات التطور الكبير الذي تشهده المملكة

العربية السعودية في كافة المجالات وأخذاً بما اتفق عليه معظم خبراء المناهج من قضايا المنهج الرئيسية التالية (وليد عبد اللطيف، 1408هـ، ص 31).

1- تحديد طبيعة المعرفة: كيف تتطور؟ وما المفيد منها في الحاضر والمستقبل؟

2- تحديد طبيعة التعلم: كيف يحدث عموماً؟ وكيف يحدث في ظروف خاصة؟ وما العوامل التي تدفع التلاميذ إلى التحصيل؟ وما العوامل التي تحبطهم؟

3- تحديد مجالات المنهج: ما علاقة المواد الدراسية بعضها ببعض؟

4- ترجمة المنهج إلى ممارسات تربوية عملية.

5- توطيد العلاقة وتقويمها بين الأهداف العامة والخاصة.

6- ضمان تتابع واستمرار سليم في المنهج: أي موضوع ينبغي أن يسبق غيره في مادة ما؟ كيف يمهد موضوع ما لموضوع آخر يأتي بعده؟ ما علاقة هذه المواضيع بالأهداف الخاصة والموضوعة للمادة التعليمية أو الأهداف العامة؟ كيف تمهد كل سنة دراسية للسنة التي بعدها؟

7- ضمان توازن المنهج: كم من الوقت يعطي لكل مادة تعليمية..؟

وحركة إعداد المناهج وتطويرها في المملكة العربية السعودية تخضع لضوابط محددة وشروط معينة، حيث حددت اللجنة العليا لسياسة التعليم في وثيقة التعليم الصادرة عام 1390هـ هذه الضوابط في المادة (207) والتي تنص على أن تكون هذه المناهج:

أ- منبثقة من الإسلام ومن مقومات الأمة وأسس نظامها.

ب- موافقة لحاجات الأمة، وترمي إلى تحقيق أهدافها.

ج- مناسبة لمستوى الطلاب.

د- محققة للمستوى المطلوب في الدارسين ولأهداف التعليم.

هـ- متوازنة، ومرنة، وتوافق مختلف البيئات والأحوال.

كما تنص المادة (208) على أن تتضمن المناهج:

أ- الهدف العام وارتباطه بهدف الدولة من التربية والتعليم.

ب- الأهداف الخاصة بكل من المرحلة التعليمية والمادة العلمية.

ج- تحديد المستويات العلمية والمهارات العملية والاتجاهات الفكرية والخلقية التي ينبغي أن تحققها.

د- التوجيهات التي تقود خطوات المعلم في تحقيق الأهداف وتطبيق المنهج.

هـ- النشاط المدرسي المرافق للدروس والمحقق لأغراض المنهج.

و- هدف كل وحدة من وحدات المنهج.

ز- قياس تقدم الطلاب فيه (وزارة المعارف السعودية سابقاً، سياسة التعليم في المملكة العربية السعودية، المرجع السابق، ص38)

ولتنفيذ كل ما تقدم من معايير وضوابط لوضع المناهج ومحتوياتها، ومن خلال التقرير الذي تقدمت به المديرية العامة للتعليم بمنطقة الرياض إلى ندوة التعليم الابتدائي والمتوسط المنعقدة في الرياض في الفترة من 2-4 من جمادي الآخرة عام 1404هـ بإشراف إدارة التطوير التربوي بالوزارة يمكن أهم الاتجاهات لتطوير مناهج التعليم الابتدائي في المملكة على النحو التالي:

1- جعل المناهج وطرق التعليم وظيفية:

لما كانت مناهجنا يغلب عليها الطابع التحصيلي ومساعدة التلاميذ على الحفظ والاسترجاع في حين يجب أن تكون دراستها وسيلة لمعاونتهم على حل مشكلاتهم وتزويدهم بالخبرات الصالحة التي تؤهلهم لمواجهة الحياة. ولن يتحقق ذلك دون أن نجعل مناهجنا الحاضرة تربط التلميذ بواقعه وتمكنه من مواجهة مشكلاته وفيما يلي بعض الأمثلة لتحقيق هذا الاتجاه:

أ- في التربية الدينية:

من خلال ربط موضوعات الدراسة بواقع الحياة واستغلال المناسبات الدينية وغيرها في إبراز القيم الروحية والخلقية وتعويد التلاميذ من خلال المواقف التعليمية على الفضائل وعلى إقامة الشعائر الدينية على أن يكون المعلم قدوة صالحة.

ب- في اللغة العربية:

إتقان التلميذ للمهارات الأساسية في القراءة والكتابة يفتح له أبواب المعرفة ويساعد في دراسة المواد المختلفة، ويستطيع التعبير عما في نفسه.

الجوانب الوظيفية:

- في البداية يدرب التلميذ على قراءة وكتابة اسمه وأسماء زملائه ومحتويات الفصل والمنزل وأسماء المزروعات والطيور.

- التدريب على القراءة الهادفة إلى غرض معين (مثل الإجابة عن أسئلة جمع المعلومات عن موضوع في الصحف والنشرات).

- توفير فرص القراءة للتذوق والمتعة (القصص- العناية بمكتبات الفصول).

- تنمية القدرات على التعبير الوظيفي بواسطة تحدث المدرس وتلاميذه باللغة العربية لأن المهارات اللغوية تنمو بالمحاكاة.

- تعبير التلاميذ باللغة العربية في مواقف الحياة (كتابة الرسائل والبرقيات والاستمارات).

ج- في الرياضيات:

خاصة الحساب لأنه علم اجتماعي ولا دلالة لأرقامه وأعداده إلا إذا كانت من واقع الحياة. ودراسته أصبحت لخدمة الإنسان وحل مشكلاته اليومية، ولذلك يجب أن تتجه المناهج وطرق التدريس إلى موضوعات واقعية مما يتصل بالبيئة كالمزرعة والسوق

والملبس والمسكن، ويكتمل الإطار الاجتماعي باختيار الصور والرسوم والوسائل من البيئة.

د- في العلوم:

تساعد دراستها على فهم البيئة ومعرفة ما تؤديه العلوم من خدمات، ويتحقق ذلك عن طريق:

- الاعتماد على الجولات في المشاهدة مما يؤدي إلى دقة الملاحظة والمشاهدة.
- انتهاز المواسم والمناسبات لتدريس موضوعات المنهج.
- التفسير الصحيح لبعض الظواهر والأحداث والقضاء على الخرافات.

هـ- في المواد الاجتماعية:

- تنمية روح الاعتزاز بالوطن والولاء له.
- تنمية الفرص لجعل التعليم وظيفياً عن طريق الجولات: في البيئة وزيارة المؤسسات والمنشآت وربط الدرس بالحياة والأحداث الجارية وجمع الصور والبيانات والمعلومات وتعويد التلاميذ على القيام بالخدمات الاجتماعية (النظام- النظافة- شؤون التغذية- .. الخ) والاهتمام بالمناسبات الدينية والوطنية ودراسة سير الأبطال والمجاهدين.

2- ربط المواد بعضها ببعض :

من المعروف أن أفضل أنواع التعليم هو المبني على إكساب التلاميذ الخبرات والمعلومات عن طريق النشاط الذاتي لأن خبرتهم التي يكتسبونها أثناءه وتفاعلهم المستمر مع البيئة هما الضمان للخبرة والمعرفة اللتين لهما معنى ووظيفة في الحياة وأن الخبرة السليمة تتصف بالوحدة والتكامل والشمول.

ولذلك وجب أن توضع مناهجنا مترابطة تتناسب مع ظروف البيئة وميول التلاميذ واستعداداتهم على النحو التالي:

– الاهتمام بربط موضوعات الدراسة في مختلف المناهج المقررة بشكل طبيعي غير مفتعل.

– الاهتمام بربط المناهج بالبيئة وأحوال المجتمع وظروفه.

أنواع الربط :

أ- الربط العرضي: ويقوم به المدرس حينما تسنح الفرصة بين المواد كالربط بين المواد الاجتماعية أو فروع اللغة العربية، أو بين فروع التربية الإسلامية.

ب- الربط المنظم: ويتم بتجميع مناهج المواد الدراسية على شكل محاور تدور حولها الدراسة في صورة خبرات متكاملة (وحدات).

اتجاهات في تنفيذ الربط المنظم :

1- دراسة منهج الصف المعني مع الإطلاع على مناهج الصفوف السابقة واللاحقة.

2- دراسة بيئة المدرسة للتعرف على ما يميزها اقتصادياً واجتماعياً.

3- في ضوء دراسة المناهج والبيئة تختار محاور تدور حولها الدراسة.

4- يوضع دليل كل محور كما يلي:

أ-   أهداف الدراسة.

ب-موضوعات الدراسة في المواد.

ج- الموضوعات والمعلومات التي يمكن الوصول إليها.

د- المهارات والاتجاهات التي يمكن تكوينها من الدراسة.

هـ- ألوان النشاط التي تساعد على تحقيق الأهداف مع العناية بالوسائل التعليمية ومراجع الإطلاع .

و- أساليب التقويم لقياس ما تحققه الدراسة من أهداف سواء في التحصيل أو السلوك أو المهارات أو الاتجاهات.

5- ربط خطة عمل للتنفيذ في إطار المحاور المقترحة يراعي فيها:

أ- تنظيم جولات في البيئة ذات برامج وأهداف.

ب-الإفادة من إمكانيات البيئة والإفادة من المصادر التعليمية.

ج- التعاون مع الجماعات والمنظمات القائمة في البيئة لخدمة العملية التعليمية.

6- توجيه جهود جماعية للربط في جميع الإدارات التعليمية وأن يؤخذ بمبدأ التجريب قبل التعميم والتنفيذ. (فلاته، المرجع السابق، ص74-77).

نظام التقويم والامتحانات في المرحلة الإبتدائية بالمملكة العربية السعودية

تعتبر الاختبارات والامتحانات العامة والمدرسية إحدى الوسائل التي يمكن من خلالها بيان مدى ما حققه الطالب من الأهداف المتعلقة بدراسته، كما إنها وسيلة التربية إلى بيان مدى كفايتها في تحقيق أهدافها، وبناءً على نتائج الاختبارات يمكن إرشاد الطلاب إلى نواحي القوة والضعف لديهم، وتوجيهم إلى المجالات المختلفة في دراساتهم (فرج، 1426هـ ص 211)

وبالنسبة لنظام التقويم والاختبارات التحصيلية في المرحلة الابتدائية بالمملكة العربية السعودية فإن أبرز موادها وأساليبها كالتالي:

1- يكون التقويم مستمراً في الصفوف الثلاثة الأولى ويستخدم المعلم الملاحظة والمتابعة وقد يستخدم اختبارات شفهية وتعد بطاقات خاصة لتقويم الطالب يبلغ من خلالها ولي أمر الطالب بمستوى ابنه في الدراسة في نهاية كل شهر وفي نهاية كل فصل دراسي.

2- يُرَّفع الطالب في الصفوف الثلاثة الأولى إلى الصف الأعلى ولا رسوب في هذه الصفوف ولكن يُبَّلغ ولي أمر الطالب في حالة ضعف ابنه في التحصيل الدراسي في مادة أو أكثر.

3- وبالنسبة للصفوف العليا (الرابع، والخامس، والسادس) فيتم قياس الطالب وتقويمه عن طريق اختبارات تحريرية ويكون توزيع الدرجات كالتالي:

- 15 درجة على اختبار منتصف الفصل الدراسي الأول.

- 30 درجة على اختبار نهاية الفصل الدراسي الأول.

- 5 درجات للمشاركة مثل المناقشات والحوار في الحصة والنشاطات.

ثم يتم في الفصل الدراسي الثاني تقويم الطالب بنفس الطريقة التي تم بها تقويمه في الفصل الأول.

4- تكون علامة النجاح 50% لكل مادة من مواد التربية الإسلامية واللغة العربية و 40% لكل مادة من بقية المواد الأخرى من النهاية العظمى وهي (100) درجة.

5- يعتبر الطالب مكملاً إذا لم يحصل على علامة النجاح في اختبار نهاية الفصل الدراسي الثاني في مادة أو أقل من نصف المواد ويختبر في الدور الثاني في المواد التي أكمل فيها وإذا لم يحصل على علامة النجاح يُعد راسباً أما إذا أكمل في نصف المواد فأكثر فلا يسمح له بدخول اختبار الدور الثاني ويعد راسباً.

6- لا يسمح للطالب بالرسوب أكثر من سنتين (مرتين) في أي صف من الصفوف العليا (الرابع، والخامس، والسادس) ويحوّل إلى المدارس الليلية الابتدائية وإذا كان يعاني من تخلف عقلي أو صعوبة في التعلم فيحول إلى مدارس التربية الفكرية.

7- تعمل المدارس الابتدائية في المملكة بنظام الفصلين، كما يُطبق نظام التقويم والاختبارات الذي أشرت إلى أبرز مواده في جميع المدارس الابتدائية الحكومية والأهلية، وخاصة فيما يتعلق بنظام النقل الآلي في الصفوف الثلاثة الأولى (تم الحصول على هذه المعلومات في الفقرات السابقة من نظام التقويم والامتحانات من إدارة التعليم بمنطقة مكة المكرمة، وبالتحديد من إدارة التطوير التربوي

بشارع الستين في مكة المكرمة حيث قام الباحث بمقابلة المختصين في هذه الإدارة وحصل منهم على المعلومات المذكورة).

إعداد معلم ومعلمة المرحلة الابتدائية في المملكة العربية السعودية

إيماناً من المسؤولين بالمملكة بأن خير وسيلة لتطوير المجتمع وتنميته تكون عن طريق نشر التعليم وتحسينه في ربوع البلاد، وتقديراً لأثر المعلم في العملية التربوية، وبخاصة في مرحلتها الأولى، فقد أولت الدولة وما زالت تولي المعلمين عامة ومعلمي المرحلة الابتدائية خاصة فائق عنايتها ويتجلى ذلك فيما تقدمه من دعم مادي ومعنوي لتطوير برامج إعداد وتدريب هؤلاء المعلمين.

وإذا أمعنا النظر إلى سياسة إعداد وتدريب معلمي المرحلة الابتدائية في المملكة نجد أنها ترى أن:

1- تدريب المعلمين عملية مستمرة، وتوضع لغير المؤهلين مسلكياً خطة لتدريبهم وتأهيلهم، كما توضع خطة للمؤهلين لرفع مستواهم وتجديد معلوماتهم وخبراتهم.

2- يفسح المجال أمام المعلم لمتابعة الدراسة التي تؤهله لمراتب أرقى في مجال تخصصه، وتضع الجهات التعليمية الأنظمة المحققة لهذا الغرض.

3- لا تقل مدة إعداد معلمي المرحلة الابتدائية عن المدة اللازمة للحصول على شهادة الدراسة الثانوية. (وزارة المعارف السعودية، سياسة التعليم في المملكة العربية السعودية، المرجع السابق، ص 31)

وبعد أن تعرف الباحث على ملامح سياسة المملكة في هذا المجال يحسن به أن يتعرف على المؤسسات الخاصة بإعداد معلمي ومعلمات المرحلة الابتدائية، ليقف عند الجهود التي تبذلها الدولة لرفع مستوى معلمي ومعلمات المرحلة الابتدائية.

تطور مؤسسات إعداد معلم ومعلمة المرحلة الابتدائية في المملكة العربية السعودية

أعطت حكومة المملكة العربية السعودية اهتماماً كبيراً لمجالات التعليم المختلفة، وإعداد القائمين عليها إعداداً يتوافق مع سياسة التعليم في المملكة العربية السعودية المستمد من الدين الإسلامي الحنيف، ويمثل عام 1344هـ بدايات التعليم الرسمي في المملكة العربية السعودية، إذ شكل في ذلك العام أول جهاز إشرافي يشرف على التعليم. سُمي (مديرية التعليم) واستمر عمل هذا الجهاز حتى عام 1373هـ ، وقد كانت مؤسسات إعداد المعلمين آنذاك لا تتعدى معاهد علمية سعودية، فقد أنشأ عام 1346هـ (المعهد العلمي السعودي) بمكة المكرمة، ويلتحق فيه الحاصلون على شهادة المرحلة الابتدائية، ومدة الدراسة فيه أربع سنوات بعد الابتدائي، وقد طورت المعاهد العلمية عام 1365هـ لتكون مدة الدراسة فيها خمس سنوات بعد الابتدائي تمهد للالتحاق بالتعليم الجامعي كما أسست عام 1364هـ مدرسة (دار التوحيد بالطائف) ويلتحق فيها الحاصلون على شهادة الابتدائية، ومدة الدراسة فيها خمس سنوات بعد الابتدائية (وزارة المعارف، 1420هـ 11-13).

وفي الثامن عشر من شهر ربيع الثاني عام 1373هـ صدر المرسوم الملكي بإنشاء وزارة المعارف بالقرار رقم 5/2/26-4950 ، وكان خادم الحرمين الملك فهد ابن عبد العزيز- رحمه الله - أول وزير لها، فأنشأت تلك الوزارة الفنية معاهد لإعداد المعلمين للمرحلة الابتدائية 1373هـ يلتحق بها الحاصلون على شهادة إتمام الدراسة الابتدائية، كذلك أنشئت معاهد معلمين ليلية من عام 1375هـ- 1385هـ بهدف رفع مستوى المعلمين الذين لا يحملون مؤهلات علمية أو تربوية، وهكذا مرت معاهد المعلمين الابتدائية بمراحل للتطوير والتحسين حتى 1385هـ- 1386هـ حيث وصلت تلك المعاهد إلى مستوى جيد من التطور، حيث تم رفع الحد الأدنى لمستوى إعداد المعلمين إلى مستوى الدراسة الثانوية، وبناءً على ذلك ألغيت معاهد المعلمين الابتدائية ومعاهد المعلمين الليلية، وقد أنشئت سبع معاهد في كل من الرياض، ومكة المكرمة، والمدينة المنورة، وبريدة، وجدة، والطائف، والدمام، وقد بلغ عدد هذه

المعاهد في عام 1397هـ (20) معهداً وذلك حتى عام 1396هـ حيث بدأت أعدادها في بالتناقص نتيجة لافتتاح كليات المعلمين (وزارة المعارف، 1420هـ 13-15).

وفي عام 1395 هـ صدر قرار مجلس الوزراء الموقر رقم 565 وتاريخ 1395/5/10هـ بإنشاء الكليات المتوسطة، حيث أنشئت أول كلية متوسطة في شوال عام 1396هـ بالرياض، وتلتها الكلية المتوسطة بمكة المكرمة في الفصل الدراسي الثاني من العام نفسه، ثم تتابع إنشاء الكليات في أنحاء المملكة على النحو التالي: (وزارة المعارف، 1420هـ : 39).

جدول يوضح تاريخ إنشاء الكليات المتوسطة في المملكة العربية السعودية

م	العام الدراسي	الكليات المنشأة
1	1397/96هـ	الكلية المتوسط بالرياض
2		الكلية المتوسطة بمكة المكرمة
3	1398/97هـ	الكلية المتوسطة بالمدينة المنورة
4		الكلية المتوسطة بأبها
5		الكلية المتوسطة بالدمام
6		الكلية المتوسطة بالرس
7	1399/98هـ	الكلية المتوسطة بالطائف
8	1404/1401هـ	الكلية المتوسطة بالجوف
9		الكلية المتوسطة بجازان
10	1404/1403هـ	الكلية المتوسطة بحائل
11		الكلية المتوسطة بالأحساء
12	1407/1406هـ	الكلية المتوسطة ببيشة
13	1408/1407هـ	الكلية المتوسطة بتبوك
14		الكلية المتوسطة بالقنفذة
15	1410/1409هـ	الكلية المتوسطة بجدة
16		الكلية المتوسط بالباحة
17		الكلية المتوسطة بعرعر

وقد شرع في إنشاء هذه الكليات لتحقق الأهداف التالية:

1- إعداد معلم المرحلة الابتدائية تربوياً وأكاديمياً والتمسك بتعاليم الإسلام والعمل بها.

2- رفع مستوى التأهيل التربوي والأكاديمي للمعلمين القائمين على رأس العمل وتجديد معلوماتهم ومفاهيمهم التربوية.

3- الإسهام مع الجهات المختصة بالوزارة بإجراء البحوث التربوية النظرية التطبيقية التي تؤدي إلى تطوير المناهج والكتب المدرسية للمرحلة الابتدائية.

4- المشاركة في إعداد وتطوير وتنفيذ البرامج والدورات التدريبية لمعلمي المراحل التعليمية المختلفة حسب مقتضيات التطور في مجال التربية والتعليم.

5- التعاون مع إدارات التعليم في حل المشكلات التربوية عن طريق البحث العلمي التربوي وغيره من الوسائل.

6- التعاون مع المؤسسات التربوية داخل المملكة وخارجها لتطوير التعليم والاشتراك بالبحوث التربوية والعلمية وحضور المؤتمرات والحلقات لتبادل الخبرة والمعرفة.

7- تنظيم برامج تأهيلية للطلاب بعد الثانوية العامة لإعداد محضري المختبرات المدرسية وأمناء المكتبات والمتخصصين في الوسائل التعليمية (وزارة المعارف، 1420هـ: 56-57)

وكانت هذه الكليات تمنح درجة الدبلوم في تدريس المرحلة الابتدائية في تخصصين أحدهما رئيس والآخر فرعي، ومدة الدراسة بها أربعة فصول دراسية للحاصلين على شهادة الثانوية العامة (القسم العلمي) وخمسة فصول دراسية للحاصلين على شهادة (القسم الأدبي)، واشتملت على التخصصات التالية: (تربية إسلامية/ لغة عربية) و (لغة عربية/ اجتماعيات) و (علوم وصحة/ رياضيات) و (تربية بدنية/ علوم صحة) (وزارة المعارف، 1420هـ: 44).

واستمر العمل بالكليات المتوسطة إلى أن اعتمد خادم الحرمين الشريفين الملك فهد بن عبد العزيز آل سعود – رحمه الله– افتتاح كليات متوسطة تمنح درجة البكالوريوس، وذلك وفقاً للموافقة السامية رقم 6360 في 1407/5/5هـ ومدة الدراسة فيها ثمانية فصول دراسية كحد أدنى، وعشرة فصول دراسية كحد أعلى، وتمنح بعدها درجة البكالوريوس للتعليم الابتدائي، وأعدت برامج ومناهج هذه الكليات لجان متخصصة من وزارة المعارف وعدد من أعضاء هيئة التدريس بجامعة الملك سعود، وجامعة الإمام محمد بن سعود، والكلية المتوسطة بالرياض. ومنذ عام 1409هـ بدأ العمل ببرنامج البكالوريوس الذي وزعت مجالات الإعداد فيه إلى ثلاثة مجالات هي: الإعداد العام والإعداد التربوي والإعداد التخصصي ويتخصص الطالب في واحد فقط من التخصصات التالية:

1- الدراسات القرآنية.

2- الدراسات الإسلامية.

3- الدراسات الاجتماعية.

4- اللغة العربية.

5- الرياضيات.

6- العلوم.

7- التربية الفنية.

8- التربية البدنية.

(وزارة التعليم العالي، 1416هـ: 641)

وتطبق على أعضاء هيئة التدريس في الكليات المتوسطة لوائح وأنظمة الجامعات، ويكمل فيها المعلمون القدامى مشوارهم العلمي للحصول على درجة البكالوريوس، وتقام فيها برامج تربوية لإعداد محضري المختبرات، ولإعداد المرشدين

الطلابيين ومديري المدارس، وأنشئت فيها مؤخراً مراكز للبحوث العلمية وخدمة المجتمع.

وفي عام 1412هـ أجري تعديلان مهمان في مسيرة الكليات هما:

1- تعديل الاسم الرسمي للكليات المتوسطة ليصبح (كليات المعلمين)، لأنها تمنح درجة البكالوريوس في التعليم الابتدائي.

2- صدور قرار مجلس الوزراء رقم 53 بتاريخ 1412/6/10هـ بإلغاء نظام الساعات المعتمدة في التعليم والعودة إلى نظام اليوم الدراسي المعتاد ونظام المحاضرات (كلية المعلمين بالرياض، 1414هـ: 75)

وتبعاً لتغيير نظام الدراسة قسمت مدة الدراسة إلى أربعة مستويات، في كل منهما فصلان دراسيان، وأصبحت المدة القصوى للحصول على البكالوريوس اثنى عشر فصلاً دراسياً، ويشترط للحصول على الشهادة أن يجتاز الطالب جميع المقررات الدراسية المدرجة في خطة الدراسة، ومجموع محاضراتها يتراوح بين 161 و 178 محاضرة، تتوزع على جوانب الإعداد: العام والتربوي والتخصصي.

ولم يقتصر دور كليات المعلمين على الإعداد، وإنما تعتبر هذه الكليات ورش عمل مهمتها إعادة تدريب وتأهيل الكوادر الوظيفية أثناء الخدمة، ففيها يكمل المعلم الحاصل على مؤهل أقل من بكالوريوس تعليمه لينال تلك الدرجة، وفيها يتم إعداد محضري مختبرات لمدارس التعليم العام، وفيها تقام دورات تربوية تجديدية لمديري المدارس الابتدائية، وبرامج لإعداد المرشدين الطلابيين ورواد النشاط ومعلمي الكبار، ودورات تنشيطية متنوعة للمعلمين في مختلف التخصصات، كما أصبح لتلك الكليات مجلس علمي، ومجلس كليات برئاسة وزير التربية والتعليم، وأنشئت في الكليات مراكز لخدمة المجتمع وأخرى للبحوث التربوية، وأخذت كليات المعلمين على عاتقها تطوير المكتبات وتزويدها بأحدث الكتب والدوريات والحاسوب، ورصدت لها الميزانية المناسبة سنوياً، كما نشطت عملية الابتعاث الداخلي والخارجي للمعيدين

والمحاضرين، وأولت الوكالة جل اهتمامها للنشاط الطلابي وأنشأت إدارة للإشراف عليه، وتعد هذه الكليات مركز إشعاع ثقافي وحضاري وعلمي وتربوي في مناطق ومحافظات المملكة.

وما تلك الإجراءات التطويرية لكليات المعلمين إلا استجابة للسياسة التعليمية وإحساساً من الوزارة بضرورة رفع كفاءة ومستوى تأهيل معلم المرحلة الابتدائية، وبالتالي فعاليته، ليكون في مستوى التحدي الحضاري ومتطلبات عصر المعلومات الذي يعتبر التعليم أهم وسائله، وتعتبر المرحلة الابتدائية أساس انطلاقته نظراً لاعتماد المراحل الدراسية التالية عليها اعتباراً من المرحلة المتوسطة فالثانوية فالجامعة، حيث تنسب للمرحلة الابتدائية وإلى معلميها مستويات التفوق والنجاح أو الضعف والرسوب والتسرب التي تحدث في المراحل التالي لها. (خالد المطرودي، 1423هـ ص 96-102)

أما فيما يتعلق بتطوير إعداد معلمات المرحلة الابتدائية التابعة للرئاسة العامة لتعليم البنات (سابقاً) فقد مر بالمراحل التالية:

أ- معاهد المعلمات المتوسطة :

أمام الحاجة الملحة للمعلمة السعودية قبلت الرئاسة العامة في بداية عهدها أن يكون مستوى إعداد المعلمات للمرحلة الابتدائية هو المستوى المتوسط، حيث اشترط حصول الطالبة على الشهادة الابتدائية إذا رغبت أن تكون مدرسة، وقد افتتح أول معهد لإعداد معلمات المرحلة الابتدائية عام 1980م، واستمر هذا النوع من المعاهد في النمو حتى وصلت في عام 1389/88هـ إلى عشرين معهداً وقد أدرك المسؤولون عن إعداد معلمات المرحلة الابتدائية ضعف مستوى المتخرجات من هذه المعاهد، فأخذوا يغلقونها عاماً بعد عام حتى تصفيتها وكان آخر امتحان عقد لمعلمات هذا النوع عام 1396/95هـ حيث قرر المسؤولون في الرئاسة العامة تصفية هذه المعاهد بعد أن ثبت أنها غير قادرة على تخريج المعلمة المؤهلة.

ب- معاهد المعلمات الفنية:

كان الهدف من إنشاء هذا النوع من المعاهد تخريج الفتيات السعوديات لتدريس مادتي التربية النسوية والفنية للمرحلة الابتدائية، ونظراً لأن خريجات هذه المعاهد لم تستطعن تحقيق الأهداف التي من أجلها أنشئت هذه المعاهد فقد تقرر تصفيتها، وكان آخر امتحان شهادة لهذه المرحلة عام 1394/93هـ.

ج- معاهد إعداد المعلمات نظام خمس سنوات:

بعد أن قررت الرئاسة العامة تصفية معاهد المعلمات المتوسطة (شهادة ابتدائية + 3 سنوات) قررت الرئاسة في عام 1389/88هـ إيجاد نوع جديد من المعاهد، وسميت هذه المعاهد باسم معاهد إعداد المعلمات نظام خمس سنوات، وقد ازداد عدد هذه المعاهد عاماً بعد عام حتى بلغت خمسة وعشرين معهداً في عام 1395/94هـ.

د- معاهد المعلمات الثانوية:

في أول عام من الخطة الخمسية الثانية قررت الرئاسة العامة أن يكون الحصول على الشهادة المتوسطة شرطاً من شروط الالتحاق بمعاهد المعلمات وبهذا أصبح مستوى إعداد المعلمات هو المستوى الثانوي.

وقد روعي في منهج معاهد المعلمات أن يكون مطابقاً إلى حد كبير لمنهج المرحلة الثانوية مع اشتماله على مناهج الثقافة العامة والعلمية والاجتماعية، والمواد المهنية التي تساعد الطالبة وتنمي فيها الكفاية والقدرة على معالجة موضوعات منهج المرحلة الإبتدائية، وأهم المواد المضافة إلى منهج المرحلة الثانوية هي مواد التربية، وعلم النفس، والطرق الخاصة والتربية العملية.

وبجانب مؤسسات الإعداد الخاصة بالمرحلة الابتدائية لمدارس البنات، أعدت الرئاسة العامة برامج التدريب التأهيلية لمقابلة النمو المتزايد في عدد المدارس والفصول في المرحلة الابتدائية، وقد خصصت هذه الدورات لخريجات الثانوية العامة اللاتي يرغبن في التعليم في المرحلة الابتدائية. (الحقيل، المرجع السابق، ص 187-188).

هـ- الكليات المتوسطة :

ويتم الآن إعداد معلمات المرحلة الابتدائية في كليات خاصة وهي الكليات المتوسطة لإعداد معلمات المرحلة الابتدائية، وقد بلغ عددها حتى عام 1422هـ (16) كلية منتشرة في عدد من المدن الرئيسية بالمملكة ووصل عدد الدراسات في هذه الكليات حتى عام 1422هـ (15) ألف طالبة وتتبع هذه الكليات الرئاسة العامة لتعليم البنات - سابقاً- وحالياً وزارة التربية والتعليم. كما يتم إعداد معلمات المرحلة الابتدائية في كليات التربية التابعة لوزارة التربية والتعليم والتي بلغ عددها حتى عام 1422هـ (58) كلية في مختلف مدن المملكة وبها 165511 طالبة وهذه الكليات تعد المعلمات للتدريس في المرحلتين المتوسطة والثانوية. هذا بالإضافة إلى إعداد معلمات المرحلة الابتدائية في كليات التربية التي تتبع الجامعات السعودية (الحامد، 1425هـ ص 46).

الجهة المشرفة على التعليم الابتدائي في المملكة العربية السعودية

هناك سلطات تعليمية متعددة تتعاون في الإشرف على التعليم في المرحلة الابتدائية في مدن المملكة وقراها وباديتها، وهذه المدارس منها ما هي حكومية للبنين تتبع وزارة المعارف سابقاً (وزارة التربية والتعليم حالياً) أو وزارة الدفاع أو رئاسة الحرس الوطني أو مدارس حكومية للبنات تتبع الرئاسة العامة لتعليم البنات سابقاً والآن تتبع وزارة التربية والتعليم بعد أن ألغيت الرئاسة العامة لتعليم البنات مؤخراً واستبدلت بجهاز خاص في الوزارة للإشراف المباشر على مدارس تعليم البنات الابتدائية وغيرها.

كما أن هناك مدارس ابتدائية أهلية للبنين وأخرى للبنات وجميعها تحت الإشراف المباشر من قبل وزارة التربية والتعليم.

والجدير بالذكر أن هناك مدارس لتحفيظ القرآن الكريم في المرحلة الابتدائية، وعليها إقبال شديد، وهي آخذة في الانتشار والتوسع عاماً بعد عام وجميعها تتبع وزارة التربية والتعليم ومناهجها هي نفس المناهج في المدارس الابتدائية الأخرى غير

أن تدريس القرآن الكريم يتم فيها بشكل مكثف حيث يخصص لتدريس التلاوة والحفظ نسبة أعلى بكثير في الخطة الدراسية من المدارس العادية وهذا الاهتمام بتدريس القرآن الكريم خاصية تنفرد بها المملكة العربية السعودية في التعليم الابتدائي على وجه الخصوص عن غيرها من الدول العربية والإسلامية وهو أمر طبيعي في بلد نزل فيه القرآن ومن واجبها الاهتمام بتعليم القرآن الكريم لأبنائها الصغار حتى يشيع حفظه في صدورهم ويكونون نموذجاً حياً لتطبيقه في حياتهم عقيدة وسلوكاً ومنهجاً.

ويمكن القول، إن التعليم الابتدائي في المملكة العربية السعودية يتصف بشكل عام بالآتي:

1- أنه مجاني ولكنه غير إلزامي: بمعنى أن الدولة لا تلزم آباء من هم في سن الدراسة بإلحاق أطفالهم بالمدارس الابتدائية ولكنها تلزم نفسها باستيعاب جميع الأطفال ممن هم في سن التعليم الابتدائي.

2- يلتحق الطفل أو الطفلة بالمدرسة الابتدائية بعد أن يبلغ السادسة من عمره ومدة الدراسة في هذه المرحلة كما نصت المادة (120) من سياسة التعليم بالمملكة ست سنوات دراسية، ينتقل فيها الطالب أو الطالبة من صف دراسي إلى صف أعلى في نهاية العام الدراسي بعد نجاح الطالب أو الطالبة في الاختبارات التي يتقدم لها في فصلين دراسيين خلال العام الدراسي، وذلك في الصفوف العليا (الرابع والخامس والسادس). أما الصفوف الثلاثة الأولى فيطبق فيها نظام النقل الآلي، وقد تقدم تفصيل ذلك.

3- تعمل المدارس الابتدائية في المملكة بنظام الفصلين، والتعليم فيها غير مختلط، حيث يتم فصل البنين عن البنات في مدارس مستقلة لكل من الجنسين كما تقدم.

4- جميع المدارس الابتدائية في المملكة تشرف عليها وزارة التربية والتعليم، وفي كل منطقة من مناطق المملكة إدارة عامة للتعليم تشرف على المدارس الابتدائية التابعة لها، ولكن هناك – كما أسلفت- جهات معينة تتعاون مع وزارة التربية والتعليم في الإشراف على المدارس الابتدائية كالحرس الوطني ووزارة الدفاع التي يتطلب الوضع فيها أن يكون لأبناء العاملين فيها مدارس في مدن سكنية خاصة ولكن لا توجد مدرسة أهلية أو حكومية أو للبنات أو للبنين خارجة عن إشراف الوزارة التربية والتعليم فهي التي تُعد المناهج وتسن الأنظمة واللوائح وتوجه الخطط الدراسية إلى غير ذلك ثم يتم تنفيذ كل ذلك من قبل إدارات المناطق التعليمية كما تتولى الوزارة إعداد معلم المرحلة الابتدائية في كليات المعلمين التابعة لها والمنتشرة في مختلف مدن المملكة والتي بلغ عددها حتى الآن (18) كلية وقد تقدم الحديث عنها.

وجهات نظر الباحث على التعليم الابتدائي في المملكة العربية السعودية

من غير شك أن المرحلة الابتدائية هي مرحلة تعليم الشعب في كل بلاد العالم، إذ هي القاعدة الأساسية التي يرتكز عليها إعداد الناشئين لمستقبل حياتهم، فمن حيث الكم هي مرحلة عامة تشمل أبناء الأمة جميعاً، وتسمى مرحلة الإلزام، وتكون عادة من سن 6 إلى 12، وهي مرحلة الطفولة المتأخرة، ومن حيث الكيف لابد أن تزود التلاميذ بالأساسيات من المعارف والمعلومات، والمهارات، والاتجاهات السليمة (عيسى، 1399هـ ، 28)

والتعليم الابتدائي في المملكة العربية السعودية يلتقي مع معظم نظم التعليم في العالم العربي من حيث مجانية التعليم فقد نصت المادة (121) من سياسة التعليم بالمملكة أن "التعليم في هذه المرحلة متاح لكل من بلغ سن التعليم" وكذلك من حيث مدة الدراسة كما نصت المادة (120) أن "مدة الدراسة في المرحلة الابتدائية ست سنوات" ويلتحق بها الطفل بعد أن يبلغ السادسة من عمره وهذا متبع في معظم الدول العربية، وفي كثير من دول العالم.

ولكن للتعليم الابتدائي في المملكة العربية السعودية – من وجهة نظر الباحث- بعض الخصائص وعليه بعض الملاحظات.

فمن خصائص التعليم الابتدائي في المملكة والتي ينفرد بها عن غيره في أي بلد عربي أو غير عربي ما يلي:

1- تزويد التلاميذ في هذه المرحلة بالأساسيات من العقيدة الصحيحة على أساس من الكتاب والسنة وقد أكدت على ذلك سياسة التعليم في المملكة ونصت عليه في المادة (72).

2- العناية بدراسة العلوم الدينية من قرآن وحديث وتوحيد وفقه، ويظهر ذلك في الخطة الدراسية حيث خصص لهذا المنهج (منهج العلوم الدينية) جزءاً كبيراً من الخطة، كما أن علامة النجاح في هذه المواد يجب ألا تقل عن 50% من الدرجة النهائية وينطبق هذا على مواد اللغة العربية، في حين أن المواد الأخرى علامة النجاح يجب ألا تقل عن 40%من الدرجة النهائية.

وهذه المكانة لدراسة العلوم الدينية واللغة العربية لا تحظى بها نظم التعليم في أي بلد آخر ولو كان عربياً مسلماً، وهي مكانة تنسجم مع الأسس التي قام عليها التعليم في المملكة العربية السعودية، إذ يُحتم على الناشئة في ضوء هذه الأسس فهم الإسلام فهماً صحيحاً متكاملاً مع الأخذ بعين الاعتبار التدرج بالأطفال في تحقيق هذا الفهم في هذه المرحلة وما يليها من مراحل التعليم.

3- العناية بمدارس تحفيظ القرآن الكريم الابتدائية والتوسع فيها للعناية بكتاب الله – الذي نزل على رسولنا محمد ﷺ في هذا البلد الطيب- وإشاعة حفظه في صدور الناشئة والعناية بفهمه وتمثل معانيه وتعاليمه وآدابه.

4- فصل تعليم البنين عن تعليم البنات (فالتعليم في المملكة العربية السعودية غير مختلط في جميع المراحل الدراسية المختلفة بدءاً من المرحلة الابتدائية)، وذلك تطبيقاً لتعاليم الدين الإسلامي الحنيف، وقد أوضحت دراسات علمية في

الدول الأجنبية ومنها الولايات المتحدة الأمريكية أهمية هذا الفصل وأن له أثراً إيجابياً على التحصيل والآن هناك اتجاه في الولايات المتحدة الأمريكية لفصل الذكور عن الإناث وخاصة في المراحل التعليمية المتقدمة.

5- تبني مبدأ التطوير التدريجي سواء على مستوى المناهج كما هو الحال في إضافة مادة اللغة الإنجليزية في التعليم الابتدائي في الخطة الجديدة أو على مستوى إعداد المعلمين، كما رأينا أو على مستوى إدخال المنجزات التربوية المعاصرة سواء ما كان منها مادياً مثل الانترنت وتقنيات التعليم الأخرى أو معنوياً مثل النظريات الحديثة في التربية والتعليم، فالمملكة لا تتسرع في الأخذ بكل ما هو جديد إلا بعد دراسة متأنية لهذا الجديد، وذلك إدراكاً منها لخطورة المستحدثات والمستجدات على قيم وثقافة المجتمع السعودي المسلم، وخاصة أنها وافدة من دول أجنبية لا تدين بالإسلام بل تحاربه في عقر داره. وليس معنى هذا الجمود ومعارضة التحديد والتحديث في نظم التعليم في المملكة ولكن كما أشرت، هو لمعرفة مدى صلاحية المستحدثات التربوية لبيئتنا ومجتمعنا المسلم فمتى لم تتعارض هذه المستحدثات- أو تغير المناهج وتطويرها- مع مبادئ عقيدتنا الإسلامية وتعاليم الإسلام وقيمه أخذنا بها محتوى وتطبيقاً وإلا رفضناها جملة وتفصيلاً.

أما الملاحظات على التعليم الابتدائي في المملكة العربية السعودية فهي من وجهة نظر الباحث ما يلي:

1- أن خطة الدراسة في التعليم الابتدائي للبنات لا تتضمن مادة (75) من سياسة التعليم في المملكة نصت على: "تنمي المهارات الأساسية المختلفة وخاصة المهارة اللغوية، والمهارة العددية، والمهارات الحركية" والإسلام لا يمنع المرأة من العناية بلياقتها البدنية.. وقديماً قيل : "العقل السليم في الجسم السليم" ورسولنا محمد ﷺ كان يسابق عائشة رضي الله عنها.

2- أن المناهج وأساليب تدريسها في هذه المرحلة لا تزال بشكل عام تعتمد على التلقين والحفظ وحشو أذهان التلاميذ بالمعلومات وخاصة في مناهج التربية الإسلامية والتاريخ، فبالرغم مما أشرت إليه من عناية التعليم الابتدائي بمناهج العلوم الدينية إلا أن محتوى هذه المناهج أرى أن يعاد النظر فيه من نواحي عدة أهمها:

أ- اختيار ما يناسب مستوى التلاميذ في هذه السن من موضوعات ومفاهيم فقهية ومصطلحات دينية.

ب- اختيار ما يحتاج إليه التلاميذ من موضوعات دينية في هذه المرحلة فمثلاً نجد في الصف السادس الابتدائي يدرس التلاميذ زكاة الذهب والفضة وزكاة بهيمة الأنعام وزكاة عروض التجارة وهذه الموضوعات لا يحتاجون إليها في سنهم الآن، لأنهم لم يبلغوا سن التكليف ولصعوبة فهم هذه الموضوعات عليهم في هذه المرحلة.

ج- تنظيم محتوى هذه المناهج بطريقة يسهل معها تعلم التلاميذ، وهذا يتم باتباع تنظيم الوحدات الدراسية بدلاً من تفريع المادة الدينية إلى فروع تضيع معها وحدة المعرفة وتكاملها، وبالتالي لا يستفيد التلاميذ من هذه المناهج التي لا زالت تتبع تنظيم مناهج المواد الدراسية المنفصلة.

3- إن معلم هذه المرحلة بالرغم من الجهود التي تبذلها الدولة من أجل إعداده إعداداً جيداً للتدريس في هذه المرحلة إلا أنه لم يدرك خطورة التعليم في هذه المرحلة، وهذا يعود لأسباب منها صغر سن المعلم في هذه المرحلة وافتقاده للتجربة والخبرة الطويلة في تدريس الأطفال وفي الدول المتقدمة في التعليم نجد أن بعضها لا يسمح للتدريس بهذه المرحلة إلا لمن أمضى سنوات خبرة طويلة في التدريس ويحمل رخصة للتعليم في هذه المرحلة الخطيرة.

4- إن التعليم في المرحلة الابتدائية في المملكة غير إلزامي حتى الآن، ولعل هذا يعود في رأي الباحث إلى وعي الشعب السعودي بأهمية تعليم أبنائهم وبناتهم وخاصة في المرحلة الابتدائية، وبالتالي فإن الدولة لم تر ضرورة إلى الآن تدعو إلى تطبيق مبدأ الإلزام في التعليم في هذه المرحلة وغيرها وإن كنت أرى أن الوقت أصبح ملائماً لإلزام أولياء الأمور بذلك، وخاصة أن الدولة قد وفرت كافة الإمكانات لاستيعاب جميع من هم في سن التعليم من البنين والبنات وأصبحت الأمية في المجتمع السعودي من الأمور شبه المرفوضة فضلاً أننا نعيش الآن في عصر الفيض المعرفي والتطور التقني.. ولن يستطيع الإنسان في الوقت الحاضر أن يتكيف مع مجتمعه وبيئته وأن يعيش حياة كريمة إلا من خلال التعليم والتعلم، فضلاً من أن هذا ينسجم تماماً مع مبادئ ديننا الإسلامي الحنيف الذي يدعو إلى ضرورة طلب العلم حيث صح عن النبي ﷺ أنه قال: "طلب العلم فريضة على كل مسلم" ويشمل هذا كل مسلم ذكراً كان أم أنثى كبيراً أم صغيراً إذا بلغ سن التعليم وهو سن السادسة أو السابعة كما ورد ذلك في قوله ﷺ : "علموا أولادكم الصلاة لسبع واضربوهم عليها لعشر" فسن السادسة أو السابعة كما وردت في الحديث المذكور هي سن التمييز وسن الإلزام بطلب العلم الشرعي كالصلاة وغيرها وإن لم تُفرض عليه في هذه السن ولكن تعلُّمها والتدرب عليها أمر دعا إليه الرسول ﷺ وأمر به .

المراجع

1- إبراهيم محمود فلاته – (1404-1405هـ)، العملية التربوية في المدرسة الابتدائية: أهدافها ووسائلها وتقويمها، مكة المكرمة: مطابع الصفا، الطبعة الأولى.

2- أحمد عبد الرحمن عيسى – (1399هـ)، سياسة التعليم في المملكة العربية السعودية، الرياض: دار اللواء للنشر والتوزيع، الطبعة الأولى.

3- خالد إبراهيم المطرودي- (1423هـ-2002م)، تقويم برنامج الإعداد التربوي لمعلمي التربية الإسلامية في كليات المعلمين بالمملكة العربية السعودية، رسالة ماجستير غير منشورة، مكة المكرمة: جامعة أم القرى، كلية التربية.

4- سعيد بامشموس، ونور الدين عبد الجواد- (1400هـ/1980م)، التعليم الابتدائي: دراسة منهجية، دار الفيصل الثقافية.

5- سليمان عبد الرحمن الحقيل – (1415هـ/1995م)، التعليم الابتدائي في المملكة العربية السعودية: نشأته، أهميته، أسسه، أهدافه العامة.. مكتبة الملك فهد الوطنية، الطبعة الثالثة.

6- صلاح عبد الحميد مصطفى- (1401هـ-1402هـ)، نظم التعليم في المملكة العربية السعودية وبعض الأقطار الأخرى، الرياض: المدارس للطباعة والنشر.

7- عبد اللطيف بن حسن فرج- (1426هـ/2005م)، نظم التربية والتعليم في العالم، عمّان: دار المسيرة للنشر والتوزيع والطباعة، الطبعة الأولى.

8- محمد بن معجب الحامد وآخرون – (1425هـ)، التعليم في المملكة العربية السعودية: رؤية الحاضر واستشراف المستقبل، مكتبة الرشد، الطبعة الثانية.

9- وزارة المعارف السعودية (سابقا)، سياسة التعليم في المملكة العربية السعودية، الرياض: الطبعة الرابعة 1416هـ-1995م.

10- وزارة المعارف السعودية (سابقا)، تجربة جديدة في التعليم العام، الرياض: 1397هـ (محضر ومشروع صادر من مكتب الوكيل المساعد لشؤون التعليم برقم 2886/1/4/32 في 1397/8/4هـ)

11- وليد عبد اللَطيف هوانه – (1408هـ)، المدخل في إعداد المناهج الدراسية، الرياض: دار المريخ.

المرحلة المتوسطة

في

المملكة العربية السعودية

المرحلة المتوسطة في المملكة العربية السعودية

نجد أن المرحلة المتوسطة تقع ما بين المرحلة الابتدائية التي تمثل بداية سلم التعليم العام، والمرحلة الثانوية التي تمثل نهايته. إذ يلتحق التلميذ بالمرحلة المتوسطة بعد حصوله على شهادة إتمام الدراسة الابتدائية.

ومدة الدراسة بهذه المرحلة ثلاث سنوات، يحصل الناجح فيه على شهادة إتمام الدراسة المتوسطة (الكفاءة المتوسطة) والتي تؤهله للالتحاق بإحدى مدارس التعليم العام أو المهني. وكما هو الحال في المرحلة الابتدائية وغيرها من مراحل التعليم توحدت جهة الإشراف على هذه المرحلة لتكون تحت وزارة التربية والتعليم.

والمرحلة المتوسطة تتيح المزيد من الفرص لكي يحقق التلميذ انتماء أعمق إلى ثقافته الأصلية، فضلا عن أنها تتيح المزيد من الفرص لتنمية قدرات واستعدادات التلاميذ بما يعدهم للاختيار التعليمي أو المهني في المراحل التالية. ويتضح ذلك من فحص أهداف هذه المرحلة في إطار وثيقة سياسة التعلم كما يلي:

أهداف المرحلة المتوسطة :

1- المرحلة المتوسطة مرحلة ثقافية عامة غايته تربية النشء التربية الإسلامية الشاملة لعقيدته وعقله وجسمه خلقه.

2- تمكين العقيدة الإسلامية في نفس الطلاب وجعلها ضابطة لسلوكه.

3- تزويده بالخبرات والمعارف الملائمة لسنه، حتى يلم بالمبادئ الأساسية للثقافة والعلوم.

4- تنمية قدرات الطالب العقلية المهارية وتعهدها بالتوجيه والتهذيب.

5- تربية الطالب على الحياة الاجتماعية الإسلامية وتدريبه على خدمة مجتمعه ووطنه وتنمية روح النصح والاخلاص لولاة أمره.

6- إعداده لما يلي هذه المرحلة من مراحل تعليمية أخرى.

ويلاحظ أن هذه الأهداف تناسب خصائص نمو الطالب والطالبة في مرحلة المراهقة ومشارفها، وبصفة خاصة من حيث تزويد التلاميذ بجوانب القيم وتمكين العقيدة الإسلامية في نفوسهم، وفي الوقت ذاته التأكيد على جوانب النمو الخلقي والنفسي والاجتماعي والعقلي.

التطور الكمّي للمرحلة المتوسطة :

ظل التعليم المتوسط للبنين جزءاً من التعليم الثانوي حتى عام 1377، واعتبار من العام الدراسي 1379/78هـ قسمت المرحلة الثانوية إلى قسمين هما:

المرحلة المتوسطة والمرحلة الثانوية، وهكذا برزت المرحلة المتوسطة كمرحلة تعليمية مستقلة اعتباراً من ذلك العام حتى الآن.

ويمكن إجمال التطور والكمي لهذه المرحلة على النحو التالي:

1- التعليم المتوسط للبنين :

بدأت الدراسة بهذا النوع من التعليم في العام الدراسي 1379/78هـ بعشرين مدرسة يدرس فيها (2515) طالباً يقوم بالتدريس لهم (173) معلماً، وحدث نمو هائل في تلك المرحلة منذ ذلك التاريخ، وحتى العام 1424هـ/ 1425هـ كما يوضحه الجدول التالي رقم (1).

ومن دراسة هذا الجدول تتضح الزيادة المطردة في أعداد المدارس والطلاب والمعلمين بالمرحلة المتوسطة التي تضاعفت مئات المرات خلال خمسة وأربعين عاماً، وهذا أمر طبيعي نتيجة ما شهدته البلاد من نهضة تعليمية شاملة خلال تلك الفترة.

2- التعليم المتوسط للبنات:

ترجع بدايات التعليم المتوسط للبنات إلى العام الدراسي 1384/83هـ حينما افتتحت الرئاسة العامة لتعليم البنات خمس مدارس متوسطة، التحلق بها (235) تلميذة.

بيان بالتطور الكمي لمدارس البنين المتوسطة منذ نشأتها عام 1378هـ/1379هـ وحتى عام 1424هـ/1425هـ

جدول رقم (1)

بيان بالتطور الكمي لمدارس البنين المتوسطة منذ نشأتها عام

1378هـ/1379هـ وحتى عام 1424هـ / 1425هـ

م	السنة الدراسية	المدارس	الطلاب	المعلمون
1	1378هـ-1379هـ	20	2515	173
2	1388هـ-1389هـ	300	51234	2796
3	1398هـ-1399هـ	937	149305	10302
4	1408هـ-1409هـ	1635	258341	18978
5	1418هـ-1419هـ	3068	537635	40349
6	1424هـ-1425هـ	3719	574005	48678

والمرحلة المتوسط للبنات هي مرحلة تهدف إلى تربية الفتاة تربية إسلامية شاملة لعقيدتها وخلقها، وتتلقى التلميذة فيها المعارف والمهارات والخبرات المتوافقة مع نموها الذهني والجسدي، وهي مرحلة إعداد للمرحلة اللاحقة ومدة الدراسة فيها أيضاً كما هو الحال في المرحلة المتوسطة للبنين ثلاث سنوات. والجدول السابق لهذه الفقرة رقم (1) يوضح التطور الكمي للمدارس المتوسطة للبنات في المملكة.

ومن تفحص هذا الجدول تتضح الزيادة المطردة في أعداد المدارس المتوسطة للبنات، وكذا في أعداد الطالبات، والهيئة التعليمية.

وعلى الرغم من أن بداية تعليم البنين في المرحلة المتوسطة قد سبقت بداية تعليم البنات لنفس المرحلة إلا أن هناك تقارباً كبيراً في التطور الكمي بين هذين النوعين سواء في إعداد المدارس أو إعداد التلاميذ والتلميذات.

ومن الطبيعي أن يحدث ذلك نمواً في إعداد المعلمين والمعلمات لمقابلة العدد المتزايد من التلاميذ والتلميذات خلال هذه الفترة، حيث قفز هذا العدد في العام 1423هـ - 1425هـ إلى (99983) معلماً ومعلمة في كل مدارس البنين والبنات.

جدول (2)

جدول يوضح التطور الكمي للمدارس المتوسطة للبنات خلال

الأعوام من 1384/83هـ حتى 1425/24هـ

م	السنة الدراسية	المدارس	الطالبات	المعلمات
1	1384/1383هـ	5	235	-
2	1394/1393هـ	85	28303	1296
3	1404/1403هـ	677	113194	9210
4	1414/1413هـ	1720	321137	23854
5	1425/1424هـ	3194	504.033	51305

بالنظر إلى جدول رقم (2) يتضح أن نسبة المدارس الكمية تزداد في كل عام تزامناً مع ازدياد الطالبات والمعلمات.

وهذا أمر طبيعي فاهتمام الوزارة في النواحي الكمية في تلك الفترات كان من أجل انتشار العلم بين القبائل لا سيما وأنَّ تعليم البنات على وجه الخصوص قابل معارضة في بدايته.

جدول (3)

يوضح الخطة الدراسية للمرحلة المتوسط لمدارس البنين والبنات

الصفوف الدراسية			الفروع	المواد
الثالث	الثاني	الأول		
1	1	1	القرآن الكريم	التربية الإسلامية
1	1	1	الحديث	
2	2	2	التفسير	
2	2	2	التوحيد	
2	2	2	الفقه	
8	8	8	**المجموع**	
2	2	2	القواعد	اللغة العربية
1	1	1	القراءة	
1	1	1	النصوص	
1	1	1	التعبير	
1	1	1	الإملاء	
6	6	6	**المجموع**	
2	2	2	التاريخ	المواد الاجتماعية
2	2	2	الجغرافيا	
4	4	4	**المجموع**	
4	4	4	العلوم	
4	4	4	الرياضيات	
4	4	4	اللغة الانجليزية	
2	2	2	التربية الفنية	
1	1	1	التربية الوطنية	
1	1	1	التربية البدنية	
34	34	34	مجموع الحصص	
18	18	18	مجموع المواد	

* مقرر التربية البدنية المشار إليه يقدم للبنين ويتم استبداله بمقرر التربية النسوية لمدارس البنات، كما أنَّ مادة التربية الوطنية مقررة على البنين دون البنات حالياً.

مناهج المرحلة المتوسطة:

الجدول رقم (3) يوضح الخطة الدراسية للمرحلة المتوسطة بالمملكة العربية السعودية:

ومن قراءة الجدول السابق يتضح الآتي:

- إن العلوم الدينية والشرعية تأتي في مقدمة مناهج هذه المرحلة شأنها شأن المرحلة الابتدائية وكل مراحل التعليم في المملكة.

- إدخال مقرر اللغة الانجليزية ضمن مقررات المرحلة المتوسطة كلغة ثانية بهدف تمكين طلاب هذه المرحلة والمراحل التالية من الانجليزية كلغة عالمية، وهي لغة الاتصال والثقافة والعلم الحديث، ذلك في محاولة لربط المواطن السعودي من خلال هذه اللغة بالعالم الخارجي.

- تدرس البنات مقرراً في التربية النسوية يقابل مقرر التربية البدنية للذكور المشار إليه في الجدول.

نظام التقويم والاختبارات بالمرحلة المتوسطة :

منذ أن تم اعتماد نظام الاختبارات بنظام الفصلين الدراسين، بدأ تطبيق هذا النظام على اختبارات المرحلة المتوسطة شأنها شأن بقية المراحل التعليمية الأخرى. وينتقل طالب المرحلة المتوسطة من كل صف إلى الصف الذي يليه بعد نجاحه في اختبارات الفصلين الدراسين في كل صف. وبعد انتهاء الطالب من هذه المرحلة يتأهل للالتحاق بإحدى مدارس التعليم الثانوي العام أو المهني.

الأدوار المنوطة بالمرحلة المتوسطة تجاه الطلاب والطالبات في ضوء أهداف المرحلة

المرحلة المتوسطة من المراحل الانتقالية التي تقع بين المرحلة الابتدائية والمرحلة الثانوية، وتشير الدراسات النفسية إلى أنها مرحلة "بدء النضج الجسمي والعقلي والاجتماعي"، وقد أشارت السياسة التعليمية في المملكة العربية السعودية إلى أنَّ غاية

التعليم في هذه المرحلة هي: تربية النشء تربية إسلامية شاملة لعقيدة الطالب وعقله وجسمه وخلقه.

وهذه المرحلة وإن كانت متميزة في وضعها التعليمي إلا أنها تعتبر امتداداً للتعليم الابتدائي، فمن حيث إنها مرحلة متميزة نجد أنَّ لها أهدافاً معينة ومناهج خاصة بها، ولكن يجب ألا يغيب عن بالنا أنَّ جميع مراحل التعليم من ابتدائية ومتوسطة وثانوية تعتبر وحدة متكاملة تكمل بعضها البعض الآخر، وأن أهدافها واحدة وتتحقق هذه الأهداف في جميع هذه المراحل بمناهج وطرق متعددة، ولكن بدرجات متباينة، فجميع المراحل تهدف إلى إعداد الطلاب والطالبات إعداداً دينياً يقوم على أساس الإيمان بالله رباً وبالإسلام ديناً وبمحمد صلى الله عليه وسلم نبياً ورسولاً، وكذلك إعدادهم إعداداً علمياً عن طريق المعارف المختلفة التي يزودون بها بما يتناسب وأعمارهم وقدراتهم واستعداداتهم ليكونوا مواطنين صالحين.

وفي الواقع فإنَّ أهمية التعليم المتوسط ووظيفته تنصب على الدرجة وليس على النوع، فإذا كانت وظيفة التعليم الابتدائي هي: توفير الحد الأدنى من التعليم والتربية للطلاب والطالبات - أي ذلك الحد الذي لا تصلح المواطنة بأقل منه، فإن وظيفة التعليم المتوسط هي: رفع مستوى المواطنة في حدود إمكانات الطلاب والطالبات وتزويدهم بالمعارف بما يتفق وأعمارهم وخصائص نموهم في هذه المرحلة من العمر.

والمرحلة المتوسطة ليست مجالاً للتخصص بل كما أشرنا سابقاً امتداد لما سبقها ويتضح ذلك من أنّ هذه المرحلة تُعدّ مرحلة غير تخصصية، ومع هذا فإنه يُفترض أن تحقق أهدافاً معينة منها ما يأتي:

1- تزويد الطالب بالخبرات والمعارف الملائمة لسنه حتى يلم بالأحوال العامة والمبادئ الأساسية للثقافة والعلوم، وتنمية القدرات العقلية والمهارات المختلفة له، وإعدادها بالتوجيه والتهذيب، بالإضافة إلى حفز الطالب لاستعادة أمجاد أمته المسلمة التي ينتمي إليها، واستئناف السير في طريق العزة والمجد.

2- تقوية وعيه ليعرف – بقدر سنه- كيف يواجه الإشاعات المضللة والمذاهب الهدامة والمبادئ الدخيلة. (السلوم، 1996م، ص 157)

بمعنى آخر أنه كلما ازداد الطلاب نمواً في أعمارهم وإدراكهم وجب تزويدهم بالمعارف التي تتفق مع هذا النمو ليرتفع مستواهم وإعدادهم، وبالتالي يكونون أكثر مقدرة على مواجهة الحياة العلمية في بيئتهم.

ومما سبق نستطيع القول أنَّ المرحلة المتوسطة تتميز بثلاثة أمور هي:

1- أنها تعمل على الوفاء بحاجات الطلاب والطالبات بما يتفق وخصائص المراهقة والسن التي تتعهدها المرحلة المتوسطة بحكم وضعها في السلم التعليمي.

2- أنها تعطي عناية كبيرة للكشف عن ميول الطلاب والطالبات واستعداداتهم وقدراتهم، وتقوم بتوجيه هذه الميول والاستعدادات والقدرات لما فيه خير الطلاب والطالبات، وخير المجتمع الذي يعيشون فيه، لأن مرحلة المراهقة التي تقابلها المرحلة المتوسطة تتفتح فيها قدرات واستعدادات الطلاب وتتبلور فيها ميولهم واتجاهاتهم في تنوع وتعدد كبير.

3- أنها تزيد ما تحققه المرحلة الابتدائية من تنمية ومهارات ومعرفة أساسية كحد أدنى للمواطنة الصالحة، فتهيئ جيلاً وسطاً في تأهيله وكفايته يتخذ من مكانه بين الرواد والقادة والأخصائيين، وبين المواطنين بما يتفق وصالح المجتمع، وبما يلبى حاجاته في مستويات محددة وفي نطاق الإطار العام لوظائف المرحلة المتوسطة.

وقد حددت اللجنة العليا لسياسة التعليم في المملكة العربية السعودية الصادرة عام 1390هـ أهداف المرحلة المتوسطة وذلك على النحو التالي:

1- تمكين العقيدة الإسلامية في نفس الطالب وجعلها ضابطة لسلوكه وتصرفاته وتنمية محبة الله وتقواه وخشيته في قلبه.

2- تزويده بالخبرات والمعارف الملائمة لسنه حتى يلم بالأصول العامة والمبادئ الأساسية للثقافة والعلوم.

3- تشويقه إلى البحث عن المعرفة وتعويده التأمل والتتبع العلمي

4- تنمية القدرات العقلية والمهارات المختلفة لدى الطالب وتعهدها بالتوجيه والتهذيب.

5- تربيته على الحياة الاجتماعية الإسلامية التي يسودها الإخاء والتعاون والتقدير وتحمل المسؤولية.

6- تدريبه على خدمة مجتمعه ووطنه وتنمية روح النصح والإخلاص لولاة أمره.

7- حفز همته لاستعاده أمجاد أمته المسلمة التي ينتمي إليها واستئناف السير في طريق العزة والمجد.

8- تعويده الانتفاع بوقته في القراءة المفيدة، واستثمار فراغه في الأعمال النافعة، وتصريف نشاطه بما يجعل شخصيته الإسلامية مزدهرة قوية.

9- تقوية الطالب ليعرف بقدر سنه، كيف يواجه الإشاعات المضللة والمذاهب الهدامة والمبادئ الدخيلة.

10- إعداده لما يلي هذه المرحلة من الحياة.

هذه أهداف المرحلة المتوسطة كما حددتها اللجنة العليا لسياسة التعليم، ويمكن تصنيف هذه الأهداف فيما يلي:

أولاً: الهدف الأول من أهداف المرحلة المتوسطة الارتفاع بمستوى ودرجة النمو المتكامل لتلاميذ المرحلة المتوسطة من جميع الجوانب الروحية والجسمية والعقلية والوجدانية.

أ- النمو الروحي:

تقابل المرحلة المتوسطة مرحلة المراهقة لدى الطلاب والطالبات، ويشير علماء النفس إلى أن النمو الروحي في المراهق يرتبط بنموه الاجتماعي، كما يتصل النمو

الروحي أيضاً بفهم المراهق لأصول دينه ومدى ممارسته لشعائره واستجابته لنوازع الخير والشر فيه، وهناك عدة وسائل لتحقيق النمو الروحي للطلاب والطالبات في المرحلة المتوسطة وهي:

1- تربية الشعور الديني في نفوس الطلاب والطالبات وباستطاعة المعلم أن يستعين على ذلك بإجمال بعض المعاني العامة لآيات القرآن الكريم وبيان آثارها التربوية.

2- تدريب الطلاب والطالبات على الصلة بكتاب الله تلاوة وحفظاً وفهماً لمعانيه.

3- تعريف الطلاب والطالبات بآداب الإسلام ومبادئ شريعته وكفالته بتحقيق مصالح الناس في كل زمان ومكان.

4- يستطيع المعلم أن يغرس في تلاميذه روح الاعتزاز بدينهم وضرورة الاستمساك بشريعة ربهم، ووجوب بناء نهضة أمتنا على مبادئ الإسلام، ولا شك أن تدريس العلوم الدينية يُعتبر مجالاً واسعاً لتحقيق هذا الهدف.

5- تربية التلاميذ على العقيدة الإسلامية الصحيحة التي لا تشوبها شائبة شرك أو كفر أو بدعة وعلى المعلم من أجل تحقيق ذلك أن يستعرض الآيات والأحاديث المتعلقة بهذا الموضوع مثل قوله تعالى: فاعلم أنه لا إله إلا الله".

6- على المعلم أن ينبه تلاميذه على كل ما يخل بعقيدة التوحيد في أنواعه الثلاثة، صيانة لعقيدتهم وتجنباً لمزالق الشرك التي تعرض لهم في حياتهم كما أنَّ على المعلم أيضاً أن يعرف تلاميذه صلة ظاهرة الوثنية الحديثة بوثنية الجاهلية الأولى.

7- على المعلم إظهار محاسن الإسلام ومزاياه التشريعية التي تكفل سلامة الإنسانية، وبناء مجتمع الأخلاق الفاضلة الذي ينعم بالأمن والإخاء والاستقرار والرخاء.

8- كما أن من واجبات المعلم تهذيب نفوس التلاميذ بمراعاة الآداب الإسلامية والاقتداء بسيرة الرسول صلى الله عليه وسلم والاهتداء بهديه.

9- ينبغي على المدرسة المتوسطة أن تزود طلابها وطالباتها بأحكام الفقه الإسلامي التي يحتاجون إليها في حياتهم حتى يستطيعوا التفريق بين الحلال والحرام، ويقفوا عند حدود الله.

10- على المعلم إرشاد طلابه في هذه المرحلة إلى خصوبة واستثمار مسائله وصلاحيته لكل زمان ومكان، بما يغني عن القوانين الوضعية ويحقق للإنسانية سعادتها في الدنيا والآخرة، وبهذه الوسائل وأمثالها تستطيع المدرسة المتوسطة تأصيل العقيدة الإسلامية الصحيحة في نفوس طلابها وطالباتها عن طريق دراسة تعاليمه وفضائله ومشاعره.

ب- النمو الجسمي:

في هذه المرحلة تطرأ على المتعلمين والمتعلمات تطورات جوهرية في أجسامهم تتناول الغدد والأعضاء الداخلية، ووظائفها المتعددة ، كما تتناول نمو العظام والعضلات والأطراف والطول والوزن، وتحدث تغيرات في ملامح الوجه وفي الصوت.

ومن أجل تحقيق النمو الجسمي لطلاب المرحلة المتوسطة توجد وسائل عدة أهمها:

1- تثقيف الطلاب الحقائق الصحية المناسبة عن أجسامهم وكيفية نموها والفروق الفردية بينهم، فيعرف المراهق مثلاً أن الأجزاء العليا للجسم تنمو في هذه الفترة قبل أن تنمو الأجزاء السفلى، وأن الأذرع تنمو قبل الأرجل.

2- توفير الظروف التي يكتسب من خلالها المراهق العادات والاتجاهات الصحية السليمة عن طريق التوجيه الهادف والممارسة الفعلية أثناء العمل والنشاط والراحة والمأكل والمشرب والملبس.

3- ومن أجل تحقيق السمية الجسمية لطلاب هذه المرحلة ينبغي على المدرسة المتوسطة أن توجه حصص الرياضة البدنية توجيهاً سليماً بحيث تحقق النمو الجسمي للطالب، وبهذا تكون التربية الرياضية والمدارس وسيلة لتحقيق النمو الجسمي وليست غاية في حد ذاتها.

كما ينبغي على مدرس التربية الرياضية من أجل تحقيق النمو الجسمي للطالب أن يدرك أن كلاً من السلوك والشخصية أمران مهمان، وأن نشاطات التربية الرياضية لا تقتصر على تعليم المهارات الحركية بل لابد أن يكون للدعوة للسلوك السوي وتكوين الشخصية المتكاملة وزيادة المعلومات نصيب وافر في مجال التربية الرياضية.

ج- النمو العقلي:

يتميز النمو العقلي في مرحلة المراهقة بتطورات عقلية لا تقل وضوحاً من حيث تفتح القدرات والاستعدادات لدى الطلاب، وظهور الميول والاتجاهات فيهم في تنوع وتعدد لم تشهده المرحلة الابتدائية من قبل، ففي هذه المرحلة تبرز ميولهم واتجاهاتهم كالميل إلى القراءة والاستماع إلى الإذاعات ومشاهدة التلفزيون أو الميل إلى ممارسة الألعاب الرياضية المختلفة، ولتحقيق النمو العقلي لطلاب وطالبات المرحلة المتوسطة عدة وسائل أهمها:

1- تعويد الطلاب على التفكير على أساس علمي سليم بحيث يعتمد التلاميذ بعد الله على أنفسهم في كسب الخبرة والمعرفة فيلاحظون الأشياء بأنفسهم، ويقومون على حسب استعداداتهم بإجراء التجارب العلمية، يربطون عناصر المعرفة بعضها ببعض، ويستخلصون منها القواعد والقوانين، ولتحقيق ذلك على المعلمين أن يبتعدوا ما أمكن عن التلقين الذي يكبت ذكاء أبنائنا وبناتنا في المدارس المتوسطة، ويحيلهم إلى أدوات تستظهر وتردد وتقيد، كما أن على المعلمين أن يقتصروا على التوجيه والإرشاد ما أمكن، ويواجهون طلابهم بمشاكل في مقدورهم حلها.. الخ

2- كما أن على المعلمين أن يفهموا التلاميذ بأنَّ اللغة العربية وسيلة الفهم الصحيح لسائر العلوم، والطالب لا يستفيد الفائدة المطلوبة إلا إذا عني بتطبيق قواعدها على جميع ما يقرأ وما يكتب وما يسمع، وأن المناقشة طريقة ناجحة للحصول على ذلك.

3- على المعلم أن يولي جلَّ اهتمامه بترابط فروع المواد ليخدم بعضهم بعضاً مع العناية بالإملاء والخط في كافة المواد الدراسية.

4- بما أن القراءة إحدى وسائل تنمية القدرة العقلية لدى طالب المتوسطة، يجب على المعلم أن يهيئ الجو المناسب للدرس بإثارة الدوافع للقراءة، كما عليه أن يهيئ الأسئلة وطريقة الحوار والمناقشة لكي يقبل التلاميذ على القراءة ويحبوها.

5- بما أن التعبير بنوعيه الشفوي والكتابي إحدى وسائل التنمية العقلية لطلاب المرحلة المتوسطة، فإنه يجب على المعلم تمكين التلاميذ من الإفصاح عما يدور في خواطرهم في المواقف المختلفة التي يتعرضون لها في داخل المدرسة وخارجها بالأساليب المنوّعة في منطق سليم وفكر منظم ولفظ عذب حتى تنمو شخصياتهم وتقوى على مواجهة أعباء الحياة في مجتمعهم، وتلمس مشاعرهم والتعبير عن آمالهم وآلامهم.

6- ولأن العلوم المختلفة يجب أن تعرض من وجهة نظر إسلامية، فإنه يجب على المعلم أن يولي اهتمامه بالآيات العلمية في القرآن الكريم، تلك الآيات التي تتناول سنن الله في الكون، والاستشهاد بهذه الآيات كلما أمكن، وفي كل مناسبة بياناً لحكمة هذه السنن، وتحقيقاً لمعجزة القرآن الخالدة.

7- كما يجب على المعلم في المرحلة المتوسطة أن يوجه عناية خاصة بتراثنا العلمي وتعريف الطلاب كيف كان المسلمون- أيام كان العمل بالإسلام الحق أساساً لحياة المسلمين - متفوقين في هذه العلوم بالغين شوطاً بعيداً في كل من

جوانبها النظرية والعلمية، ولا شك أنّ العناية بتراثنا العلمي يشكل زاداً روحياً وعقلياً للأجيال الصاعدة، كما يكون فخراً لهم وحافزاً على استعادة المجد الذي كان للأجداد في هذا الميدان وفي شتى ميادين الحياة.

8- ومن أجل التنمية العقلية لطلاب وطالبات هذه المرحلة تجب العناية الداخلية العلمية أثناء تدريس كافة العلوم، وتهيئة المختبرات وتجهيزها بالأدوات التي تساعدهم على إجراء التجارب المفسرة لبعض المعلومات النظرية والاهتمام بالناحية العلمية يجب ألا يقتصر على نشاط المعلم وقدرته على إجراء التجارب العلمية، وإنما يأخذ شكلاً يستطيع الطلاب فيه أن يمارسوا العمل بأنفسهم تحقيقاً لمبدأ التعلّم بالعمل الذي تنادي به التربية الحديثة، ومن الثابت أن التعليم الذي يقوم على الممارسة العقلية والتطبيق المباشر للنظريات العلمية أثبت أثراً من التعليم بالمشاهدة أو الاستماع فقط. إذ إن قيام الطالب بالتجربة بنفسه وسيره في خطوات العمل التفصيلية بحيث يحضر الأدوات ويقوم بعمليات التركيب والضبط، يمكنه من فهم تفاصيل الفكرة العلمية ويساعده على رسوخها في ذهنه، وقيام الطالب بالعمل اليدوي يمكنه أيضا من قياس قدرته العلمية ونجاحه في القيام بالتجارب العلمية ويؤكد له الثقة بنفسه، ويساعد على ازدياد إقباله على الدراسة. وينبغي على المعلم أن يكتفي بتوضيح الخطوات العلمية تاركاً للطالب مهمة التنفيذ بنفسه بحيث يمر في خطوات العمل، فيتعرف على الصعوبات ويتدرب على معالجتها والتغلب عليها فيكتسب بذلك اتجاهات وعادات تربوية تفيده في حياته العامة: كالتدريب والدقة والأمانة وغير ذلك من الصفات التي لا يمكن اكتسابها بالتعليم النظري أو القراءة وحدها.

9- وفي مادة تدريس العلوم ينبغي على المعلم أن يربط الدراسة بحياة الطالب حتى يتبين أهميتها في حياته ويقبل عليها ويكون لها متجهاً في سلوكه، فعند

دراسة جسم الإنسان مثلاً ينبغي توجيه عناية خاصة ببيان ما يتعرض له من الأمراض وطرق الوقاية منها.

10- كما ينبغي على المعلم من أجل تحقيق التنمية العقلية لطالب المرحلة المتوسطة أن يتيح الفرص أمام الطالب لفهم الظواهر الطبيعية المحيطة به واستخدامها لتحقيق الحياة الفاضلة للإنسان.

11- يجب على القائمين على المدارس المتوسطة من مديرين ومعلمين وموجهين أن يوجهوا الطلاب إلى بعض الهوايات المفيدة وتمكينهم من نواة العمل في المستقبل يمكن أن يعينهم على حياتهم.

12- يجب على المعلم في هذه المرحلة أن ينمي الاتجاه العلمي لدى طالب المرحلة المتوسطة في مجابهة مشاكل الحياة ونبذ الخرافات وتسليحه بسلاح العلم حتى يواجه البيئة التي يعيش فيها فيصل إلى استقراء أسرارها ومكوناتها وفي استخدامها لكي يضمن لنفسه حياة سعيدة.

13- كما يجب على المدرسة المتوسطة أن تنمي في الطالب القدرة على التجريد وتدريبه على إدراك الأمور المجردة والتخفيف من اعتماده على المحسوسات في إدراك القضايا التي يصادفها في ميدان المعرفة، وبهذا الصدد سيرى التلميذ أن مفاهيم الرياضيات وعملياتها ليست إلا تجريداً أو تعميماً لمفاهيم الحساب وعملياته التي تعلمها الطالب في المرحلة الابتدائية، وسوف يدرك الطالب أيضاً أن الهندسة النظرية ليست سوى أسلوب جديد من الأسلوب العلمي، أقدر منه على اكتشاف الحقائق الهندسية وتعميمها من أجل كثير من الحالات المماثلة.

14- كما يجب على المدرسة المتوسطة أن تكسب الطلاب بعض المهارات الضرورية التي لا يمكن أن يكتسبها إلا عن طريق العلوم الرياضية، وذلك بالقدر المناسب على أداء الأعمال على مستوى عال من الإتقان عن طريق الفهم، وبأقل جهد وفي أقل وقت ممكن، أي أداء الأعمال بسرعة ودقة وفهم، والممارسات

الواجب صقلها في هذه المرحلة وهي: مهارة القياس، والمهارة في استخدام الأدوات الهندسية، والقدرة على ترجمة المشاكل والمواقف الرياضية إلى صور يسهل الحل باستخدامها.. إلخ

15- كما يجب على المدرسة المتوسطة تحبيب الرياضيات إلى الطلاب وتنمية ميولهم فيها، وترغيبهم في دراسة هذه المادة كجزء من التنمية العقلية لهم ومن أجل تلبية حاجة البلاد مستقبلاً من المهندسين والرياضيين والصنّاع.

د- النمو الاجتماعي:

يتفق علماء النفس والاجتماع على أن الحياة الاجتماعية في مرحلة المراهقة أكثر اتساعاً وشمولاً من حياة الطفولة التي تكاد تنحصر في نطاق الأسرة والمدرسة، كما تتصف بالتمرد على سلطان الأسرة، وإثبات الذات، كما تتصف بالنزوع إلى الحرية الشخصية، وهذه الحياة الاجتماعية التي تتميز في البداية بالتمرد والنفور تتحول في نهاية الأمر إلى عملية انسجام وتآلف مع المجتمع إذا نظمت البيئة المنزلية والمدرسية تنظيماً سليماً يضمن الاستقرار والهدوء، ويساعد المراهق على التكيّف والتوافق الاجتماعي مع غيره، ويمكن تحقيق هذه الأهداف بعدد من الوسائل أهمها:

1- على المدرسة المتوسطة أن توفر ألوان النشاط الاجتماعي المختلفة التي تساعد التلميذ على سرعة النمو واكتمال النضج الاجتماعي عن طريق الانتماء إلى جماعة أو أسرة مدرسية، ومن أمثلة المجالات التي تساعد على النمو الاجتماعي لطالب المرحلة المتوسطة نظام الأسر المدرسية وجماعة الرحلات، وتنظيم الاحتفالات المدرسية.. إلخ .

2- على المدرسة أن تهيئ الفرص أمام التلميذ في هذه المرحلة لنشر القيم الاجتماعية السليمة في المجتمع عن طريق الممارسة العملية والاندماج في حياة المجتمع الخارجي، ويمكن أن يتم ذلك بوسائل عديدة مثل مساهمة الطالب في تنظيم المرور في الشوارع وتقليل حوادثه فينشأ على احترام الأوضاع والأنظمة

المنظمة لحياة الجماعة، كما يجب على المدرسة تبصير التلميذ بما له من حقوق وما عليه من واجبات تجاه نفسه وبيئته ومجتمعه الصغير والكبير.

3- على المدرسة أن توجه طلاب وطالبات المرحلة المتوسطة لفهم حياة المجتمع ومشكلاته في حدود قدراتهم ومستوياتهم والأحساس بها، والتفكير في إيجاد الحلول المناسبة لها. كما أن من واجب المدرسة المتوسطة أن توجه طلاب وطالبات المرحلة إلى رفع مستوى الوعي العام لديهم في النواحي الوطنية والصحية والاجتماعية وبين أهلهم وبين المواطنين في بيئتهم.

هـ- النمو الوجداني:

من المسلم به أن الحياة النفسية والوجدانية للمراهق تتأثر إلى حد بعيد بالمثيرات التي يتعرض لها في العالم المحيط به كالعلاقات العائلية والمدرسية والجو السائد فيها وبالمعايير والقيم والمثل العليا السائدة في المجتمع.

كما تتأثر الحياة النفسية والوجدانية من ناحية أخرى بالتغيرات التي تطرأ على عالم المراهق وشخصيته كالتغيرات الجسمية والنفسية التي يمر بها.

وما لم تحقق التنمية الوجدانية لطلاب وطالبات المرحلة المتوسطة بطريقة سليمة فإنه يقع فريسة لأنواع مختلفة من الصراعات النفسية المتعددة، وقد تؤدي إلى الخضوع المكبوت أو الى التمرد على الأعراف والتقاليد والأنظمة السائد في المجتمع.

ومن هنا تتضح أهمية تحقيق النمو الوجداني السليم للمراهق ويمكن تحقيق هذا بوسائل متعددة منها:

1- على المدرسة أن تشعر التلاميذ بما لهم من قيمة وكيان فردي داخل المدرسة وخارجها، وذلك عن طريق تشجيعهم والإشادة بما يقومون به من أنشطة بناءة داخل المدرسة وخارجها.

2- على المدرسة أن تتيح لطلابها حرية التعبير المنضبطة للتعبير عن آرائهم واقتراحاتهم فيما يتعلق بشؤون المدرسة، وعليها أن تحترم هذه الآراء ما دامت

صادرة بنية حسنة حتى ولو لم تكن هذه الآراء مثمرة، كما أن عليها أن تتيح لهم فرص النقاش في كل أمر يتعلق بهم.

3- ومن أجل تحقيق النمو الوجداني لطلاب وطالبات المرحلة المتوسطة ينبغي على المدرسة المتوسطة أن تساهم مساهمة فعّالة وتبصر الآباء والأمهات بخصائص مرحلة المراهقة ومتطلباتها، حتى يستطيع هؤلاء الآباء أن يتعاملوا مع أبنائهم في هذه المرحلة معاملة تحقق النمو الوجداني ولا تكبته.

4- على المدرسة المتوسطة أن تتيح لطلابها وطالباتها تذوق الجمال الفني والاستمتاع بالجمال في الطبيعة وفي الإنتاج الفني كالشعر والرسم والتمثيل، وأقل ما يطلب من المدرسة في هذا الميدان هو أن تكون المدرسة نموذجاً حياً لمقومات الجمال الفني من حيث النظافة والاهتمام بحديقة المدرسة.

ثانياً: الهدف الرئيسي الثاني من أهداف المرحلة المتوسطة: إعداد التلاميذ للحياة العملية في البيئة التي يعيشون فيها

تُعتبر المرحلة المتوسطة إحدى الوسائل لإعداد التلاميذ لممارسة الأعمال في المستقبل، وإعدادهم لتحمل المسؤوليات التي تتطلبها الحياة في نواحي ومستويات خاصة وعامة، ولتحقيق هذا الهدف عدة وسائل منها ما يلي:

1- يجب على المدرسة المتوسطة أن توجه الاستعدادات المهنية عند التلاميذ وتنميتها، وإتاحة الفرصة لهم لاكتساب بعض الخبرات العملية، ويتم ذلك عن طريق الممارسة الفعلية في مجالات متعددة مثل التربية الفنية داخل المدرسة أو في الورش القريبة منها.

2- يجب على المدرسة المتوسطة أن تتيح لطلابها وطالباتها القيام بزيارات متعددة للتعرف على بيئاتهم المحلية والبيئات الأخرى: كالوقوف على مصادر الثروة ومجالات العمل والنشاط فيها، ويمكن تحقيق ذلك عن طريق الرحلات

والزيارات للمؤسسات أو بواسطة دعوة المسؤولين في هذه المؤسسات لزيارة المدرسة والتحدث إلى الطلاب عنها.

كما يجب على المدرسة المتوسطة التوجيه والإرشاد المهني بواسطة الوسائل التعليمية الحديثة وبعرض الأفلام التي تصور مجالات الإنتاج المختلفة في الصناعة والزراعة، كما ينبغي أن تزود مكتبة المدرسة بالمجلات والكتب المبسّطة التي تعالج مواضيع التعليم الفني.

3- يجب على المدرسة أن تغرس في طلابها في هذه المرحلة محبة المرحلة، ومحبة العمل اليدوي واحترام وتقدير العاملين فيه، ويتحقق ذلك بالتوسع والتعمق في برامج المجالات العملية بالمدرسة المتوسطة، وتدريب التلاميذ على نواحي نشاط العمل اليدوي خاصة في العطل الرسمية.

ثالثاً: الهدف الثالث الرئيسي من أهداف المرحلة المتوسطة: تأكيد مفاهيم الوطنية في نفوس التلاميذ والعمل على تقوية اعتزازهم بوطنهم الإسلامي والعربي الكبير

ويتطلب تحقيق هذا الهدف أموراً مهمة منها:

1- إبراز مكان المملكة العربية السعودية باعتبارها مركز إشعاع للعالم الإسلامي، وبيان الدور التاريخي الذي تقوم به لخدمة أهداف الدين الإسلامي الحنيف على مرّ العصور وخاصة في عصر النهضة الحالية.

2- تبصير الطلاب في هذه المرحلة بما لوطنهم من أمجاد إسلامية وحضارية وإنسانية عريقة، ومزايا طبيعية واقتصادية واستراتيجية، وهذا الإيضاح يدفع الطلاب للتفاني في خدمة الوطن والمواطنين حكاماً ومحكومين.

3- تنشئة المواطن الصالح لكي يعيش في مجتمع إسلامي ملتزم بآداب الإسلام وتعاليمه وقيمه.

4- تنمية إحساس الطلاب والطالبات في هذه المرحلة بمشكلات المجتمع الثقافية والاقتصادية والاجتماعية وإعدادهم للإسهام في حلها.

5- تمكين الطلاب والطالبات من إدراك الغايات والأهداف الإسلامية التي تنمي في الطلاب والطالبات العواطف النبيلة نحو ولاة أمرهم وإخواتهم في الإسلام، وأمتهم المسلمة، وتدفعهم للاعتزاز بالإسلام وأمجاده الخالدة.

6- مما يؤكد مفاهيم الوطنية في التلاميذ إبراز ثروات بلادنا ومواردها الخام ومركزها الجغرافي، ودورها الإيجابي في السياسية العالمية والاقتصاد الدولي.

7- ومما يساعد الطالب على الاعتزاز بوطنه الإسلامي الكبير أيضاً إبراز القضايا الإسلامية والعربية.

8- ومما يساعد الطلاب والطالبات على تأكيد الوطنية فيهم والاعتزاز بوطنهم تقوية الدراسات التاريخية ليستفيد منها الطلاب في معرفة عوامل رقي الأمم فيأخذون بها، وعوامل انحطاط الأمم فيجتنبوها.

9- كما يجب على المدرسة المتوسطة أن تنمي قدرات الطلاب والطالبات على ربط الأسباب بالنتائج، وعلى التفكير العلمي المبني على تقصي الحقائق والحوادث عند تدريس التاريخ لكي يتمكن الطلاب من معرفة الأسباب الحقيقية لتطوير الأمم.

10- إبراز فكرة الوحدة بين أجزاء الوطن الإسلامي والعربي وعلى الأقل: الهدف من بيان أن مثل هذه الوحدة تشكل في مجموعها وحدة إسلامية متكاملة تستطيع أن تحدث التوازن المطلوب بين الكتلتين الشرقية والغربية.

رابعاً: الهدف الرابع الرئيسي من أهداف المرحلة المتوسطة:

إعداد طلاب هذه المرحلة للمساهمة في خدمة المدرسة والبيئة

ويتطلب تحقيق هذا الهدف قيام التلاميذ بتأدية الخدمات الفعلية لمدرستهم وبيئتهم في حدود قدراتهم وإمكاناتهم، ففي المدرسة مثلاً:

يستطيع الطلاب خدمتها عن طريق المحافظة على نظافتها والتقيد بأنظمتها والعناية بحديقتها، كما يستطيع الطلاب تقديم خدمات للبيئة التي يعيشون فيها عن طريق رفع مستوى الوعي العام بالنسبة للنظافة الصحية في أحيائهم عن طريق سلوكهم الشخصي والرسوم التوضيحية، وتنظيم أيام يقومون فيها مع الأهالي بحملات النظافة والدعاية الصحية، ويجب على المدرسة تسهيل مهمة الطلاب في خدمة بيئتهم وذلك بأن تهيئ مسرحاً بسيطاً لنشر الدعاية الصحية والثقافية بين المواطنين.

مما سبق يستطيع الدارس أن يقول: إن أهداف المرحلة المتوسطة كما وضعتها اللجنة العليا لسياسة التعليم بالمملكة العربية السعودية تهدف إلى إعداد جيل من الطلاب والطالبات يتحلون بالصفات التالية:

1- النمو الروحي السليم وما يتبعه من التمسك بالدين الإسلامي الحنيف والخلق الرفيع والمثل والقيم العليا، والإخلاص في أداء الواجب نحو خالقهم ثم نحو وطنهم وولاة أمرهم.

2- النمو الجسماني المتكامل.

3- النمو العقلي السليم الذي يقوم تفكيرهم بحيث يتصف بالاتزان والذي يعدهم لتناول مشاكل الحياة على أساس علمي ومنطقي سليم.

4- النمو الوجداني الذي يرقي بأذواقهم ويرقق من مشاعرهم، ويحملهم على الإتقان ويوفر لهم الصحة النفسية اللازمة ويؤهلهم لاستساغة الجمال والفنون المباحة.

5- النمو الاجتماعي الذي يؤهلهم لأن يعيشوا في مجتمع ناهض، ومقوماته تعاليم الشريعة الإسلامية والتعاون الشوري.

6- الرغبة الحقيقية في خدمة بيئاتهم والارتفاع بمستواها الصحي والثقافي.

7- الوعي الوطني الإسلامي والعربي ومقوماته المختلفة واعتزازهم بالانتماء إلى وطنهم المملكة العربية السعودية، وإلى أمتهم الإسلامية والعربية.

8- التزود بقدر معقول من المعرفة والمهارة والقدرة على تطبيق هذه المعرفة، وممارسة هذه الخبرات والمهارات بما يمكنهم من شقّ طريقهم في الحياة أو مواصلة الدراسة في مراحل أعلى.

9- الاعتماد على أنفسهم بعد الله في الكثير من أمورهم بما تقتضيه التربية الاستقلالية السليمة.

10- القدرة على شغل أوقات فراغهم بما يعود عليهم وعلى مجتمعهم الإسلامي بالخير والنفع .

تجارب في تحديث التعليم المتوسط

أجرت وزارة التربية والتعليم (وزارة المعارف سابقاً) عدة تجارب لتحديث التعليم المتوسط ومن أهمها:

1- تجربة المتوسطات النموذجية:

أجرتها في مدرستين متوسطتين إحداهما في الرياض والثانية في الدمام 1380هـ وتستند التجربة في أساسها إلى وضع خطة للدراسة تجمع بين المقررات الثقافية، والثقافة المهنية والتطبيق العملي، واستخدام طريقة المشروع في التدريس وطرح مجال اختياري يختاره الطالب في المجال التجاري أو الصناعي لتنمية مواهبه، وإتباع نظام اليوم الكامل.

وكانت مدة الدراسة ثلاث سنوات بعد المرحلة الابتدائية ويحصل الناجحون فيها على شهادة الكفاءة المتوسطة النموذجية لكن هذه التجربة لم يُكتب لها الاستمرار وتحولت مدارسها إلى متوسطات عامة.

2- تجربة المتوسطات الحديثة:

طبقت تجربة المتوسطات الحديثة في أربع مدارس في الرياض وجدة والمدينة المنورة والهفوف عام 1388هـ ، 1389هـ بهدف إدخال الثقافة المهنية والتطبيق العملي، واستخدام طريقة المشروع في التدريس وطرح مجال اختياري يختاره الطالب في المجال التجاري أو الصناعي لتنمية مواهبه، وإتباع نظام اليوم الكامل.

وكانت مدة الدراسة ثلاث سنوات بعد المرحلة الابتدائية ويحصل الناجحون فيها على شهادة الكفاءة المتوسطة النموذجية لكن هذه التجربة لم يُكتب لها الاستمرار وتحولت مدارسها إلى متوسطات عامة.

2- تجربة المتوسطات الحديثة:

طبقت تجربة المتوسطات الحديثة في أربع مدارس في الرياض وجدة والمدينة المنورة والهفوف عام 1388هـ ، 1389 هـ بهدف إدخال الثقافة المهنية والتطبيق العملي في المجالات الصناعية والزراعية والتجارية، لذا فإن خطة الدراسة بها تضمنت مقررات ثقافية وعلمية ونسبتها 73% ومقررات ثقافة مهنية والتطبيق العملي 27% لكن هذه التجربة لم يكتب لها الاستمرار وتحولت مدارسها إلى متوسطات عامة منذ عام 1407هـ .

3- مدرسة الفهد :

ويُعد الشيخ سعد الحصين رائد فكرة مدرسة الفهد وسندها في التنفيذ، وهي محاولة سعودية في شكلها ومضمونها تسعى إلى التجديد في بيئة التعليم السعودي- في مرحلة التعليم الابتدائي والمتوسط- إنها محاولة تخطي المألوف وصولاً إلى صيغة تعليمية تلبي حاجات المجتمع ومتطلباته، وتتناسب مع مطالب نمو الطفل السعودي وتقضي على عديد من مشكلات التعليم الابتدائي والمتوسط، وتستند فكرة مدرسة الفهد إلى:

إنشاء مدرسة غير مدرجة تتحول فيها مسؤولية الدراسة تدريجياً إلى الطفل ذاته، لأن الطفل يستفيد من الخبرة قدر اشتراكه فيها، وتدريب الطفل على تحمل المسؤولية والبحث الذاتي المستمر عن المعرفة. والجمع بين خبرات الروضة والابتدائي والمتوسط في مدرسة واحدة، وتركيز الخبرة المدرسية على العلوم الدينية واللغة العربية، وتخير الطفل بين ألوان النشاط: الرياضة البدنية، الرسم، البحث النظري، التدريب المهني.

وافتتحت المدرسة عام 1395هـ بحي العليا بالرياض، وتغطي الدراسة بها المرحلتين الابتدائية والمتوسطة، ويوزع المحتوى التعليمي إلى وحدات دراسية صغيرة يتقدم الطالب في دراستها وفق قدراته وميوله، وللمدرسة نظامها الخاص، فلا يتقيد الطالب بفصل دراسي، أو صف دراسي معين، وإنما ينتقل الطالب من وحدة دراسية إلى

أخرى وفق قدراته، فإن شعر أنه استوعب الوحدة الدراسية طلب من المعلم تقويمه وهكذا حتى ينجز الوحدات الدراسية كلها فيمنح شهادة الكفاءة المتوسطة وما زالت المدرسة قائمة حتى تاريخه (وقت كتابة المؤلف لهذا الكتاب) ولم تتوسع الوزارة في هذا النمط من التعليم.

مشكلات التعليم المتوسط

1- مرحلة قلق :

وهي حسب التصنيف العالمي تمثل المرحلة الأولى من التعليم الثانوي أو المرحلة الثانية من التعليم الأساسي، وكانت مدمجة في التعليم الثانوي ثم أصبحت مستقلة، ثم دمجت مع المرحلة الابتدائية ثم عادت مرحلة مستقلة، ولقد أدى ظهور مفهوم "التربية للجميع" وانتشاره، ومن ثم الإعلان العالمي حول التربية للجميع وهيكلية العمل لتأمين حاجات التعليم الأساسية التي أقرها المؤتمر حول "التربية للجميع" في تايلاند عام 1990م والذي جاء في مقدمته: "ننادي بأن التربية حق أساسي للجميع رجالاً ونساءً وفي كل الأعمال، وفي كل أرجاء العالم.. الخ

ونسلم بأن التربية المتوفرة حالياً تنطوي بصورة عامة على نقص خطير، وأنه يجب العمل على زيادة ملاءمتها وتحسين نوعيتها، وإتاحة الانتفاع بها للجميع".

لذا وفي ضوء الإعلان العالمي حول التربية للجميع وتأمين حاجات التعليم الأساسية، ظهر مفهوم التعليم الأساسي: أي التعليم الرامي إلى تلبية احتياجات التعليم الأساسي، لذا فإن عدداً من الدول العربية وغيرها من البلدان النامية بدأت تنظر إلى أن الحد الأدنى في التعليم هو تقديم تعليم أساسي يمتد لمدة تسع سنوات على الأقل، بمعنى أن المرحلة المتوسطة حالياً قد تعود مرة أخرى لتصبح هي والتعليم الابتدائي مرحلة واحدة هي مرحلة التعليم الأساسي، خاصة وأن لدى المسؤولين عن التعليم في المملكة العربية السعودية قناعة بأن ما تقدمه الابتدائية حالياً لم يُعد يمثل الحد الأدنى الذي

ينبغي أن يحصل عليه غالبية أبناء المجتمع في عصر أهم سماته العلم والتكنولوجيا المتطورة.

2- الهدر التعليمي :

يُعاني التعليم المتوسط من الرسوب والتسرب مثل غيره من مراحل التعليم، وفي دراسة أجرتها وزارة المعارف (التربية والتعليم حالياً) حول كفاية التعليم: زيادة فاعليته وترشيد نفقاته عام 1416هـ/ 1417هـ اتضح ما يلي:

أ- من بين 1000 طالب مستجد تخرج 786 خلال مدة بقاء الخريج موزعين على النحو التالي:

–   455 طالباً بعد ثلاث سنوات (أي بدون رسوب) تمثل نسبتهم 46% .

–   229 طالباً بعد أربع سنوات (أي بعد رسوب سنة واحدة) وتمثل نسبتهم 23% .

–   102% طالباً بعد خمس سنوات فأكثر (أي بعد رسوب سنتين فأكثر) وتمثل نسبتهم 10% .

ب- ترك الدراسة "تسرب" 214 طالباً من أصل طلاب الفوج (1000 طالب) دون أن يكملوا المرحلة ونسبتهم 21% .

ج- يُقدر متوسط التكلفة لهذا الهدر بين طلاب المرحلة المتوسطة بنحو 406 ملايين ريال سنوياً.

وتسعى وزارة المعارف (التربية والتعليم) للحد من هذه الظاهرة واستكمال الدراسات اللازمة للوقوف على عواملها للقضاء عليها وتحسين فاعلية التعليم وكفاءته، والاهتمام بتوجيه الطلاب وإرشادهم، وتفعيل العلاقة بين المنزل والمدرسة، وتطوير المناهج والمقررات، وتطوير نظام التقويم، وصدر في هذا الشأن نظام جديد وهو "لائحة تقويم الطالب عام 1419هـ .

ج- نسبة المباني المدرسية المستأجرة ما زالت مرتفعة :

تُعد مشكلة المباني المدرسية مشكلة مشتركة في مراحل التعليم العام، وهي مشكلة خطيرة وتحد دون شك من تحقيق الأهداف المرسومة في أي مرحلة تعليمية، ونتوقع أن يتصاعد تأثير هذه المشكلة بتصاعد الانتقال من مرحلة تعليمية إلى أخرى، فإذا كان تأثير هذه المشكلة سيئاً على التعليم الابتدائي فهو أسوأ في المرحلة المتوسطة، وأكثر سوءاً في المرحلة الثانوية، ويعود ذلك إلى تزايد الحاجة لأبنية مجهزة ومعامل، وورش، وملاعب، وقاعات ومكتبات ومعامل لغات.. الخ .

وتسعى وزارة التربية والتعليم جاهدة لتلافي هذه المشكلة بالعمل على بناء مدارس حكومية، والاستمرار في تشجيع القطاع الخاص على زيادة إسهامه في تمويل وتنفيذ مبان مدرسية بحسب مواصفات الوزارة، ووضع خطة لإحلال المباني الحكومية محل المستأجرة، وتنمية مصادر تمويلية حكومية عن طريق الهبات والتبرعات، ويأمل الدارس أن يكون في هذا العام 1426هـ/ 1427هـ ومع ما نسمعه من زيادة في ميزانية وزارة التربية والتعليم أن يكون لها الأثر البارز في بناء العديد من المدارس الحكومية التي تحمل المواصفات العالية.

د- مناهج لا تخدم حاجات العصر ومتطلبات خطط التنمية :

الأصل في وظائف المرحلة المتوسطة الكشف عن المواهب وتنميتها وتوجيهها وإعداد الطالب للحياة لمن لم تساعدهم قدراتهم وظروفهم لمواصلة المراحل التعليمية التالية، بمعنى أن تمكن الذين تقف بهم الدراسة من شق طريقهم وخوض معترك الحياة بما استفادوه من ثقافة وتوجيه وما اكتسبوه من تربية إسلامية فكرية وعقلية.

والمطلع على مناهج المرحلة المتوسطة يلاحظ أن مفرداتها وطرائق تدريسها، وضمور الجوانب العلمية والعملية، وقلة الإمكانات كل ذلك لا يساعد على اكتشاف المواهب فضلاً عن تنميتها.

كما أن المناهج والمقررات هي في جملتها لفظية، والحفظ غاية الطالب، لأن الاختبارات لا تقيس مستواه، ويتخرج الطالب وجملة حصيلته ألفاظ ومحفوظات، وبعض النظريات والقوانين العلمية التي عفا عليها الزمن وحتى هذه وتلك يصيبها التناقض السريع بعد أداء الاختبار.

وفضلاً عن هذا وذاك فإن من تخرج في التعليم المتوسط وهذه بضاعته يصعب عليه دون شك أن يشق طريقه في حياة معقدة ومجتمع مؤسسات وشركات إنتاج متقدم، وخدمات راقية، وصناعات حديثة، وهو لم يحتك بهذه أو تلك، ولم يكتسب من المهارات ما يمكنه من التعامل معها فضلاً عن العمل فيها.

وتسعى وزارة التربية والتعليم لتطوير مناهج التعليم المتوسط بما يتلاءم ومتطلبات التنمية والاستمرار في إدخال الوسائل الحديثة في التعليم مثل التعليم بالحاسب الآلي، والتركيز على إدخال المناهج التقنية والعلمية.

المراجع

1- الحامد، محمد بن معجب وآخرون (1426هـ) التعليم في المملكة العربية السعودية- رؤية الحاضر واستشراف المستقبل- الرياض- مكتبة الرشد.

2- الحقيل، سليمان بن عبد الرحمن (1424هـ) نظام وسياسة التعليم في المملكة العربية السعودية، ط15، الرياض: مكتبة الملك فهد الوطنية.

3- السلوم، حمد بن إبراهيم (1416هـ) التربية والتعليم العام في المملكة العربية السعودية بين السياسة والنظرية والتطبيق نظرة تقويمية. الرياض: مكتبة الملك فهد الوطنية.

4- الغامدي، حمدان وعبد الجواد، نور الدين (1422هـ) تطور نظام التعليم في المملكة العربية السعودية، الرياض: مكتبة الملك فهد الوطنية.

5- اللجنة العليا لسياسة التعليم (الأمانة العامة)، (1419هـ) لائحة تقويم الطالب المملكة العربية السعودية.

6- وزارة المعارف (1423هـ) وثيقة منهج اللغة العربية لمدارس البنين، الإدارة العامة للمناهج، التطوير التربوي ، الرياض.

المرحلة الثانوية

في

المملكة العربية السعودية

مقدمة (أهمية المرحلة الثانوية):

يعد التعليم الثانوي من أهم المراحل التعليمية التي تحظى باهتمام الآباء والمربين والمسؤولين عن تخطيط التعليم ووضع استراتيجياته. فهو يغطي فترة حرجة من نمو الفرد، تنضج فيها أفكاره، وتتمايز قدراته، وتتبلور طموحاته. كما أنه يقوم بدور مهم في إعداد طلابه لمواصلة الدراسة التخصصية في الجامعات والمعاهد العليا، وتأهيلهم للاندماج في الحياة العملية المنتجة. بالإضافة إلى شدة تأثره بالتغيرات الاقتصادية والاجتماعية التي تشهدها المجتمعات، وشد حساسيته للمستجدات التربوية في التعليم الأساسي والتعليم العالي.

كما يُعد التعليم الثانوي مرحلة مهمة وحاسمة للمتعلمين في التعليم العام، حيث يفترض في هذا التعليم أن يُعد الطلاب والطالبات إعداداً شاملاً متكاملاً مزوداً بالمعلومات الأساسية والمهارات والاتجاهات التي تنمي شخصيتهم من جوانبها المعرفية والنفسية والاجتماعية والعقلية والبدنية، وينظر لهذا التعليم باعتباره قاعدة للدراسة في الجامعة، وتأهيلاً واستثماراً في رأس المال البشري للحياة العملية.

بل عدد بعض التربويين أهم مرحلة تعليمية في سلم التعليم العام كوسيلة من وسائل التعليم في بعديها الاجتماعي والاقتصادي! للفرد والمجتمع على حد سواء (سمعان، 1985م، 263) وفي سياق مختلف يعتبر التعليم الثانوي الأكاديمي منذ نشأته من أكثر أنواع التعليم النظامي تمتعاً بمنزلة كبيرة من حيث كونه يتيح للملتحقين به فرصاً تعليمية واجتماعية طيبة (مصطفى، 1984م، 305)

وقد أصبحت مقتضيات العصر ترتبط بشكل كبير بمجموعة المهارات التي يتطلبها العمل الذي يُعد له المتعلم، وذلك في إطار من المرونة التي تسمح له بالتكيف مع متغيرات سوق العمل، وضمن هذا السياق تحرص الأنظمة التربوية على تخريج طلاب

أكفاء، مزودين بالمعارف العلمية والمهارات الفنية التي تؤهلهم لحل مشكلاتهم ومشكلات مجتمعهم بطرق إبداعية.

وانطلاقاً من هذه الأهمية تعددت المؤتمرات والندوات التي عقدت على المستويات الدولية والإقليمية والمحلية لبحث جانب أو أكثر من القضايا التي تحيط بتحديث هذا النوع من التعليم. الذي شهد في كثير من الدول عدة تجديدات تربوية شملت الأهداف، والبنى والهياكل، والمناهج وطرق التدريس، وأساليب التقويم (متولي، 416هـ 13) لذلك قامت الأنظمة التربوية بمحاولات واجتهادات عديدة، لتعديل وتحسين مدخلاتها وعملياتها، ولعل تعديل الخطط الدراسية والهيكليات التنظيمية يقع في هذا السياق. وهذه صفة إيجابية تتمتع بها النظم الديناميكية التي تحرص على النماء والتطور الإيجابي المتوازن ويأتي هذا النموذج الخاص بالتعليم الثانوي الجديد ليمثل رافداً أساسياً للتنمية.

ضرورة تنويع التعليم الثانوي:

في ظل حضارة معقدة تخضع لكثير من التأثيرات الثقافية والاقتصادية والاجتماعية تظهر الحاجة إلى نوع من التعليم يتيح مجموعة من البدائل والخيارات لمساعدة الأفراد على التوافق مع البيئة المتغيرة باستمرار، والتكيف مع تراكم المنجزات التكنولوجية، ويزودهم بثقافة واسعة عريضة في مختلف المهارات، وبالمفاهيم والمهارات التقنية التي تمكنهم من التفاعل مع التكنولوجيا لغة العصر.

ولما كانت وظيفة المدرسة الثانوية ترتبط باتجاهات الخطط المستقبلية التي يقوم عليها تجديد التعليم الثانوي وتطويره، وبنوعية التغير الذي يشملها ومداه، وبطبيعة الأهداف التي ستعمل على تحقيقها. فإن دور المدرسة في تنمية شخصية الطلاب، وتطوير قدراتهم واستعداداتهم، وتحسين أدائهم وطرق تفكيرهم، وتلبية حاجات المجتمع من القوى العاملة المدربة، يتطلب تخطيط بنى التعليم الثانوي ومناهجه وخططه الدراسية بأسلوب يسمح بتعدد أنماطه وكثرة مساقاته لتوفير فرص الاختيار أمام الطالب بما يتمشى مع ميوله واتجاهاته وقدراته العقلية. (القذافي، 1982م، 13)

لذا يعد تنويع التعليم ضرورة من الضروريات التي تفرضها حياة المجتمعات الحديثة، وتنبثق تلك الضرورة من مجموعة من العوامل التي يمكن إجمالها بما يلي: (متولي، 1416هـ 35-40)

1- التقدم العلمي والتكنولوجي.

2- التغير في أساليب الإنتاج.

3- التغيرات الاجتماعية.

4- تطور الدراسات النفسية والتربوية.

5- تمايز القدرات العقلية.

مكانة التعليم الثانوي في المملكة العربية السعودية :

تُعد المرحلة الثانوية المرحلة الثالثة في بنية التعليم العام في المملكة العربية السعودية، والحلقة الوسطى بين التعليم الأساسي والتعليم العالي. وتتميز هذه المرحلة بجملة من الخصائص الهامة التي تتطلب من القائمين على النظام التعليمي ترجمتها إلى برامج علمية وتربوية تحقق الطموحات من جهة وتستوعب التجديدات العالمية الناجحة وتتفاعل معها من جهة أخرى.

وتستغرق المرحلة الثانوية العامة في المملكة 3 سنوات يدرس فهيا الطالب من سن (15-18) سنة والشكل التالي يوضح مكانة التعليم الثانوي العام في السلم التعليمي في المملكة العربية السعودية: (متولى، 1416هـ 101)

المرحلة الابتدائية
المرحلة المتوسطة
المرحلة الثانوية
الدراسات الجامعية
الدراسات العليا
معاهد معلمين
كليات اعداد المعلمين
معاهد معلمات
كليات البنات
6 سنوات
3 سنوات
3 سنوات
5-4 سنوات
ابتدائي
متوسط عام
ثانوي عام
كليات جامعية
ماجستير ودكتوراه
12-6 سنوات
15-12 سنة
18-15سنة
24-19 سنة
ثانوي صناعي
ثانوي تجاري
ثانوي زراعي
معاهد مساعدين
معاهد فنية عالية

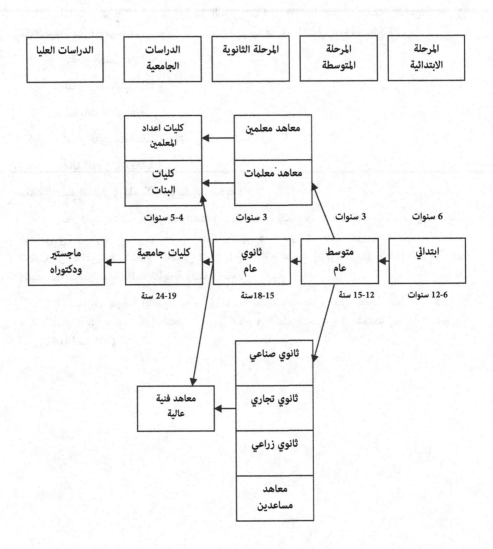

أهداف المرحلة الثانوية في المملكة:

حددت سياسة التعليم في المملكة الأهداف التالية للمرحلة الثانوية: (وزارة المعارف، 1416هـ ص ص 19-21)

1- متابعة تحقيق الولاء لله وحده، وجعل الأعمال خالصة لوجهه، ومستقيمة- في كافة جوانبها- على شرعه.

2- دعم العقيدة الإسلامية التي تستقيم بها نظرة الطالب إلى الكون والإنسان والحياة في الدنيا والآخرة، وتزويده بالمفاهيم الأساسية والثقافية الإسلامية التي تجعله معتزاً بالإسلام، قادراً على الدعوة إليه، والدفاع عنه.

3- تمكين الانتماء الحي لأمة الإسلام الحاملة لراية التوحيد.

4- تحقيق الوفاء للوطن الإسلامي العام، وللوطن الخاص (المملكة العربية السعودية) بما يوافق هذه السن، من تسام في الأفق، وتطلع إلى العلياء، وقوة في الجسم.

5- تعهد قدرات الطالب، واستعداداته المختلفة التي تظهر في هذه الفترة، وتوجيهها وفق ما يناسبه وما يحقق أهداف التربية الإسلامية في مفهومها العام.

6- تنمية التفكير العلمي لدى الطالب، وتعميق روح البحث والتجريب والتتبع المنهجي، واستخدام المراجع، والتعوّد على طرق الدراسة السليمة.

7- إتاحة الفرصة أمام الطلاب القادرين، وإعدادهم لمواصلة الدراسة- بمستوياتها المختلفة- في المعاهد العليا، والكليات الجامعية، في مختلف التخصصات.

8- تهيئة سائر الطلاب للعمل في ميادين الحياة بمستوى لائق.

9- تخريج عدد من المؤهلين مسلكيا وفنيا لسد حاجة البلاد في المرحلة الأولى من التعليم، والقيام بالمهام الدينية والأعمال الفنية (من زراعية وتجارية وصناعية) وغيرها.

10- تحقيق الوعي الأسري لبناء أسرة إسلامية سليمة.

11- إعداد الطلاب للجهاد في سبيل الله روحيا وبدنيا.

12- رعاية الشباب على أساس الإسلام، وعلاج مشكلاتهم الفكرية والانفعالية، ومساعدتهم على اجتياز هذه الفترة الحرجة من حياتهم بنجاح وسلام.

13- إكسابهم فضيلة المطالعة النافعة والرغبة في الازدياد من العلم النافع والعمل الصالح، واستغلال أوقات الفراغ على وجه مفيد تزدهر به شخصية الفرد وأحوال المجتمع.

14- تكوين الوعي الإيجابي الذي يواجه به الطالب الأفكار الهدامة والاتجاهات المضللة.

نظرة تاريخية :

للتعليم الثانوي في المملكة العربية السعودية قصة يزيد عمرها عن ثمانين عاماً، إذ تعود أولى فصولها الى عام 1345هـ (1926م) عندما افتتح المعهد الإسلامي في مكة المكرمة، والذي يعتبر نواة التعليم الثانوي، والذي عرف فيما بعد بالمعهد العلمي السعودي عند معاودة نشاطه بعد توقف مؤقت عام 1347هـ وقد كانت الدراسة تستغرق 4 سنوات زيدت فيما بعد (في عام 1365هـ) الى 5 سنوات (منها الكفاءة الثانوية 3 سنوات، والثانوية سنتان). وكان هدف المعهد إعداد المدرسين للتدريس في المدارس الابتدائية، وتزويد الدوائر الحكومية بالموظفين الأكفاء (بن دهيش، 1987م، 66)

وعلى إثر نجاح تجربة المعهد السعودي أنشئت أول مدرسة ثانوية حكومية بالمفهوم الحديث تحت اسم "مدرسة تحضير البعثات" بمكة المكرمة عام 1356هـ

(1937م) (وزارة المعارف، 1419هـ 490) وكان ذلك في عهد مديرية المعارف (1344هـ-1373هـ) وكانت مدة الدراسة فيها 3 سنوات، ويقبل فيها الحاصلون على شهادة المعهد العلمي السعودي، وقد كان الهدف الرئيس من إنشائها إعداد الطلاب السعوديين للابتعاث والالتحاق بالجامعات في الخارج وخاصة الجامعات المصرية واللبنانية.

وفي عام 1358هـ (1939م) أخذت مدرسة تحضير البعثات تقبل خريجي المرحلة الابتدائية مما أدى الى تعديل مدة الدراسة لتصبح 5 سنوات، وفي عام 1359هـ أدخلت بعض التعديلات على منهج المدرسة فأصبحت السنوات الأربع الأولى تشمل جميع المواد العلمية والإنسانية، يؤدي الطلاب في نهايتها امتحان يسمى امتحان الثقافة العامة، ويعتبر النجاح في هذا الامتحان شرطا ضروريا لمواصلة الدراسة في السنة الأخيرة (الخامسة) والتي تعتبر سنة تخصصية:

1- تخصص علوم.

2- تخصص آداب.

وعند نجاح الطالب في أي من هذين التخصصين يمنح الشهادة التوجيهية حسب التخصص الذي اختاره، وعليه مواصلة دراسته الجامعية، وقد تخرجت الدفعة الأولى من القسم العلمي عام 1360هـ والدفعة الأولى من القسم الأدبي عام 1362هـ (درباس، 1414هـ، 25-26)

وفي عام 1365هـ أصبحت الدراسة 6 سنوات بدلاً من 5 سنوات، وقسمت الدراسة إلى مرحلتين مدمجتين هما: (شاكر، 1420هـ 2-3)

1- (3) سنوات يحصل بها الطالب على شهادة الكفاءة الثانوية (وسميت في عام 1370هـ شهادة الكفاءة المتوسطة)

2- (3) سنوات اثنتان منها للثقافة العامة والسنة الأخيرة للتخصص (علمي- أدبي) ليحصل الطالب في نهايتها على شهادة الثقافة العامة (وسميت في عام 1373هـ شهادة الثانوية العامة)

وفي عام 1371هـ (1951م) فصلت مرحلة الكفاءة عن مرحلة الثانوية، وكان فصلاً مبدئياً، وتم إدخال بعض التعديلات على المساقات الدراسية.

كما جرى تعديل على نظام التعليم الثانوي سنة 1373هـ (1953م) مع إنشاء وزارة المعارف (الاسم السابق لوزارة التربية والتعليم) حيث ألغيت شهادة الثقافة العامة التي كانت تمنح لخريجي المدرسة الثانوية واستبدلت بها شهادة الثانوية العامة (التوجيهية) وأصبحت الدراسة تتفرع إلى القسمين العلمي والأدبي بدءاً من السنة الثانية الثانوية بدلا من الثالثة، حيث أصبحت الدراسة في السنة الأولى عامة يدرس فيها الطالب مواداً علمية وأدبية معا، وهو التعديل الذي استمر حتى وقتنا الحاضر.

وتم الفصل النهائي للمرحلتين عام 1378هـ حيث أصبحت لكل مرحلة شهادة مستقلة خاصة بها، وهما:

1- شهادة الكفاءة المتوسطة (والتي ألغيت عام 1408/1407هـ)

2- شهادة الثانوية العامة بقسميها العلمي والأدبي، وما زال العمل جاريا بهذا التنظيم.

وجاءت مناهج مدرسة تحضير البعثات، شبيهة إلى حد كبير بالمناهج الثانوية في مصر، وزودت بمعامل للمواد العلمية (الكيمياء والطبيعة) وببعض وسائل الإيضاح العلمية الحديثة. وضماناً لثقة الكليات – لا سيما في مصر- بخريجيها، انتدب للتدريب فيها عدد من المدرسين المصريين الأكفاء .

وقد تخرج أول فوج من مدرسة تحضير البعثات عام 1358هـ (1939م) وبلغ عددهم عشرة طلاب ابتعثوا للدراسة في الجامعات المصرية وتخرج من البعثات التي

أوفدت من خريجي هذه المدرسة إلى الجامعات المصرية ثلاثة وأربعون طالباً فيما بين عامي 1365هـ و 1368هـ.

وبعد تجربة مدرسة تحضير البعثات، تم التوسع في فتح المدارس الثانوية التي بدأت بمدرسة طيبة الثانوية في المدينة المنورة (1362هـ) وأخرى في جدة (1364هـ) والطائف والهفوف، وهكذا توالت سلسلة المدارس الثانوية في المملكة وعكست الاهتمام بتوفير هذا النوع من التعليم للمواطنين. (الأحمدي، 1426هـ)

أما مدرسة دار التوحيد والتي تعد أحد أشكال التعليم الثانوي في المملكة، فقد أسست في الطائف عام 1364هـ حيث كانت الدراسة فيها 5 سنوات (علوم دينية ولغة عربية) ثم زيدت سنوات الدراسة فيما بعد لتصبح 6 سنوات، ويحق لخريجيها العمل في مجال تدريس العلوم الدينية، كما يمكن له أن يلتحق بكلية الشريعة، وتم افتتاح دار التوحيد الثانوية بالطائف عام 1384هـ (وزارة المعارف، 1419هـ، 490)

وبنظرة فاحصة إلى مسيرة التعليم الثانوي خلال هذه الفترة يتبين لنا أهمية القرار الذي اتخذ بإنشاء مدرسة تحضير البعثات كخطوة أولى لمسايرة ظروف العصر ومتطلباته وحاجة الدولة الناشئة في ذلك الوقت إلى طاقات علمية من أبناء الوطن مزودة بالعلوم الحديثة، التي لا غنى عنها، لدولة تريد اللحاق بركب الحضارة الإسلامية خاصة في مجال العلوم الطبيعية.

كما جاءت الاستعانة بالنموذج المصري في التعليم الثانوي لفترة مؤقتة، فكرة ناجحة نظراً لكون النظام التعليمي المصري من أقدم الأنظمة التعليمية في العالم العربي، ويعد متقدماً بالنسبة لبقية الدول العربية الأخرى في ذلك الوقت، كما أن التشابه إلى حد كبير في الظروف الثقافية والاجتماعية والاقتصادية وتطور التعليم الجامعي في مصر والذي سيستقبل مخرجات هذا النوع من التعليم، عوامل رجحت الاستفادة من التجربة المصرية في هذا المجال.

ونظراً لكونها البداية فقد شهد التعليم الثانوي في المملكة في بداياته تعديلات عديدة، كان هدفها التحسن والتطوير بالدرجة الأولى، وعلاج الخلل والقصور الذي عادة ما يظهر في مثل هذه التجارب، وكمحاولة لتكييفه مع البيئة السعودية، وشملت هذه التعديلات السلم التعليمي لهذه المرحلة، ومناهجها وإدارتها والتي أدت في النهاية مع إنشاء وزارة المعارف سنة 1373هـ (1953م) الى ظهور نظام التعليم الثانوي السعودي الذي استمر إلى الآن في هيكله العام (الأحمدي، 1426هـ)

وقبل أن نغلق الستار على هذا الموجز التاريخي لابد من الإشارة إلى بعض التغيرات المتعلقة بالمرحلة الثانوية والتي من أبرزها.

1- الغاء مادة الرسم عام 1394هـ وأدخلت مادة تعنى بقراءة وتلاوة القرآن الكريم. (فرج، 1403هـ ، 24)

2- إدخال الرياضيات الحديثة (المعاصرة) عام 1394/1393 على سبيل التجربة، تم تعميمها بدءا من عام 1402/1401هـ على الصف الأول الثانوي، ثم تتابع تعميمها على الصفين الثاني والثالث في السنتين التي تليها (المعثم، 1421هـ 105-106)

التعليم الثانوي ونشأة وزارة المعارف:

بعد صدور الأمر الملكي بإنشاء وزارة المعارف (الاسم السابق لوزارة التربية والتعليم) سنة 1373هـ (1953م) وتبعه بعد ذلك قرار إنشاء الرئاسة العامة لتعليم البنات سنة 1380هـ (1960م) شهد التعليم الثانوي تطوراً متنامياً كماً ونوعاً، مع سيادة الجانب الكمي على الجانب النوعي في أغلب الأحيان، فعدد المدارس الثانوية في بداية إنشاء الوزارة بلغ (12) ثانوية عدد طلابها 1697 طالباً ويعمل فيها 176 معلماً، ازداد عددها ليصبح سنة 1393هـ (1973م) 135 ثانوية للبنين و13 ثانوية للبنات، عدد طلابها 29037 طالباً وطالبة، ويعمل بها 1748 معلماً ومعلمة إلى أن بلغ العدد

سنة 1425هـ (2005م) 4230 مدرسة ثانوية للبنين والبنات، يدرس فيها 955338 طالباً وطالبة ويعمل بها 74022 ما بين معلمين وإداريين.

كما تعرضت المناهج الدراسية في المرحلة الثانوية خلال هذه الفترة لعمليات تطوير وتغيير، كان هدفها الرئيس النهوض بمستوى التعليم الثانوي في المملكة بما يتماشى مع التغيرات الحضارية التي يمر بها المجتمع السعودي، ومسايرة روح العصر الذي تقدم فيه العلم وزادت أهمية التقنية فيه، كما أن ضرورة التغيير تأتي استجابة لمتطلبات خطط التنمية التي يعد التعليم أحد الركائز الأساسية لتنفيذها، إضافة إلى الرغبة في إيجاد المنهج الدراسي الخاص بالمجتمع السعودي والمنطق من المرتكزات والثوابت الإسلامية التي يقوم عليها هذا المجتمع وسياسته التعليمية، خاصة بعد أن شهدت الفترة السابقة الاستعانة بمناهج دراسية لنظم تعليم عربية أدت الغرض من استخدامها وحان الوقت لإيجاد النموذج الخاص. (الأحمدي، 1426هـ)

إلا أن ما طرأ من إلغاء وتعديل لبعض المناهج الدراسية في المرحلة الثانوية في تلك الفترة لا توائم التغير الاجتماعي والاقتصادي السريع في المملكة العربية السعودية، ناهيك عن كونها تغيرات ثانوية فرعية لا تتناسب مع تلك التغيرات السريعة بجوانبها المختلفة (فرج، 1403هـ 17) مما دعا المسؤولين للعمل على مواجهة هذه التحديات المستقبلية المتسارعة، ولا سبيل لذلك إلا من خلال نظام تعليمي وتربوي كفؤ قادر على تحقيق أهداف التنمية الشاملة التي خطط لها، وفي مقدمة تلك الأهداف بناء وتنمية الإنسان السعودي القادر على مواجهة كل تلك التحديات.

تجديدات مستمرة :

مر التعليم الثانوي في المملكة العربية السعودية بالعديد من التجديدات والتجارب التربوية، والتي كان الهدف الأساسي منها هو الإصلاح بالدرجة الأولى، ومواجهة التحديات المستقبلية والتغيرات المتسارعة الجارية على مستوى العالم. ومن أبرز تلك التجديدات والتجارب التي شهدها نظام التعليم الثانوي السعودي ما يلي:

أولاً: نظام الثانوية الشاملة:

يعد تطبيق نظام المدرسة الشاملة أول تجديد تربوي شهده التعليم الثانوي في المملكة، حيث تضمنت خطة التنمية الثانية (1395هـ-1400هـ) توصية بتجربة لون من ألوان التعليم الشامل في المرحلة الثانوية خلال سنوات الخطة (وزارة التخطيط، 1395هـ 432)

فشكلت وزارة المعارف – آنذاك- لجنة ضمت بعض المتخصصين من قسمي التعليم الثانوي والأبحاث والمناهج لمناقشة الفكرة ورسم خطوط التنفيذ، وتم الاتفاق على ضرورة إدخال التغيير على التعليم الثانوي للتخفيف من كثافة المواد الدراسية وتعديل الظروف والعلاقات التي تحيط بهذا التعليم (مصلح، 1402هـ 348) وخلصت اللجنة إلى تطبيق النموذج الأمريكي المعاصر في التعليم الشامل الذي يستند إلى نظام الساعات المعتمدة لارتفاع نسبة احتمالات نجاحه (الحصين، 1396هـ 91)

مبررات المدرسة الشاملة:

جاءت فكرة إعادة النظر في هيكل التعليم الثانوي (تطبيق المدرسة الشاملة في النظام التعليمي في المملكة) منطلقة من عدة مبررات منها: (وزارة المعارف، 1401هـ 4-5)

1-   اختيار بلوغ سن الحلم بداية للتكليف الشرعي دلالة على صلاحيته بداية لتحميل الطالب مسؤولياته الدراسية.

2-   لم تعد المدرسة المصدر الأول للمعرفة العامة بعد أن نافستها وتغلبت عليها وسائل الإعلام والاتصالات، وبالتالي قلت أهمية نظرية الحد الأدنى من المعلومات العامة المشتركة.

3-   تركيز جهد الطالب في دراسته، وجهد المدرسة في تعليمه، على خبرات تحددها ظروف كل منهما.

4- تخفيف العبء على طالب المرحلة الثانوية في تجميع معلومات قد لا يحتاج إلى بعضها في حاضر أو مستقبل حياته.

5- إعطاء طالب المرحلة الثانوية فرصة الاستعداد بدرجة أكمل وأوسع في مجال تخصصه لمواصلة الدراسة بعدها.

6- إعطاء طالب المرحلة الثانوية فرصة الاستعداد لمواجهة متطلبات الوظيفة أو المهنة التي يختارها.

7- إيجاد مدرسة ثانوية تضم جميع أنواع التعليم الثانوي لتهيئ الطالب للدراسة الجامعية والحياة العملية وتوفر له المرونة في اختيار نوع دراسته والجمع بين أكثر من نوع واحد والانتقال بين مختلف الأنواع.

8- توفير المرونة للطالب لاختيار وقت التحاقه بالمدرسة وزمن دراسته وتاريخ تخرجه.

9- إعطاء الطالب فرصة المساهمة في الحياة العملية بالمدرسة لتحقيق مبدأي التسيير الذاتي وتحمل المسؤولية.

ويبدو أن كل تلك المبررات وغيرها ساقها صنّاع هذا القرار في ذلك الحين لإقناع المجتمع بأهمية الأخذ بهذا النظام وتطبيقه في مجتمعنا. وللحق فنظام المدرسة الشاملة من الأنظمة التي أثبتت نجاحها وفاعليتها في كثير من دول العالم التي طبقت هذا النظام، خاصة في البلدان المتقدمة. ولذلك فالتجربة كانت مثيرة والأخذ بها كان مطلباً لرواد التطوير والتحديث التعليمي، الذين رأوا عدم قدرة النظام الثانوي التقليدي على الوفاء بمتطلبات التنمية الشاملة التي كان الوطن يسير في طريقها، والأهداف التي يراد الوصول إليها من خلال عملية التنمية. فالتنمية الشاملة حتى تتحقق يجب أن يدعمها نظام تعليمي متفوق قادر على صناعة الإنسان الذي يعتبر الوقود الرئيسي المحرك لهذه التنمية. وهذا النوع من التعليم ساهم بذلك في تجارب التعليم في دول أخرى.

إضافة إلى أن تطبيق هذا النوع من الأنظمة التعليمية لا يتعارض مع الثوابت والركائز التي قام عليها نظام التعليم في المملكة. (الأحمدي، 1426هـ)

ومن أنظمة هذه المدرسة ما يلي: (وزارة المعارف، 1401هـ 6-18)

تنظيمات عامة:

– يشترط للقبول أن يحصل الطالب على شهادة الكفاءة المتوسطة أو ما يعادلها أو الطالب المنتقل من الثانوية التقليدية.

– يستلزم تطبيق هذا التنظيم انتماء كل طالب لمرشد من بين مدرسي المدرسة.

– تسير الدراسة على نظام الساعات المعتمدة.

– الساعة المعتمدة تعني: دراسة (50) دقيقة.

– تقسم برامج المدرسة إلى :

• مقررات إجبارية عامة (متطلبات المدرسة في الدين واللغة العربية)

• مقررات إجبارية خاصة (متطلبات القسم)

• مقررات اختيارية

• نشاطات متنوعة يمارسها الطالب حسب قدرته ورغبته.

زمن الدراسة:

– تقسم السنة الدراسية إلى:

• فصلين دراسيين مدة كل منهما (17 أسبوعاً) تتضمن أسبوعاً للتسجيل وأسبوعاً للاختبارات، وتدخل فيها الإجازات على ألا تزيد على أسبوعين.

• فصل دراسي صيفي اختياري، يفتح حسب الحاجة والإمكان، ومدته (12 أسبوعاً) متضمنة زمن التسجيل والاختبارات.

– يحتاج الطالب في المتوسط الى 6 فصول دراسية لإنهاء دراسته، تزيد أو تنقص حسب قدرات الطالب وإمكانياته.

أقسام الدراسة:

– تضم هذه المدرسة الأقسام التالية التي يختار الطالب أحدها فور التحاقه بها وهي:

1- قسم الدين والعلاقات الإنسانية ويضم شعبة واحدة.

2- قسم اللغات ويضم شعبتين هما:

• شعبة اللغة العربية.

• شعبة اللغة الأجنبية (أي لغة تلائم حاجة الطالب وطاقة المدرسة)

3- قسم العلوم الاجتماعية.

4- قسم العلوم والرياضيات ويضم ثلاث شعب هي:

• شعبة الفيزياء والرياضيات.

• شعبة الكيمياء والأحياء.

• شعبة الفيزياء والكيمياء.

5- قسم التقنيات ويضم ثلاث شعب هي:

• شعبة التجارة.

• شعبة الزراعة،

• شعبة الصناعة.

6- قسم الدراسات العامة.

علماً بأن المدرسة تقدم كل أو بعض هذه الخبرات حسب ظروفها وحاجات المجتمع الذي تخدمه.

- يختار الطالب القسم والشعبة التي يدرس فيها مع بداية التحاقه بالمدرسة الشاملة.
- يجوز للطالب التحويل من قسم إلى آخر، ومن شعبة إلى أخرى، وتحتسب له المقررات التي اجتازها بنجاح إجبارية أو اختيارية بحسب علاقتها بالقسم الجديد أو الشعبة الجديدة وفي حدود الساعات المطلوبة.
- يكون لكل قسم رئيس يختاره مدرسو القسم لمدة لا تزيد عن ثلاث سنوات في مقابل تخفيض 25% من نصابه في التدريس.

متطلبات الدراسة والتخرج :

- يشترط لإنهاء الدراسة الثانوية الشاملة إتمام الطالب دراسة 120 ساعة معتمدة في المواد الدراسية التي يختارها في حدود تنظيمات الشعب والأقسام و30 ساعة معتمدة في واحد أو أكثر من الأنشطة التي توفرها المدرسة.

متطلبات الثانوية الشاملة

المواد	عدد الساعات	ملاحظات
مواد القسم	75	حد أعلى
مواد اختيارية	25	حد أعلى
متطلبات الدراسة	20	
نشاط	30	في أنواع النشاطات المختلفة بالمدرسة
المجموع	150	-

متطلبات المدرسة في الثانوية الشاملة

المواد	عدد الساعات	ملاحظات
قرآن كريم	2	حفظ وتلاوة جزء عم
ثقافة إسلامية	6	
فقه	2	
توحيد	2	
تعبير وخطابة	4	
مكتبة وبحث	2	
إملاء	2	
المجموع	20	-

قواعد الاختبارات :

- العلامة الكبرى لكل مقرر (100) درجة موزعة كالتالي:
  - (50) درجة للأعمال الفصلية، تخصص منها (10) درجات للمواظبة وتوزع الدرجات الباقية بين: المناقشة، البحث والاختبارات الصغيرة، الواجبات الزراعية أو الفصلية.
  - (25) درجة لاختبار منتصف الفصل.
  - (25) درجة لاختبار نهاية الفصل.
- الحد الأدنى للنجاح في كل مقر دراسي (60) درجة على أن لا تقل درجة الطالب في اختبار نهاية الفصل عن (25) درجة.
- يكتفى في مقرر النشاط بتقدير (مرضي) أو (غير مرضي) حسب نسبة حضور الطالب ومشاركته، ولا تحتسب نتائجها ضمن المعدل العام للطالب.

كما تضمن دليل المدارس الشاملة عدداً من اللوائح والأنظمة الإدارية التي تتعلق بتنظيم العملية التعليمية داخل المدرسة (التسجيل، الغياب وتأجيل الدراسة، نظام الاستماع، قواعد الاختبار والتقدير، المعدلات، إنذار الطالب وفصله، الفصل الدراسي الصيفي.. الخ)

المدارس الشاملة في الميدان:

لقد تم البدء بتطبيق نظام المدرسة الشاملة في 6 شوال من عام 1395هـ في مدرسة واحدة في الرياض هي "ثانوية اليرموك"، وروعي في ذلك أن تعيش هذه المدرسة نفس الظروف التي تعيشها المدارس الأخرى من حيث الإمكانيات المادية ومستوى الطلاب والمدرسين والإداريين لتنتهي حتى تكون النتائج أكثر واقعية تفيد في اتخاذ قرار التعميم بعد ذلك (زيدان، 1402هـ)

وعندما أشارت النتائج المبكرة للمتابعة إلى نجاح التجربة اتبعتها وزارة المعارف بمدرستي حراء بمكة المكرمة والدمام الثانوية ابتداء من العام الدراسي 1397/1396هـ ثم مدرسة بدر الشاملة بجدة عام 1398/1397هـ حيث أصبح عدد المدارس الثانوية الشاملة حتى بداية الخطة الخمسية الثالثة أربع مدارس (الزيد، 1404هـ)

نظرة تقويمية :

لقد تميز النظام التعليمي في المدرسة الشاملة بعدد من الخصائص التي جعلته مختلفا عن نظام المدرسة الثانوية التقليدية، وقد لخّصها الباتع (1409هـ، 246-247) ومن أهمها:

1- استخدام الفصل الدراسي والساعات لمراعاة قدرات التلاميذ.

2- المحافظة على توفير التخصصات.

3- التكامل في إعداد الطالب لمواصلة الدراسة والحياة العملية.

4- إيجاد مواد اختيارية لتلبية ميول التلاميذ.

5- عدم إجبار الطالب على دراسة العلوم الاجتماعية أو الرياضيات أو العلوم الطبيعية أو اللغة الأجنبية ما لم يكن متخصصاً في هذه المجالات.

6- خفض عدد الساعات الأكاديمية الى 120 ساعة.

7- زيادة عدد التخصصات من اثنين إلى أكثر من أحد عشر تخصصاً.

8- خفض عدد ساعات المتطلبات العامة إلى 20 بدلاً من 60 ساعة في الثانوية التقليدية.

9- زيادة عدد ساعات التخصص إلى 75ساعة.

وأضاف الأحمدي (1426هـ) خصائص أخرى منها:

1- عدم خضوع الطلاب لاختبارات مركزية.

2- مراعاة الفروق الفردية حيث يسير كل طالب في دراسته وفق إمكانياته.

3- الدراسة الصيفية.

4- توفير الوقت للطالب للقيام بالأنشطة المختلفة (المكتبة- المعمل- صالة الرياضة.. الخ)

كما أن التجربة اقتصرت على مدارس البنين فقط وذلك لاختلاف الجهة التي تشرف على مدارس البنات في ذلك الوقت، وفي ظل تنظيم المدرسة الشاملة يمكن للطالب أن يتوقف عن الدراسة ثم يعود إليها عندما تسمح له ظروفه، مع احتساب الساعات التي اعتمدت له في دراسته السابقة. (متولي، 1416هـ 138)

ولقد استوجب تطبيق نظام المدرسة الثانوية الشاملة وجود هيئة إدارية متكاملة تشرف على سير العملية التربوية فيها، وتنظيم الأمور الإدارية والتعليمية، وكان الجهاز الإداري يتمثل في مجلس إدارة المدرسة الذي يعد قفزة تطويرية أيضاً اختلفت عن النمط المعهود لإدارة المدارس التقليدية، حيث كان هذا المجلس مكونا من مدير

المدرسة كرئيس للمجلس وعضوية وكيل المدرسة والمشرف على النشاط ورؤساء الأقسام وعضوين من الطلاب لهم كامل العضوية، وكانت من مسؤوليات هذا المجلس النظر في المشكلات التي تقع في المدرسة والبت فيها، ووضع الجداول الدراسية وملاحظة العملية التعليمية في المدرسة إلى غير ذلك من المهمات.

ولعملية الإرشاد والتوجيه دور مهم في نظام الدراسة في هذه المدرسة، الذي كان يتم من خلال معلمي المدرسة وبعض الإداريين، وكانت مهمتهم تكمن في توجيه الطلاب وإرشادهم أثناء عمليات التسجيل واختيار التخصصات، ومراقبة تحصيلهم العلمي وسيرهم في الدراسة وأيضاً محاولة حل المشكلات التي تواجههم فيما يتعلق بالعملية التعليمية.

وقد جرت بعض الدراسات التقويمية لهذه المدرسة، ومعظم القررات التي كانت تتخذ حيال هذا النمط من التعليم كانت نتاج الندوات التقويمية السنوية التي كانت الوزارة تعقدها لمنسوبي هذه المدارس والمهتمين في مناطق التعليم وجهاز الوزارة وجامعات المملكة والتي كان موضوعها الرئيسي يدور حول تقويم تجربة المدرسة الثانوية الشاملة، بدءاً من عام 1497هـ من خلال الندوة الأولى التي عقدت في وزارة المعارف واستمرت هذه الندوات تعقد سنوياً في بعض مدن المملكة وكان آخرها الندوة الثامنة التي عقدت في مدينة الرياض عام 1404هـ

ويشير (المنصور 1409هـ 173) إلى أن لهذه المدارس إيجابيات كبيرة من أهمها:

1- مراعاة الفروق الفردية بين الطلاب، وذلك بالمرونة في تحديد العبء الدراسي للطالب حسب قدراته ورغبته.

2- التخفيف من ضياع عمر الطالب في إعادة دراسة عدد كبير من المواد سبق نجاحه فيها، وذلك بجعل الطالب يعيد فقط ما رسب فيه، وفي ذلك توفير لجهد الطالب.

3-   تعويد الطالب الاعتماد على النفس والاستعداد لمواجهة الحياة بقدر أكبر من الخبرة في اتخاذ القرارات وتحمل المسؤوليات نتيجة لمشاركته في قرارات معدل تقدمه الدراسي وتنظيم خطة دراسته.

4-   وفرت بعضاً من فرص التعليم الجديدة لموضوعات مثل الإدارة والاقتصاد والمحاسبة والكتابة على الآلة الكاتبة، وما إلى ذلك.

كما أن لهذه المدارس بعض السلبيات، ومن ذلك: (المنصور، 1409هـ 173)

1-   أدى الإقلال من ساعات الإعداد العام إلى تخريج طلاب ثقافتهم العامة أقصر من نظرائهم في الثانوية التقليدية.

2-   تركزت أعداد كبيرة من الطلاب في الأقسام الأدبية (قسم الاجتماعيات على وجه الخصوص) حيث لا يضطر الطالب لدراسة أية مادة علمية أو رياضية.

3-   مقررات النشاط التي تمثل (30) ساعة لم تحكمها ضوابط محددة، ولهذا فالطلاب لم يعطوها حقها من الاهتمام نظراً لأنه ليس فيها اختبارات ولا تدخل في حساب المعدل.

4-   لم يظهر في مناهج المدرسة الشاملة العمق المفروض للمادة العلمية ولا البعد التطبيقي لهذه المادة.

لقد كانت تجربة التعليم الثانوي الشامل خطوة تطويرية جريئة نحو صيغة متكاملة للتعليم الثانوي في المملكة، إلا أن خططها وبرامجها الطموحة كانت أكبر من الإمكانات المتوفرة لها عند التطبيق، حيث لم تنفذ بعض أقسامها (التجارة والصناعة والزراعة). هذا ولم تتوفر دراسات علمية متعمقة عن هذه التجربة يمكن الركون إليها في معرفة مدى نجاحه من إخفاقها، عدا مجموعة من الآراء القائلة بإمكانية نجاح تلك التجربة فيما لو قدر لها واستمرت في ظل إمكانات أفضل وأوسع مما توفر لها. (درباس، 1414هـ 29-30)

ونتيجة لتجربة المدارس الشاملة بدأت تظهر فكرة جديدة لتنظيم التعليم الثانوي على أسس جديدة ومستفيدة من تجربة المدارس الشاملة في تبني إيجابياتها وتحاشي سلبياتها. التنظيم الجديد الذي انبثق من هذه التجربة هو نظام التعليم الثانوي المطور والذي بدأ تطبيقه في عام 1405هـ

ثانياً: نظام التعليم الثانوي المطور:

بعد دروس مستفادة من تجربة المدرسة الشاملة في المملكة العربية السعودية، ورغبة في توسيع نطاق التعليم الثانوي بإضافة برامج ومقررات وتخصصات تتطلبها التغيرات المجتمعية والتنموية التي شهدتها المملكة، وانطلاقاً من إتاحة الفرصة للطلاب لاختيار المقررات التي تتناسب مع ميولهم وقدراتهم، قررت اللجنة العليا لسياسة التعليم في 9/صفر/1403هـ تبني فكرة الثانويات المطورة لتنظيم التعليم الثانوي.

واشترك في مناقشة الفكرة لجان على كافة المستويات في الوزارة، والمتخصصين من أساتذة الجامعات، وأعضاء اللجنة العليا التحضيرية لسياسة التعليم، وأعضاء الأسر الوطنية. وقد اكتملت هذه المناقشة بصدور قرار مجلس الوزراء رقم 1/85 في 1405/3/11هـ وتبعه قرار اللجنة العليا لسياسة التعليم رقم 351/خ/م في 1405/3/18هـ ونص القرار على: (الأمانة العامة لمجلس الوزراء، 1405هـ)

- البدء بتطبيق نظام التعليم الثانوي المطور اعتباراً من عام 1405هـ/1406هـ

- أن يتم تعميم هذا التنظيم تدريجياً في جميع المدارس الثانوية بالمملكة العربية السعودية وفي مدة لا تتجاوز عشر سنوات.

- أن يتم تشكيل لجنة مركزية لمتابعة تقويم هذا التنظيم برئاسة معالي وزير المعارف وعضوية المختصين في التربية والتعليم، وتقدم تقريراً سنوياً إلى اللجنة العليا لسياسة التعليم.

– أن يتم تشكيل لجان في كل منطقة تطبق هذا التنظيم برئاسة مدير التعليم في المنطقة وعضوية بعض أساتذة الجامعة والموجهين ومديري المدارس في المنطقة لتقويم نظامها وبرامجها، وتقدم تقريراً فترياً للجنة المركزية السابقة.

أهداف التعليم الثانوي المطور:

هدف التعليم الثانوي المطور إلى تحقيق ما يلي: (وزارة المعارف، 1409، 6)

1- متابعة غرس الولاء لله وحده في نفس الطلاب، وجعل الأعمال خالصة لوجهه، ومستقيمة – في كافة جوانبها- على شرعه. وتثبيت العقيدة الإسلامية التي عن طريقها تصفو نظرة الطالب إلى الكون والإنسان، ونظرته إلى الحياة الدنيا والآخرة، وتزويده بالمفاهيم الأساسية والثقافة الإسلامية التي تجعله معتزاً بالإسلام، قادراً على الدعوة إليه، والدفاع عنه.

2- تعميق روح المواطنة لدى الأفراد، وترسيخ حبهم للوطن، وإدراك الحقوق والواجبات التي يجب مراعاتها تجاهه.

3- توسيع نطاق التعليم الثانوي بإدخال برامج ومناهج جديدة تتطلبها حاجة المجتمع والتطورات العلمية والتكنولوجية في البلاد.

4- إعداد برنامج دراسي يهيئ الطالب لمواصلة الدراسة الجامعية، ويسهل التحاقه بإحدى الكليات التي تتناسب واتجاهه العلمي.

5- تقديم نمط من التعليم الثانوي يتسم بالمرونة في تنظيمه، كما يعطي فرصاً أفضل للطلاب في اختيار البرامج الملائمة لقدراتهم ورغباتهم، أو الانتقال من برنامج إلى آخر مع ارتباط هذه البرامج بمتطلبات التنمية في البلاد.

6- إيجاد تنظيم للتعليم الثانوي يراعي الفروق الفردية بين الطلاب، ويسهل تقديم الدراسي واستفادتهم وفقاً لقدراتهم وحاجة مجتمعهم.

7- إيجاد تنظيم مرن للتعليم الثانوي يساعد في التخلص من مشاكل التخلف في الدراسة، ويحد من إخفاق الطلاب في استكمال دراستهم الثانوية.

8- تمكين المتخرجين من الانخراط في الحياة العملية دون عناء كبير، ومساعدتهم على الإسهام في قضايا التنمية، وذلك بما يوفره من فرص الإعداد والتدريب العملي في أثناء الدراسة الثانوية.

ومن الواضح أن التعليم الثانوي المطور استند إلى ما ورد في وثيقة سياسة التعليم في المملكة، كما جاءت أهدافه مشابهة لأهداف نظام المدرسة الثانوية الشاملة، من خلال التأكيد على الثوابت والقيم الإسلامية والنظرة الإسلامية للكون والحياة، وتعميق روح المواطنة في نفوس الطلاب، ومواكبة التقدم العلمي والتقني وحاجات المجتمع السعودي من خلال مناهج وبرامج دراسية تؤكد على ذلك، إضافة إلى توفير تعليم ثانوي يتسم بالمرونة ويراعي الفروق الفردية بين الطلاب، وإعداد هؤلاء الطلاب لسوق العمل والحياة العملية.

مبررات التعليم الثانوي المطور :

جاء تطبيق هذا النظام والأخذ به، استجابة لعدد من المبررات التي رأي صّناع القرار في ذلك الوقت، أنها كافية للبدء في تنفيذه وإقراره ومن تلك المبررات:

1- عدم قدرة التعليم الثانوي التقليدي بوضعه الحالي، على الوفاء بمتطلبات وخطط التنمية للدولة.

2- ضعف وقصور مناهج المدرسة الثانوية التقليدية في إعداد الطالب للحياة العملية.

3- ضرورة إدخال مناهج وبرامج دراسية جديدة تخدم أغراض التنمية في البلاد والتي لا يستطيع النظام التقليدي بوضعه القائم استيعابها جميعاً، مما يوجب الحاجة إلى نظام بديل قادر على استيعابها من خلال توفير تخصصات مختلفة وأقسام متنوعة.

4- عدم مراعاة النظام الثانوي التقليدي للفروق الفردية بين التلاميذ.

5- التخصصات المتنوعة في مؤسسات التعليم العالي والتي أصبح النظام الثانوي التقليدي غير متلائم معها بقسميه العلمي والأدبي.

وهذه المبررات وغيرها ربما كانت بالفعل حافزاً ودافعاً قوياً، للبدء بتطبيق هذا النظام، فالتعليم الثانوي التقليدي أصبح عاجزاً إلى حد كبير عن الوفاء بمتطلبات التنمية وحاجات الأفراد والمجتمع ومواكبة روح العصر ذي الطبيعة المتسارعة خاصة في مجال العلم والتقنية، فمناهجه وبرامجه تعاني من الجمود، ينصب تركيزها بالدرجة الأولى على الجانب المعرفي، مع إهمال واضح للجوانب المهارية والوجدانية، الأمر الذي جعل من الطالب عنصراً سلبياً ومن المعلم محوراً لعملية التعلم وهو ما يخالف ما تنادي به التربية الحديثة. (الأحمدي، 1426هـ)

ومن أنظمة هذه المدرسة ما يلي: (وزارة المعارف، 1409هـ 7-27)

تنظيمات عامة:

- يشترط للقبول أن يحصل الطالب على شهادة الكفاءة المتوسطة أو ما يعادلها أو الطالب المنتقل من الثانوية التقليدية.

- يستلزم تطبيق هذا التنظيم انتماء كل طالب لمرشد من بين مدرسي المدرسة.

- تسير الدراسة على نظام الساعات المعتمدة.

- الساعة المعتمدة تعني: دراسة (45) دقيقة.

- تقسم برامج المدرسة إلى :

• البرنامج العام وعدد ساعاته 67 ساعة (متطلبات المدرسة في الدين واللغة العربية والرياضيات والاجتماعيات والعلوم والحاسب والإنجليزي) وهو إجباري لكل الطلاب.

• البرنامج التخصصي وعدد ساعاته 78 ساعة (متطلبات القسم)

• البرنامج الاختياري حيث يجب على الطالب دراسة 23 ساعة ضمن هذا البرنامج، وفق اختياره.

زمن الدراسة :

– وتقسم السنة الدراسية وفق نظام التعليم الثانوي المطوّر إلى:

• فصلين دراسيين مدة كل فصل (18) أسبوعاً، تتضمن أسبوعاً للتسجيل وآخر للاختبارات.

• فصل صيفي اختياري مدته (12) أسبوعاً، يتضمن أسبوعي التسجيل والاختبار.

– ولإكمال الدراسة في هذا النظام والحصول على شهادة التعليم الثانوي المطوّر، يحتاج الطالب إلى ستة فصول دراسية تزيد أو تنقص حسب قدراته وظروفه.

أقسام الدراسة :

– اشتمل هذا النظام على ثلاثة أنواع من البرامج الدراسية التخصصية، هي:

1- برنامج العلوم الإسلامية والأدبية.

2- برنامج العلوم الإدارية والإنسانية.

3- برنامج العلوم الطبيعية: والذي قسم إلى شعبتين هما:

• شعبة الكيمياء والأحياء.

• شعبة الفيزياء والرياضيات.

متطلبات الدراسة والتخرج :

– يشترط لإنهاء الدراسة الثانوية المطورة :

1- إكمال الطالب بنجاح دراسة 168 ساعة معتمدة – كحد أدنى- في البرامج الثلاثة السابقة حسب الساعات المعتمدة لكل برنامج.

2-   حصوله على معدل نهائي لا يقل عن تقدير مقبول.

كما أن بعض الكليات والأقسام في الجامعات تشترط للالتحاق بها حداً أدنى في اللغة الإنجليزية لا يقل عن (24) ساعة، وعلى الطالب الذي يرغب الانخراط في أي من هذه الكليات الوفاء بهذا الشرط، وتقدم الثانوية المطورة هذه الساعات ضمن البرنامج الاختياري.

متطلبات الثانوية المطورة

ملاحظات	عدد الساعات	البرنامج
	67	البرنامج العام
في برنامج العلوم الطبيعية يدرس الطالب 49 ساعة مشتركة، و29 ساعة تخصصية في كل شعبة	78	البرنامج التخصصي
	23	البرنامج الاختياري
-	168	المجموع

متطلبات البرنامج العام في الثانوية المطورة

عدد الساعات	المقرر الدراسي	عدد الساعات	المقرر الدراسي
4	إنشاء	6	قرآن كريم وتفسير
6	اجتماعيات (تاريخ وجغرافيا ووطنية)	4	حديث
5	رياضيات	4	فقه
9	علوم (أحياء وكيمياء وفيزياء)	4	توحيد
5	حاسب	6	نحو
8	إنجليزي	4	أدب
67			المجموع

قواعد الاختبارات :

- العلامة الكبرى لكل مقرر (100) درجة موزعة كالتالي:
  - (25) درجة للأعمال الفصلية، وتوزع على: المناقشة، البحث والاختبارات الصغيرة، الواجبات المنزلية أو الفصلية، المواظبة.
  - (25) درجة لاختبار منتصف الفصل.
  - (50) درجة لاختبار نهاية الفصل.
- الحد الأدنى للنجاح في كل مقرر دراسي (60) درجة، على أن لا تقل درجة الطالب في اختبار نهاية الفصل عن (25) درجة.

كما تضمن نظام التعليم المطور عدداً من اللوائح والأنظمة الإدارية التي تتعلق بتنظيم العملية التعليمية داخل المدرسة المطورة (الإرشاد والتوجيه، التسجيل، تأجيل الدراسة والغياب، المعدلات، الدراسة في الفصل الصيفي.. الخ)

التعليم الثانوي المطور في الميدان :

مع بداية خطة التنمية الرابعة (1406-1410هـ) تم تجريب الثانوية المطورة في سبع مدارس ثانوية في سبع مدن هي: أبها والأحساء وجدة والدمام والرياض والطائف والمدينة المنورة حيث تم قبول 1130 طالباً بالصف الأول بهذه المدارس ويمثلون 3.7% من جملة الطلاب المستجدين بالمدارس الثانوية الحكومية بالمملكة. (وزارة المعارف، 1406هـ 2)

وسارت التجربة بخطى سريعة في التطبيق، واستمر تنفيذ هذا النظام والتوسع في فتح المدارس، والجدول التالي يوضح عدد المدارس وعدد الطلاب في هذا التنظيم في عامين خلال الفترة من 1408-1411هـ

العام الدراسي	عدد المدارس	عدد الطلاب
1409/1408هـ	101	38.102
1412/1411هـ	123	59.678

نظرة تقويمية للتعليم الثانوي المطور :

كان هناك حرص واضح من قبل المسؤولين عن التعليم في المملكة على الاستفادة الكاملة من هذه التجربة وذلك من خلال لجان المتابعة والتقويم التي شكلت لتقويم هذا النظام ومتابعة تطبيقه، والتي كان يرأسها وزير المعارف وعدد كبير من المختصين في التربية والتعليم على مستوى الوزارة وعلى مستوى الإدارات التعليمية بل وحتى على مستوى المدارس التي طبقت النظام الجديد. وكلفت هذه اللجان جميعاً بإعداد تقرير سنوي يقدم للجنة العليا لسياسة التعليم حول كل ما يتعلق بهذه التجربة وخطوات تنفيذها والمشكلات التي تواجهها والمقترحات حولها.

ولقد تمتع النظام الثانوي المطور بمميزات الثانوية الشاملة – والتي سبق ذكرها- إضافة إلى بعض المميزات الأخرى، والتي من أبرزها:

1-   تنوع برامجه التعليمية وتخصصاته (علوم إدارية، علوم طبيعية، علوم إسلامية..الخ)

2-   إدخال عدد من المناهج الدراسية الجديدة، التي تخدم أغراض التنمية ومتطلبات المرحلة القادمة مثل الحاسب الآلي.

3-   تنوع المقررات التعليمية والتي توزعت ما بين مقررات عامة وتخصصية وأخرى اختيارية يمر الطالب بمعظمها (134 مقرراً) .

4-   إصدار كتب للنشاط مع بعض المقررات الدراسية، وأدلة للمعلمين.

5-   توفير معامل للحاسب الآلي ومعامل للعلوم.

وخلال سنوات التطبيق لتجربة نظام التعليم الثانوي المطور ظهر عدد من المشكلات التي تتعلق بجوانب عديدة، منها ما يتعلق بالطالب، ومنها ما له علاقة بالمناهج والمقررات المنفذة، ومنها ما يختص بالجوانب الإدارية والتنظيمية ويمكن تصنيف أسباب هذه المشكلات في نوعين: (الأحمدي، 1426هـ)

1- أسباب داخلية: وهي تلك الأسباب التي لها علاقة بالنظام الداخلي لهذا النوع من التعليم والأسس والعناصر التي يقوم عليها، ولعل من الأمثلة على ذلك طبيعة المناهج والمقررات الدراسية وكثافتها، وضعف عملية الإرشاد والتوجيه، وعدم كفاية الأنشطة المنهجية واللامنهجية التي تعد ضرورية للعملية التعليمية في هذا النظام، ناهيك عن المشكلات التي تتعلق بالجداول الدراسية وعمليات التسجيل، إضافة إلى الأعباء الكثيرة التي عاني منها المعلم الذي كان يقوم ببعض الأعمال الإدارية إضافة إلى عمله الرئيسي، كما أن نقص الإمكانيات المادية والبشرية ساهم كثيراً في بعض من هـذه المشكلات التي أعاقت مسيرة هذا النظام فيما بعد.

2- أسباب خارجية: وتتعلق بالعوامل الخارجية المحيطة والقوى المؤثرة في طبيعة هذا النظام وعمليات تنفيذه، فالمجتمع الذي تعود على النمط التقليدي للمدرسة لم يكن مهيئاً للتأقلم مع الوضع الجديد للمدرسة المطورة مما أدى إلى نوع من التذمر وشعور بعدم الجدية في التعليم الذي تقدمه المدرسة الجديدة. أضف إلى ذلك عدم وجود خلفية سابقة حول هذا النظام ومبادئه وخصائصه ومميزاته لدى المجتمع والأسرة والطلاب نتيجة القصور الإعلامي في التعريف بهذا النظام قبل تطبيقه. كما ساهمت المرونة التي يتحلى بها هذا النظام في خلق نوع من الفوضى والتساهل لدى الطلاب، ساعد مع غياب الدور الأسري في ظهور الكثير من المشكلات الأمنية والاجتماعية.

الأسباب السابقة أدت في النهاية إلى تشكيل صورة نمطية خاطئة حول هذا النظام، وساهمت – مع عوامل أخرى- في وقفه وإلغاء العمل به. حيث صدر القرار رقم 49/132/10/1/32 بتاريخ 1411/8/2هـ بإيقاف العمل به بدءاً من عام 1412هـ والعمل وفق الخطة الجديدة بالقرار رقم 49/75/10/7/32 بتاريخ 1412/3/10هـ

المقارنة بين النظامين الشامل والمطور :

يوجد شبه كبير بين النظامين الشامل والمطور، حيث إن كلاً منهما يعتمد على نظام الساعات المعتمدة، وتقع أوجه الاختلاف بينهما في: الزيادة أو النقص في عدد الساعات، وعدد التخصصات، وإدخال بعض المقررات مثل الحاسب الآلي والإدارة، وحذف بعض المقررات ..الخ . ويمكن تلخيص المقارنة بينهما في الجدول التالي: (المنيع، 1409هـ 42)

م	النظام الشامل	النظام المطور
1	يحوي البرنامج خمسة تخصصات	يحوي البرنامج ثلاثة تخصصات
2	يحتاج الطالب للتخرج الى 150 ساعة بما فيها 30 ساعة نشاط	يحتاج الطالب للتخرج إلى 168 ساعة ليس فيها ساعات للنشاط
3	الحد الأدنى للتسجيل 15 ساعة أسبوعية	الحد الأدنى للتسجيل 15 ساعة أسبوعية
4	الحد الأعلى للتسجيل (عدا ساعات النشاط): - (25) ساعة للطالب المستجد. - (18) ساعة للحاصل على تقدير (راسب). - (20) ساعة للحاصل على تقدير (مقبول). - (25) ساعة للحاصل على تقدير (جيد). - (28) ساعة للحاصل على تقدير (جيد جداً). - (32) ساعة للحاصل على تقدير (ممتاز).	الحد الأعلى للتسجيل : - (30) ساعة للطالب المستجد. - (25) ساعة للحاصل على تقدير (مقبول أو راسب). - (30) ساعة للحاصل على تقدير (جيد). - (35) ساعة للحاصل على تقدير أعلى من (جيد).
5	الحد الأعلى للتسجيل في الفصل الصيفي (15) ساعة	الحد الأعلى للتسجيل في الفصل الصيفي (16) ساعة
6	يحرم الطالب من دخول الامتحان إذا زاد غيابه عن 25% من ساعات الدراسة دون عذر مقبول	يحرم الطالب من دخول الامتحان إذا زاد- غيابه عن 15% من ساعات الدراسة دون عذر مقبول
7	توزع درجات كل مقرر كالتالي: ● (50) درجة للأعمال الفصلية. ● (25) درجة لاختبار منتصف الفصل. ● (25) درجة لاختبار نهاية الفصل.	توزع الدرجات كل مقرر كالتالي: ● (25) درجة للأعمال الفصلية. ● (25) درجة لاختبار منتصف الفصل. ● (50) درجة لاختبار نهاية الفصل.
8	الساعة المعتمدة 50 دقيقة	الساعة المعتمدة 45 دقيقة

ثالثاً: العودة إلى نظام التعليم الثانوي التقليدي :

جاء قرار إلغاء نظام التعليم الثانوي المطور في عام 1411هـ وقد وضعت وزارة المعارف خطة لمدة 3 سنوات (1414، 1413، 1412هـ) لامتصاص التعليم الثانوي المطور والعودة إلى النظام السابق مع الالتزام بتشعيب التعليم الثانوي إلى أربع شعب بدءاً من الصف الثاني الثانوي، كما تقرر إعادة الدراسة المناهج وتنظيمها وفقاً لذلك. وظلت الدراسة في الصف الأول الثانوي عامة لجميع الطلاب، كما جرى إضافة مناهج جديدة مأخوذة من النظام المطور ومن أبرزها المناهج الخاصة بعلوم الحاسب الآلي ومنهج المكتبة والبحث لتضاف إلى المناهج الموجودة في النظام التقليدي.

فبدءاً من العام الدراسي 1412هـ (1992م) تم الأخذ بنظام الحصص وفقاً للأقسام التالية: (متولي، 1416هـ 179)

1- قسم العلوم الشرعية والعربية (ويقابل في المطور برنامج العلوم الإسلامية والأدبية).

2- قسم العلوم الإدارية والاجتماعية (ويقابل في المطور برنامج العلوم الإدارية والإنسانية)

3- قسم العلوم الطبيعية (يقابل في المطور برنامج العلوم الطبيعية بعد ضم الشعبتين والاستغناء عن المقررات التطبيقية في نهاية كل شعبة).

4- قسم العلوم التطبيقية (التقنية)، ويتناول التقنية في بعديها الثقافي والمهني.

والجدول التالي يوضح الخطة الدراسية المقترحة للمرحلة الثانوية بالمملكة العربية السعودية بدءاً من عام 1412هـ (وزارة المعارف، 1414هـ 95)

المواد الدراسية	فروع المواد الدراسية	الصف الأول	العلوم الشرعية والأدبية		العلوم الادارية والاجتماعية		العلوم الطبيعية		العلوم التطبيقية	
			الصف 2	الصف 3	الصف 2	الصف 3	الصف 2	الصف 3	الصف 2	الصف 3
العلوم الشرعية	القرآن الكريم	1	3	3	2	2	1	1	1	1
	التفسير	1	2	2	1	1	1	1	1	1
	الحديث	1	2	2	1	1	1	1	1	1
	التوحيد	1	2	2	1	1	1	1	1	1
	الفقه	1	3	3	1	1	1	1	1	1
	المجموع	5	12	12	6	6	5	5	5	5
علوم اللغة العربية	النحو والصرف	2	3	3	2	2	2	2	2	2
	البلاغة والنقد	-	2	2	-	-	-	-	-	-
	الأدب	2	2	2	1	1	1	1	1	1
	المطالعة	1	1	1	1	1	-	-	-	-
	الإنشاء	1	1	1	-	-	-	-	-	-
	المجموع	6	9	9	4	4	3	3	3	3
العلوم الادارية	علم الإدارة	-	-	-	2	2	-	-	-	-
	علم الاقتصاد	-	-	-	1	2	-	-	-	-
	المحاسبة	-	-	-	2	2	-	-	-	-
	المجموع	-	-	-	5	6	-	-	-	-
العلوم الاجتماعية	التاريخ	1	1	1	2	2	-	-	-	-
	الجغرافيا	1	1	1	1	1	-	-	-	-
	علم النفس	-	1	1	1	-	-	-	-	-
	علم الاجتماع	-	-	-	1	1	-	-	-	-
	المجموع	2	3	3	5	4	-	-	-	-
العلوم	الفيزياء	2	-	-	-	-	4	4	مواد تقنية وتطبيقية	مواد تقنية وتطبيقية
	الكيمياء	2	-	-	-	-	4	4		
	الأحياء	2	-	-	-	-	1	1		
	المجموع	6	-	-	-	-	13	13	13	13
الرياضيات	الرياضيات	5	-	-	3	3	6	6	6	6

-	-	-	-	2	1	-	-	-	الاحصاء	والاحصاء
-	-	6	6	4	4	-	-	5	المجموع	
4	4	4	4	4	4	4	4	4	الانجليزي	
1	1	1	1	1	1	1	1	1	الحاسب الآلي	العلوم
-	-	-	-	1	1	1	1	1	المكتبة والبحث	المساندة
1	1	1	1	1	1	1	1	1	الرياضة	
1	1	1	1	1	1	1	1	1	النشاط	
7	7	7	7	8	8	8	8	8	المجموع	
34	34	34	34	32	32	32	32	32	مجموع الخطة الدراسية	

وهنا تجدر ملاحظة نقطة هامة تتعلق بالنظام الثانوي التقليدي المعدل، فبالرغم من هذه التعديلات التي أجريت عليه إلا أن هذه التعديلات ظلت شكلية فقط، فالقسم الأدبي والقسم العلمي استبدل بها القسم الشرعي وقسم العلوم الطبيعية وظلت المناهج والطرق المتبعة في النظام القديم هي المستخدمة في النظام المعدل، وتركز الإقبال بالدرجة الأولى على هذين القسمين (القسم الشرعي والطبيعي) أما القسمان الآخران

فالتوسع فيهما كان محدوداً والإقبال عليهما لم يكن بتلك الدرجة مما بدا معه الوضع وكأنه عودة للنظام الثانوي التقليدي بحذافيره. (الأحمدي، 1426هـ)

رابعاً: نظام التعليم الثانوي الجديد :

بعد سنوات من إلغاء نظام التعليم الثانوي المطور والعودة إلى النظام التقليدي المعدّل، رأت وزارة التربية والتعليم تطبيق تجربة جديدة في هذه المرحلة وهي نظام التعليم الثانوي الجديد، والذي يمثل نسخة معدلة من نظام التعليم المطور الذي ألغي قبل عدة سنوات ودمج بين ذلك النظام ونظام التعليم الثانوي الحالي، في محاولة للأخذ بإيجابيات كل نظام وتلافي السلبيات.

وقد بدأت الوزارة تطبيق هذا النظام تدريجياً بدءاً من عام 1425هـ بمدارس محدودة (11 مدرسة ثانوية للبنين ومدرستين للبنات)، وفي هذا العام 1426هـ تم التوسع في التجربة وتطبيقها بشكل رسمي من خلال أكثر من 60 مدرسة في مناطق المملكة المختلفة للبنين والبنات.

أهداف النظام الثانوي الجديد :

يأتي هذا النظام بهدف إحداث نقلة نوعية في التعليم الثانوي، بأهدافه وهياكله وأساليبه ومضامينه، من أجل إعداد الطالب والطالبة للحياة، سواء أكانت عملاً في سوق العمل، أو دراسة. فبالإضافة إلى كون هذا النظام وسيلة أخرى لتحقيق أهداف التعليم الثانوي لمختلف المراحل، يأتي هذا النظام تحديداً من أجل: (إدارة التعليم الثانوي، 1425هـ 5)

1- تعزيز العقيدة الإسلامية التي تستقيم بها نظرة الطالب والطالبة للكون والإنسان والحياة في الدنيا والآخرة.

2- تعزيز قيم المواطنة والقيم الاجتماعية لدى الطلاب والطالبات.

3- المساهمة في إكساب المتعلمين القدر الملائم من المعارف والمهارات المفيدة وفق تخطيط منهجي يراعي خصائص الطلاب والطالبات في هذه المرحلة،

4- ومتطلبات انخراطهم في المجتمع أو مواصلة دراستهم بعد المرحلة الثانوية، بما يجعلهم أفراداً نافعين وإيجابيين في المجتمع.

5- تنمية المهارات الحياتية للطالب والطالبة مثل التعليم الذاتي ومهارات التعاون والتواصل والعمل ضمن فرق والتفاعل مع الآخرين والحوار والمناقشة وقبول الرأي والرأي الآخر، في إطار من القيم المشتركة والمصالح العليا للمجتمع والوطن.

6- تنمية مهارات التفكير الواعي، ومهارات حل المشكلات واتخاذ القرارات، ومهارات التفكير الناقد، من خلال إتاحة الفرصة للطالب والطالبة للتعلم في مواقف حياتية أو منتمية للحياة في المجتمع المعاصر.

7- تعزيز قيم المواطنة والقيم الاجتماعية لدى الطلاب والطالبات .

8- تطوير مهارات التعامل مع التقنية ومصادر المعلومات وتنظيم هذه المعلومات وتقويم مدى موثوقيتها ومن ثم الاستفادة منها في حياته الواقعية.

9- تنمية شخصية الطالب والطالبة شمولياً، وتنويع الخبرات التعلمية المقدمة وإتاحة فرص متكافئة لاختيار أكثرها مناسبة للمتعلمين.

10- تنمية الاتجاهات الإيجابية المتعلقة بحب العمل المهني المنتج، والإخلاص في العمل، والالتزام به والاهتمام بإتقانه، واكتساب مبادئ وأساليب ومهارات العمل المنتج.

مزايا النظام الثانوي الجديد :

يتمتع هذا النظام بعدد من مزايا منها: (إدارة التعليم الثانوي، 1425هـ 7)

1- إتاحة الفرصة أمام الطلاب والطالبات ليختاروا المواد التي يريدون دراستها في ضوء محددات وتعليمات تراعي رغبتهم وقدراتهم، والإمكانات المتاحة.

2- تخفيف حالات الرسوب والفشل في الدراسة، وما يترتب عليهما من مشكلات نفسية واجتماعية، فالنظام الجديد يتيح الفرصة أمام الطالب الذي يرسب في مادة أو أكثر أن يختار غيرها أو أن يعيد دراستها في فصل لاحق أو سنة لاحقة، بدون أن يرسب أو يعيد سنة دراسية كاملة، وهذا غير متوفر في النظام المعمول به حالياً.

3- الاهتمام بالجانب التطبيقي المهاري من خلال تقديم مقررات مهارية متطلب دراستها من قبل جميع الطلاب والطالبات.

4- الأخذ بمنحى التكامل الرأسي، من خلال تقديم مقررات يكافئ الواحد منها مقررين أو أكثر من المقررات التي يدرسها الطالب حالياً حسب النظام المعمول به الآن.

5- تنمية قدرة الطلاب والطالبات على اتخاذ القرارات المتعلقة بمستقبلهم، مما يعمق ثقتهم في أنفسهم، ويزيد إقبالهم على المدرسة والتعليم، طالما أنهم يدرسون بناءً على اختيارهم ووفق قدراتهم وفي المدرسة التي يريدون.

6- يمكن للطالب أو الطالبة التخرج في سنتين ونصف مع صيفين، كما أن الفصل الصيفي يعالج حالات التعثر في بعض المواد لدى بعض الطلاب أو الطالبات.

نظام الدراسة:

من أهم أنظمة هذا التعليم الدراسية ما يلي: (إدارة التعليم الثانوي، 1425هـ 9)

1- يحتاج الطالب والطالبة في المتوسط إلى 6 فصول دراسية متتابعة لإنهاء دراسته الثانوية.

2- السنة الدراسية تنقسم لفصلين دراسيين مستقلين مدة كل فصل (18 أسبوعاً) تتضمن فترة التسجيل والدراسة والاختبارات.

3- مدة الدراسة الفعلية للفصل الدراسي (80 يوماً دراسياً) بحيث لا يزيد اليوم الدراسي للطالب والطالبة عن (7 حصص)

4- نظام الدراسة يعتمد على نظام المواد الدراسية (المقررات) وتكون أوزانها 5 ساعات لكل مقرر.

5- تحدد إدارة التربية والتعليم مدى الحاجة لتقديم فصل صيفي والمدارس المناسبة بواقع (8 أسابيع) على أن تضاعف ساعات التدريس لكل مقرر دراسي.

6- يحدد نصاب المعلم في النظام الثانوي الجديد بـ 24 حصة أسبوعياً توزع كالتالي:

- 20 ساعة تدريسية / أسبوعياً .
- ساعتان للإرشاد الأكاديمي بواقع 20 طالباً لكل ساعة.
- ساعتان للنشاط بواقع 20 طالباً لكل ساعة.

زمن الدراسة :

الجدول التالي يوضح زمن الدراسة : (إدارة التعليم الثانوي، 1425هـ 10)

الفصل الدراسي الأول مدة الفصل (16 أسبوعا) 80 يوماً فعلياً	الفصل الدراسي الثاني مدة الفصل (16 أسبوعا) 80 يوماً فعلياً	الفصل الدراسي الصيفي مدة الفصل (8 أسابيع) 40 يوماً فعلياً
فترة التسجيل 3 أيام	فترة التسجيل 3 أيام	
الأسابيع الدراسية 14 أسبوعا	الأسابيع الدراسية 14 أسبوعا	تسجيل مبكر
الحد الأقصى للساعات 35 ساعة	الحد الأقصى للساعات 35 ساعة	الحد الأقصى 15 ساعة
الحد الأدنى للساعات 25 ساعة	الحد الأدنى للساعات 25 ساعة	الحد الأدنى 5 ساعات
8 أيام للاختبارات التحريرية	8 أيام للاختبارات التحريرية	4 أيام الاختبارات التحريرية

البرنامج المشترك :

وهو برنامج عام يدرسه جميع الطلاب والطالبات، ومجموع ساعاته (130) ساعة ويمثل 68.5%
من مجموع الساعات المخصصة للدراسة بالمرحلة. ومحتويات هذا البرنامج وفقاً لعدد الساعات الخاصة
بدراسة كل مقرر كما يلي: (إدارة التعليم الثانوي، 1425هـ، 11)

أسماء المقررات	عدد المقررات	عدد الساعات	المجال
قرآن كريم1، توحيد1، تفسير1، حديث1، فقه1	5	25	العلوم الشرعية
لغة عربية1، لغة عربية2، لغة عربية3، لغة عربية4	4	20	اللغة العربية
رياضيات1، إحصاء واحتمال	2	10	الرياضيات
كيمياء1، فيزياء1، أحياء1، علم البيئة	4	20	العلوم
إنجليزي1، إنجليزي2، إنجليزي3، إنجليزي4	4	20	اللغة الإنجليزية
اجتماعيات	1	5	الاجتماعيات
تربية مهنية	1	5	التربية المهنية
مهارات حياتية وتربية أسرية	1	5	المهارات الحياتية والتربية الأسرية
مهارات إدارية	1	5	المهارات الإدارية
حاسب1، حاسب2	2	10	حاسب وتقنية معلومات
تربية صحية وبدنية	1	5	التربية الصحية والبدنية (بنين)
تربية صحية ونسوية	1	5	التربية الصحية والنسوية (بنات)
-	26	130	المجموع

مسار العلوم الأدبية :

يركز هذا المسار على مجالات العلوم الشرعية واللغة العربية والاجتماعيات والعلوم الإدارية إضافة إلى تقنية المعلومات واللغة الإنجليزية. ويوضح الجدول التالي المقررات الدراسية المتضمنة داخل هذا المسار موزعة على عدد الساعات الخاصة بكل مقرر: (إدارة التعليم الثانوي، 1425هـ 12)

المجال	إجباري تخصص		اختياري حر	
	عدد الساعات	المقررات		عدد الساعات
العلوم الشرعية	20	توحيد2، تفسير2، حديث2، فقه2	10	قرآن كريم2، فقه3
اللغة العربية	10	اختيار مقررين من ثلاثة مقررات: لغة عربية5، لغة عربية6، لغة عربية7	5	المقرر المتبقي من المقررات الثلاثة
اللغة الانجليزية	5	انجليزي 5 أ	-	-
الاجتماعيات	10	تاريخ، جغرافيا	-	-
العلوم الادارية تقنية المعلومات	10	اختيار مقررين من ثلاثة مقررات: علوم إدارية1، علوم إدارية2، تقنية معلومات	5	المتبقي من المقررات الثلاثة
المجموع	55	11	20	4

مسار العلوم الطبيعية :

يركز هذا المسار في مجالات الرياضيات والكيمياء والفيزياء والأحياء إضافة إلى اللغة الإنجليزية. ويوضح الجدول التالي المقررات الدراسية المتضمنة داخل هذا

المسار موزعة على عدد الساعات الخاصة بكل مقرر: (إدارة التعليم الثانوي، 1425هـ 13)

المجال	إجباري تخصص		اختياري تخصص	
	عدد الساعات	المقررات	عدد الساعات	المقررات
الرياضيات	20	رياضيات2، رياضيات3، رياضيات4، رياضيات5	5	مهارات رياضية
العلوم الطبيعية	30	كيمياء2، كيمياء3، فيزياء2، فيزياء3، احياء2 + مقرر من المقررات: فيزياء4، كيمياء4، أحياء3	10	المقرران المتبقيان من: كيمياء4، فيزياء4، احياء3
اللغة الإنجليزية	5	إنجليزي5ب	-	-
المجموع	55	11	15	3

البرنامج الاختياري (الحر):

إضافة إلى الساعات المحددة في البرنامج العام والبرنامج التخصصي، يقدم هذا النظام برنامج اختياري حر لا يقل عن (5) ساعات ويمثل نسبة لا تقل عن 2.5% من مجموع الساعات المخصصة للدراسة بالمرحلة.

يساعد هذا البرنامج الطلاب والطالبات في تنمية ميولهم وتعزيز توجهاتهم المستقبلية، ويصقل مواهبهم العلمية والعملية (المهنية)، وتعد كل المقررات غير الإجبارية في حق الطالب مقررات حرة يمكن للطالب دراستها بحيث يجتاز الطالب بنجاح واحداً على الأقل من تلك المقررات التي تتيحها المدرسة. كما يمكن للمدرسة وفق إمكانياتها تقديم أي مقررات ترى أهميتها وتلبي حاجات الطلاب بحيث تعامل كمقررات حرة. (إدارة التعليم الثانوي، 1415هـ 13)

تعليق عام على هذا النظام :

أهداف النظام الثانوي الجديد منبثقة من أهداف المرحلة الثانوية التي نصت عليها وثيقة سياسة التعليم في المملكة، وهي نفس الأهداف التي سعى لتحقيقها من خلال التجربة المدرسة الشاملة والمطورة، كما أن مبررات تطبيقه لا تختلف كثيراً عن تلك التجارب السابقة، إلا أن الجديد في آخر تجارب التعليم الثانوي السعودي هو تطبيقها على المدارس الثانوية للبنات، في حين أن التجارب السابقة كانت مقتصرة على مدارس البنين، وسيستغرق الأمر بعض الوقت حتى يمكن الحكم على هذا المشروع الجديد، والذي يرى القائمون عليه أنه سيعالج الأخطاء التي وقعت في التجارب السابقة. (الأحمدي، 1426هـ)

إعداد معلم المرحلة الثانوية في المملكة:

كان التعليم الثانوي في المملكة قد عانى في بداياته من مشكلات في عملية إعداد وتأهيل المعلمين للتدريس في هذه المرحلة بسبب عدم توفر المؤسسات القادرة على ذلك، مما كانت الضرورة معه توجب الاستعانة بالكفاءات المؤهلة من الدول العربية والتي ظل الاعتماد عليها في هذه المرحلة حتى سنوات قليلة خلت.

وتعد كلية الشريعة في مكة المكرمة والتي أنشأتها مديرية المعارف عام 1369هـ أول كلية للتعليم العالي تنشئها المملكة، وكانت تابعة للتعليم العالي إداريا، ولإدارة التعليم الثانوي بمديرية المعارف تعليمياً وتربوياً، وقد تخرجت الدفعة الأولى من هذه الكلية عام 1372هـ.

وفي نفس العام بدأت الدراسة في كلية جديدة هي كلية المعلمين التي أنشأت لتسهم مع سابقتها في تخريج الأعداد التي تحتاج إليها البلاد من المعلمين في المرحلتين المتوسطة والثانوية، وقد ألغيت كلية المعلمين هذه عام 1378هـ.

وفي عام 1382هـ تقرر إنشاء كلية التربية على أن تكون مستقلة عن كلية الشريعة، وذلك بسبب الحاجة المتزايدة إلى معلمين في المرحلة الثانوية لتدريس مواد اللغة

العربية والعلوم الاجتماعية واللغات الأجنبية والرياضيات والعلوم. وتعتبر هذه الكلية هي البداية الحقيقية لإعداد معلم المرحلة الثانوية على المستوى الجامعي. (وزارة المعارف، 1419هـ ، 497)

ومن ثم توالى افتتاح الجامعات والكليات الجامعية والمراكز التي تولت هذه المسؤولية، وازدادت أعداد المعلمين الذين يدرسون في هذه المرحلة حتى بلغ في عام 1425هـ أربعاً وسبعين ألفا واثنين وعشرين مدرساً، وأدى ذلك إلى وجود نوع من الاكتفاء في المعلم السعودي في هذه المرحلة أدى بمرور الوقت إلى إغلاق باب التعاقد مع المعلمين غير السعوديين. (الأحمدي، 1426هـ)

المراجع

1- الأحمدي، علي حسن (1426هـ): التعليم الثانوي في المملكة العربية السعودية: من التقليدية إلى الشاملة إلى المطورة إلى التقليدية الجديدة، مجلة المعرفة، وزارة التربية والتعليم في المملكة العربية السعودية، العدد (128).

2- الأمانة العامة لمجلس الوزراء في المملكة العربية السعودية: قرار رقم 85 وتاريخ 1405/3/11هـ بشأن الموافقة على التنظيم الثانوي المطور.

3- الباتع، عبد العزيز عزوز (1408هـ): البرامج الدراسية في المرحلة الثانوية العامة في المملكة العربية السعودية: تطورها مشكلاتها واقتراحات تحسينها، دراسات تربوية، المجلد (5).

4- الحامد، محمد معجب وآخرون (1425هـ): التعليم في المملكة العربية السعودية رؤية الحاضر واستشراف المستقبل، مكتبة الرشد، الرياض، ط2.

5- الحصين، سعد (1396هـ): نمط جديد في التعليم الثانوي، مجلة التوثيق التربوي- وزارة المعارف، العدد (11).

6- الزيد، عبد الله محمد (1404هـ): التعليم في المملكة العربية السعودية أنموذج مختلف، دار عكاظ للطباعة، جدة.

7- السلوم، حمد إبراهيم (1411هـ): التعليم العام في المملكة العربية السعودية، مطابع إنترناشيونال كرافيكس، واشنطن، ط2 .

8- السلوم، حمد إبراهيم (1411هـ): تاريخ الحركة التعليمية في المملكة العربية السعودية، مطابع إنترناشيونال كرافيكس، واشنطن، ج1، ط3.

9- الفالح، ناصر عبد الرحمن (1409هـ): مناهج التعليم الثانوي المطور في المملكة العربية السعودية، نشرة التوثيق التربوي- وزارة المعارف، الرياض، العدد (30) .

10- القذافي، رمضان محمد (1982م): التعليم الثانوي في البلاد العربية، المنظمة العربية للتربية والثقافة والعلوم- تونس.

11- المعثم، خالد عبد الله (1421هـ): دور الأسرة الوطنية للرياضيات في تطوير مناهج الرياضيات في مراحل التعليم المختلفة، رسالة ماجستير غير منشورة، جامعة الملك سعود، الرياض.

12- المنيع، محمد عبد الله (1409هـ): مقارنة بين نظامي التعليم الثانوي التقليدي والمطور في المملكة العربية السعودية: دراسة ميدانية، نشر ضمن بحوث ندوة "التعليم الثانوي المطور في المملكة العربية السعودية: الواقع والتطلعات"، الجمعية السعودية للعلوم التربوية والنفسية- جامعة الملك سعود، الرياض.

13- بن دهيش، عبد اللطيف (1987هـ): التعليم الحكومي المنظم في عهد الملك عبد العزيز نشأته وتطوره، مكتب الطالب الجامعي- مكة المكرمة.

14- درباس، أحمد سعيد (1414هـ): مدى فهم أولياء أمور الطلاب لخصائص ومزايا التعليم الثانوي المطور، سلسلة البحوث التربوية والنفسية (32)، مركز البحوث التربوية والنفسية- جامعة أم القرى، مكة المكرمة.

15- زيدان، محمد مصطفى (1982م): المدرسة الثانوية العامة بالمملكة العربية السعودية، دار الشروق، جدة، ط1 .

16- سمعان، وهيب (1985م): دراسات في التربية المقارنة، القاهرة، مكتبة الإنجلوالمصرية.

17- شاكر، محمد أمين (1419هـ): تطور مناهج الرياضيات في المرحلة الثانوية خلال الفترة (1346-1419هـ)، بحث غير منشور قدم في اللقاء الرابع للجمعية السعودية للعلوم الرياضية المنعقد في الفترة 21-22 ذي القعدة لعام 1419هـ

18- فرج، عبد اللطيف حسين (1403هـ): التغيرات الاجتماعية والاقتصادية السياسية في المملكة العربية السعودية ومشكلة التعليم الثانوي في البلاد، سلسلة البحوث التربوية والنفسية (8)، مركز البحوث التربوية والنفسية- جامعة أم القرى، مكة المكرمة .

19- متولى، مصطفى محمد (1416هـ): تقويم التجارب المستحدثة في تنويع التعليم الثانوي في ضوء أهدافها، دراسة أعدت بتكليف من مكتب التربية العربي لدول الخليج، ط1 .

20- مصطفى (1984م): التعليم الثانوي بدول الخليج العربي في ضوء الاتجاهات المعاصرة، مجلة كلية العلوم الاجتماعية، جامعة الإمام محمد بن سعود الإسلامية، الرياض، العدد (8)، ص ص 337-305.

21- مصلح، أحمد منير (1402هـ): نظم التعليم في المملكة العربية السعودية والوطن العربي: دراسة نظرية وتحليل مقارن لنظم التعليم العربي ومشكلاته، الرياض، عمادة شؤون المكتبات- جامعة الملك سعود.

22- وزارة التخطيط (1395هـ): خطة التنمية الثانية 1395-1400هـ (1975-1980م)، الرياض، دار عكاظ للطباعة والنشر.

23- وزارة التربية والتعليم، موقع على الإنترنت:

http://www.moe.gov.sa

24- وزارة التربية والتعليم، موقع إدارة التعليم الثانوي:

http://www.hs.gov.sa

25- وزارة المعارف (1414هـ): أربعون عاما من عمر التعليم في وزارة المعارف 1373-1413هـ سمات وملامح، التطوير التربوي- مركز المعلومات الإحصائية والتوثيق، الرياض.

26- وزارة المعارف (1408هـ): التعليم الثانوي المطور بعد ثلاث سنوات على تطبيق التجربة، نشرة التوثيق التربوي، الرياض، العدد (29).

27- وزارة المعارف (1419هـ): التعليم في المملكة العربية السعودية نظم ولوائح تتناول جوانب مهمة من التعليم، جمع محمد فهد الهدياني، التطوير التربوي- مكتبة الوثائق التربوية، ج1 و ج2، ط1.

28- وزارة المعارف (1421هـ): الخطة الدراسية الجديدة للمرحلة الثانوية، نشرة التوثيق التربوي، الرياض، العدد (43).

29- وزارة المعارف (1414هـ): خلاصة إحصائية ومؤشرات أساسية للتعليم بوزارة المعارف 1406/1405هـ التطوير التربوي- مركز المعلومات الإحصائية والتوثيق التربوي، الرياض.

30- وزارة المعارف (1407هـ): دليل الطالب لنظام الدراسة في الثانوية المطورة، التعليم الثانوي المطور، مطابع الوطن الفنية، الرياض.

31- وزارة المعارف (1401هـ): دليل المدارس الثانوية الشاملة، التعليم الثانوي، مطبعة النور، مكة المكرمة.

32- وزارة المعارف (1409هـ): دليل المدرسة الثانوية المطورة، التعليم الثانوي المطور، شركة النصر للطباعة والتغليف، الرياض، ط2.

33- وزارة المعارف (1416هـ): سياسة التعليم في المملكة العربية السعودية، مطابع البيان- الرياض، ط4 .

34- وزارة المعارف (1419هـ): موسوعة تاريخ التعليم في المملكة العربية السعودية في مائة عام، ج1 ، مطابع الشرق الأوسط- الرياض، ط1 .

التعليم الفني

في

المملكة العربية السعودية

عندما نتحدث عن التعليم الفني فكأننا نتحدث عن المستقبل المشرق لتلك المجتمعات المعاصرة التي تهتم بذلك النوع من التعليم، فالمجتمع المدني اليوم يكاد يوصف بمجتمع الآلة التكنولوجية والتقنية العالية السريعة والدقيقة.

فالتعليم الفني (التقني) يعد من أهم عناصر التربية الشاملة التي تسعى نظم التعليم لتحقيقها كما ورد في الاتفاقية الخاصة بمكافحة التميز في مجال التعليم، التي اعتمدها المؤتمر العام لمنظمة الأمم المتحدة للتربية والثقافة والعلوم في دورته الحادية عشرة، ولهذا يعتبر التعليم الفني من أهم محاور التنمية الشاملة، وعليه شهدت العقود الثلاثة الأخيرة من القرن العشرين ارتفاعاً ملحوظاً في اهتمام دول العالم الأكثر تقدماً مثل أوروبا وأمريكا واليابان بالعلاقة بين التربية والعمل بالتعليم الفني، الأمر الذي أدى إلى ارتفاع النمو الاقتصادي إلى مستوى أدى بدوره إلى التوسع في الإنتاج ومواكبة التطور العلمي والتقني وتطور وسائل الإنتاج في الصناعة والاعتماد على البحث العلمي وتحسين نوعية الحياة بوجه عام. (حمدان الغامدي، ونور الدين عبد الجواد: 2002م، ص 250)

وفي المقابل نجد اهتمام الدول النامية بهذا النوع من التعليم دون المستوى المطلوب، الأمر الذي أدى إلى تعثر خطط التنمية بها، ورغم التطور الهائل الذي شهدته دول العالم خلال الخمسين سنة الماضية فإن الاهتمام بالتعليم الفني لا زال قليلاً مقارنة بالتعليم العام. فعلى المستوى العالمي نجد طالباً واحداً في التعليم الفني (التقني) مقابل ستة طلاب في التعليم العام (1-6) (حمدان الغامدي، ونور الدين عبد الجواد: 2002م، ص 251)

إن الاهتمام بالتعليم الفني (التقني) نتج عنه في العقود الأخيرة من القرن العشرين زيادة ملحوظة في معدلات القبول بمؤسسات التعليم الفني والتدريب المهني وبخاصة في الدول النامية، وفي البلاد العربية ما يزال الملتحقون بالتعليم الفني والتدريب المهني دون المستوى المطلوب، إذ لا يتجاوز هذا العدد 15% من مجموع تلاميذ المرحلة

الثانوية، كما أن المبالغ المخصصة للتعليم الفني (التقني) في البلاد العربية تمثل نسبة قليلة من موازنات التعليم. (حمدان الغامدي، ونور الدين عبد الجواد: 2002م، ص 251)

وفي المملكة العربية السعودية يحظى التعليم الفني والتدريب المهني بأهمية خاصة ذلك لأن المملكة تعاني نقصاً كبيراً في فئات الفنين والمهنيين في قطاعات النشاط الاقتصادي المختلفة، الأمر الذي جعلها تستعين مؤقتاً بأعداد كبيرة من العمالة الوافدة، ولذا فإن القائمين على نظام التعليم في المملكة ينظرون إلى التعليم الفني والتدريب المهني باعتبارهما حجر الزاوية في إعداد الكوادر الوطنية من الأيدي العاملة المدربة المؤهلة اللازمة لتنفيذ خطط التنمية.

فماذا يقصد بالتعليم الفني؟ وكيف تطور؟ ومن أصوله الفلسفية التاريخية والنظرية؟ وربط كل ذلك بتجربة المملكة العربية السعودية في هذا المجال.

مشكلة البحث :

من خلال مراجعة التساؤلات المطروحة في مقدمة البحث، فإن مشكلة البحث تتحدد في التساؤلات التالية:

1- ما المقصود بالتعليم الفني؟ وما هي أسسه الفلسفية التاريخية والنظرية ؟

2- كيف تطور التعليم الفني؟

3- ما أهداف التعليم الفني في المملكة العربية السعودية؟ وما المؤسسات المشرفة عليه؟

4- ما مجالات التعليم الفني في المملكة العربية السعودية؟ وما نوع المناهج التعليمية لكل مجال؟ وكيف نظمها التعليمي؟

5- كيف يتم إعداد معلم التعليم الفني؟

6- ما مشكلات التعليم الفني في المملكة العربية السعودية؟

7- ما واقع التعليم الفني في المملكة العربية السعودية؟ وما الخطط المستقبلية له؟

أهمية البحث:

تنبع أهمية البحث من أهمية التعليم الفني ذاته، حيث أصبح الأداة الفعالة في تقدم الأمم والشعوب، فالعصر الحديث يتميز بالثورة المعلوماتية وثورة الاتصالات وما كان لتلك الثورتين أن تتحققا بدون تقدم في المجالات الفنية والتقنية، كما تنبع أهمية البحث من التعرف على تجربة المملكة العربية السعودية في مجال التعليم الفني والتعرف على أهم النقاط الإيجابية في تلك التجربة لتعزيزها، والنقاط السلبية ومعالجتها أو تفاديها مستقبلاً .

أهداف البحث :

يهدف الباحث من دراسته هذه، في تحقيق ما يلي :

1- التعرف على مفهوم التعليم الفني، والتعرف على أسسه الفلسفية التاريخية والنظرية.

2- التعرف على كيفية تطور التعليم الفني.

3- التعرف على أهداف التعليم الفني في المملكة العربية السعودية، والتعرف على المؤسسات المشرفة عليه.

4- التعرف على مجالات التعليم الفني في المملكة العربية السعودية، ونوع المناهج التعليمية لكل مجال، وكيفية أنظمتها التعليمية.

5- التعرف على الكيفية التي يتم بها إعداد معلم التعليم الفني.

6- التعرف على مشكلات التعليم الفني في المملكة العربية السعودية .

7- التعرف على واقع التعليم الفني في المملكة العربية السعودية، وعلى الخطط المستقبلية له.

حدود البحث :

نظراً لأن مجال الحديث عن التعليم الفني متعدد، وأشكاله وصوره كثيرة، فإن هذا البحث سوف يقتصر على الإجابة عن أسئلته دون التطرق للعناصر الأخرى.

منهج البحث :

سوف يستخدم الباحث في هذا البحث المنهج الوصفي، الذي يعمل على تجميع مجموعة بيانات تصف ظاهرة موضوع البحث، بالاستفادة من الأدب التربوي حول عناصر الموضوع.

مصطلحات البحث :

التعليم الفني :

يذكر (حمدان الغامدي، ونور الدين عبد الجواد: 2002م، ص252) أن منظمة اليونسكو حددت مفهوم التعليم الفني (التقني) بأنه ذلك الجانب من التعليم الذي يشمل جميع ميادين العملية التربوية، ويتضمن كذلك دراسة التقنيات والعلوم المرتبطة بها واكتساب المهارات والاتجاهات والمعارف ذات الطابع العلمي، وقد حددت اليونسكو عناصره بما يلي:

1-   إن التعليم الفني (التقني) والمهني جزءٌ لا يتجزأ من التعليم العام.

2-   إنه سبيل الالتحاق بالقطاعات المهنية.

3-   إنه صورة من صور التربية المستمرة.

المقصود بالتعليم الفني والأسس الفلسفية التاريخية والنظرية له .

المقصود بالتعليم الفني :

رأينا فيما سبق مفهوم التعليم الفني حسب وجهة نظر (اليونسكو) التي تؤكد على أنه عبارة عن نوع من أنواع التعليم وهو جزء لا يتجزأ منه، يتضمن العلوم التربوية إضافة إلى الجوانب التقنية، كما أنه لا يقتصر على الجانب المعرفي فقط، بل يتضمن

المهارات والاتجاهات التي من الواجب إكسابها للمتدرب، كما تنظر إليه بأنه وسيلة مهمة للالتحاق بالقطاعات المهنية، وأكدت على جانب التعليم المستمر فيه نظراً لتميز هذا النوع من التعليم بالتطور المستمر في جوانبه الفنية والتقنية التي من الواجب مواكبتها واكتساب المهارات اللازمة للتعامل معها.

كما ينظر إليه البعض بنظرة مقاربة لتلك النظرة إلا أنه يوضح أهم مجالاته والمستويات التعليمية له، فهذا (محمد أبو سل: 1998م، ص17) يراه بأنه ذلك النوع من التعليم النظامي الذي يتضمن الإعداد التربوي وإكساب المهارات والمعرفة المهنية، والذي تقوم به مؤسسات تعليمية نظامية بمستوى الدراسة الثانوية، لغرض إعداد عمال ماهرين في مختلف التخصصات الصناعية والزراعية والصحية والتجارية لهم القدرة على التنفيذ والإنتاج.

ونلاحظ على هذا التعريف إهماله للاتجاهات وهي من الأمور المهم تكوينها لدى المتدربين، لا سيما في مجتمعاتنا العربية التي ما زالت النظرة فيها إلى التعليم الفني نظرة دونية. كما أهمل تعريفه مؤسسات التعليم العالي لهذا النوع من التعليم حيث حصرها فقط في المستويات الثانوية، أما فيما يتعلق بمجالاته فنلاحظ أن المجال الصحي في المملكة العربية السعودية يعتبر من المجالات المهنية أقرب منها للمجالات الفنية وله مؤسسات تشرف عليه غير تلك التي تشرف على التعليم الفني، مع أخذنا بعين الاعتبار أن هناك تخصصات ومسارات فنية تتبع المجال الصحي، وعلى سبيل المثال نجد فني أشعة، وفني غسيل كلوي.. الخ إلا أنها لم تضمن ضمن التعليم الفني في المملكة العربية السعودية وتم تضمينها ضمن التعليم المهني في القطاعات الصحية.

وتقترب نظرة وزارة التربية والتعليم (وزارة المعارف سابقاً) في المملكة العربية السعودية من تلك التعريفات، حيث تراه بأنه عبارة عن سائر البرامج المخططة والموجهة إلى فئات المتعلمين في مجال الصناعة أو التجارة بقصد إكسابهم معارف ومفاهيم ومهارات خاصة بالعمل والإنتاج في تلك المجالات، بما يوفر لديهم القدرة والكفاءة في استخدام الأدوات والمعدات والآلات الخاصة بالعمل في التشغيل والصيانة والفحص

والإصلاح والتسويق، وكذا في تطوير طرق وأساليب العمل ما يؤدي إلى تحسينه وزيادة فاعليته. وتتركز مسؤولية التعليم الفني في إعداد وتدريب وتأهيل الأيدي العاملة وأطر الفنيين اللازمين لعمليات الإنتاج والمرافق المادية المختلفة التي تعمل على تيسير مصالح المواطنين وتحقيق الرفاهية لهم. (التوثيق التربوي: 1998م، ص92)

الأسس الفلسفية التاريخية للتعليم الفني :

تزخر العديد من أدبيات المجال في تناولها الأسس الفلسفية التاريخية للتعليم الفني ومن أفضل ما سطر – من وجهة نظر خاصة- ما سطره (حمدان الغامدي، ونور الدين عبد الجواد: 2002م، ص 252- ص254) حيث عمدا في تصنيف ذلك إلى ما يلي:

1- التعليم الفني (الحرفي) عند المجتمعات القديمة :

نظرت شعوب بعض الحضارات القديمة نظرة تقدير واحترام للحرفيين كما هو الحال في الحضارة الهندية والصينية، أما الحضارة اليونانية فقد نظرت إلى الحرف والأعمال اليدوية المختلفة نظرة دونية بينما نظرت إلى الفلسفة والتأمل نظرة تقدير واحترام، وفي المجتمعات القديمة كان يتم توفير أصحاب الحرف عن طريق أسلوب المحاكاة والتقليد المباشر وغير المباشر، حيث كان الأب يقوم بتعليم الابن مهنته وتقوم الأم بتعليم ابنتها وظيفتها.

2- التعليم الفني (الحرفي) في الحضارة الإسلامية :

فقبل الإسلام كان العرب ينظرون كما تنظر بعض المجتمعات القديمة إلى الحرف والأعمال اليدوية المختلفة نظرة ازدراء، وجاء الإسلام لكي يضع الأسس لبناء الإنسان ووضع فلسفة للعمل تقوم على احترام الناس وتقديرهم على أساس ما يتمتعون به من استقامة وتقوى ونفع للعباد، كما حث الإسلام على العلم والعمل والترغيب فيهما قال تعالى: (فإذا قضيتم الصلاة فانتشروا في الأرض وابتغوا من فضل الله)، وقال تعالى (هو الذي جعل لكم الأرض ذلولاً فامشوا في مناكبها وكلوا من رزقه وإليه النشور).

كما جاءت الأحاديث النبوية بالعديد من المبادئ والأسس التي تؤكد على تقدير الإسلام للعمل اليدوي (الحرفي)، إذ قال رسول الله صلى الله عليه وسلم: (ما أكل أحد طعاماً قط خير من أن يأكل من عمل يده، وإن نبي الله داود عليه السلام كان يأكل من عمل يده). كما وأكد الخلفاء الراشدون على أهمية العمل، فهذا عمر بن الخطاب رضي الله عنه كان يقول: (إني لأرى الرجل فيعجبني فإذا قيل لي لا حرفة له سقط من عيني) لهذا وجدنا الإسلام لم يفرق بين العلم والعمل وعليه ظهرت حضارة قادت العالم بأسره طوال العصور الوسطى وكانت هي الأساس الذي استند إليه الغرب في حضارته المعاصرة.

3- التعليم الفني (التقني) في العصر الحديث:

ويعود الاهتمام بالتعليم الفني (التقني) في العصر الحديث إلى بداية القرن التاسع عشر في أوروبا حيث تقلص نفوذ الكنيسة وبدأت العلوم التطبيقية تأخذ دورها في تنمية المجتمعات الإنسانية، واقتصرت التجارب الأولى لتطوير التعليم الفني في البداية على تعليم مبادئ الرسم الهندسي وأعمال الخشب ولم يشمل جميع الطلاب واقتصر فقط على الطلاب الأقل قدرة على التعليم، وهي نظرة متأثرة بالحضارة اليونانية ونظرتها الدونية للتعليم الفني، ولكن مع بداية القرن العشرين زاد الاهتمام بالتعليم الفني (التقني) نتيجة للتغيرات الاجتماعية والاقتصادية والثقافية وأصبح التطور التقني معياراً لتقدم الدول والمجتمعات والأفراد، حيث إن الدول الصناعية هي التي تقود العالم اليوم، وهي التي تحدد نمط العلاقة بين الحضارات.

الأصول الفلسفية النظرية للتعليم الفني :

من المسلم به أن التعليم الفني يرتبط انتشاره بالنظرة الاجتماعية لهذا التعليم وطبيعة دورة في الحياة الاجتماعية والاقتصادية، والأصول النظرية للتعليم الفني تعود لنظريات علاقة التعليم بسوق العمل، وهناك نظريتان شهيرتان في هذا المجال، كما يحددهما (محمد الحامد وآخرون: 2004م، ص170) وهما:

1- نظرية رأس المال البشري :

وتقوم هذه النظرية على مفهوم أساس وهو أن التعليم يعد استثماراً مهماً في المجتمع. لذا ينبغي أن يرتبط بمتطلباته واحتياجاته وثقافته، وعليه فإن أفراد المجتمع عندما يلتحقون بمؤسسات التعليم هم في ذات الوقت يستثمرون في أنفسهم من أجل رفع وتحسين مستوى دخلهم وتفاعلهم الإيجابي في المجتمع، وتؤكد هذه النظرية على أن التعليم لا يتوقف فقط عند حد تعليم المعارف بل يتعدى ذلك لتعليم المهارات اللازمة في الحياة .

2- نظرية رأس المال الثقافي :

وتعد هذه النظرية من النظريات النقدية لوظيفة التعليم في المجتمعات الرأسمالية ومؤدى النظرية أن التعليم يعد أداة لتصنيف أبناء المجتمع الرأسمالي إلى فئتين الأولى مسيطرة يمثلها أصحاب الجاه والنفوذ في المجتمع، والثانية تابعة ويمثلها أبناء الطبقة العاملة. والعلاقة بينهما علاقة استغلال وإكراه، ومن هذا المنطلق ينظر للتعليم على أنه يعزز قيم واتجاهات الطبقة المسيطرة، وبالتالي فإن مخرجات التعليم العام ينبغي أن تتفق مع هذا التوجه، فتتاح الفرصة لأبناء الطبقة المسيطرة كي يواصلوا تعليمهم الجامعي بينما يوجه أبناء الطبقة العاملة إلى التعليم الفني والمهني.

تطور التعليم الفني

تطور التعليم الفني (التقني) عالمياً :

بدأ الأهتمام بالتعليم الفني منذ قرن مضى من الزمان، وتعد الحرب العالمية الأولى البداية الحقيقية لتطور التعليم الفني (التقني) حيث عمدت الدول المشاركة فيها بصورة مباشرة أو غير مباشرة إلى الاهتمام بالمجالات التقنية المختلفة التي تدعم المجهود الحربي، وأدركت جميع أنظمة التعليم في تلك الدول أهمية هذا النوع من التعليم، وما أن وضعت الحرب أوزارها حتى بادرت معظم الدول العالم إلى وضع الخطط والبرامج من أجل بناء وتطوير التعليم الفني (التقني)، ومع ذلك ظل الإقبال عليه قاصراً على فئة الطلاب الأقل قدرة على مواصلة التعليم، ومن أجل السعي نحو تكامل التعليم العام والتعليم الفني لجأت بعض نظم التعليم في الدول المتقدمة مثل اليابان والولايات المتحدة والمملكة المتحدة وألمانيا.. الخ إلى سياسة دمج التعليم الفني بالتعليم العام تحت شعار "تمهين التعليم العام" وتقوم هذه السياسة على إدخال ودمج المواد التعليمية ذات الطابع التقني في نظام التعليم العام ابتداءً من المرحلة الإعدادية أي من سن الثالثة عشرة من عمر الطالب. (حمدان الغامدي، ونور الدين عبد الجواد: 2002م، ص 254)

تطور التعليم الفني (التقني) عربياً :

لا تزال فلسفة التعليم الفني والتدريب المهني في البلاد العربية خاضعة للعديد من السلبيات من عهود الاستعمار التي تتمثل في احتقار العمل اليدوي والمهني مقارنة بالأعمال الأخرى، ومنذ حصول الدول العربية على استقلالها وهي تشهد اهتماماً متزايداً بالتعليم الفني والمهني، من أجل القيام بالأعمال الإدارية والإنشائية والتطويرية في جميع المجالات. وقد بدأت بعض الدول العربية بخطوات تطويرية للتعليم الفني، وذلك بإدخال أنماط مقررات التعليم الفني (التقني) في برامج التعليم العام، ولكنها ما زالت محدودة، وعليه ينبغي التوسع في هذا الأمر من أجل ربط العلم بالعمل وتشجيع الطلاب على حب العمل، كما قامت بعض الدول العربية بربط احتياجات مشاريع

التنمية الاقتصادية والاجتماعية بالتعليم، الأمر الذي أدى إلى زيادة الاهتمام بالتعليم الفني، ومع ذلك فإن معظم الدول العربية تطبق صيغة واحدة تقوم في أساسها على توزيع التعليم الثانوي إلى ثلاثة فروع هي التعليم العام (الأكاديمي) وغالباً يشمل قسمين: أدبي وعلمي، والتعليم الفني ويشتمل على ثلاثة أقسام تعليم صناعي وتجاري وزراعي وتعليم نسوي في بعض البلدان، والتعليم المهني ويقتصر على معاهد إعداد المعلمين والمعلمات ومعاهد إعداد الممرضين والممرضات ومعاهد البريد والمعاهد العسكرية. وتشير الإحصاءات إلى أن نسبة الدارسين في التخصصات الأكاديمية كانت في البلدان العربية عام 86.8% ونسبة التعليم الفني 11.1% ونسبة التعليم المهني 2.1% بينما نجد نسبة التعليم الفني في الولايات المتحدة 23.1% وفي أوروبا 23.9% وفي الصين 36%. (حمدان الغامدي، ونور الدين عبد الجواد: 2002م، ص 256)

تطور التعليم الفني (التقني) في المملكة العربية السعودية :

تعد تجربة المملكة العربية السعودية في تطوير التعليم الفني تجربة فريدة من نوعها على المستويين العربي والإسلامي، فنظام التعليم السعودي يقوم على تعاليم الدين الإسلامي الحنيف الذي يهتم بالعمل اهتماماً كبيراً حيث يترتب على العمل الأجر والثواب وكف النفس عن المسألة التي نهى الإسلام عنها، هذا على مستوى الفرد، أما على مستوى المجتمع فتتضح الحاجة للعمل الحرفي والمهني لسد حاجات الأمة من الأيدي العاملة المدربة في المجالات الزراعية والصناعية والتجارية. وبناءً على ذلك أدرك قادة هذه البلاد الكريمة أهمية بناء مجتمع يساهم في حضارة العالم، الأمر الذي يتطلب معه إعداد القوى البشرية المدربة التي تستطيع تحقيق النهضة الحضارية الحديثة.

ومع تدفق البترول في المملكة تغير نمط الحياة في المجتمع السعودي من حياة الرعي والتنقل إلى حياة الزراعة والصناعة والخدمات وما صاحبها من تغيرات اجتماعية وثقافية، كان أبرزها زيادة الطلب على التعليم بصورة عامة والتعليم الفني بصورة خاصة. (حمدان الغامدي، ونور الدين عبد الجواد: 2002م، ص258)

فقد تم إنشاء معهد نظامي للتعليم الفني والمهني في المملكة العربية السعودية عام 1369هـ ومنذ ذلك الوقت وقبله بوقت طويل يلقى التعليم الفني والمهني كل الرعاية والتشجيع، وقد أعلن مؤسس المملكة جلالة الملك عبد العزيز- يرحمه الله- في حفل تخريج الدفعة الأولى لمعهد الخرج الزراعي عام 1359هـ (وكان تابعاً لوزارة الزراعة في ذلك الوقت) عن أهمية التعليم الفني لصيانة الاستقلال الوطني للجزيرة العربية، ولإيجاد سواعد وطنية مدربة تخدم مجتمعها ووطنها.

كما جاءت كلمة (الصنايع) عن قصد صريح من مخطط السياسة التعليمية الملك عبد العزيز ما نصت عليه المادة 23 من التعليمات الأساسية لنظام الحكم والإدارة الصادرة في 1344/9/1هـ حتى لا تقتصر على العلوم والمعارف بمفهومها التقليدي بل لتشمل كذلك العلوم والمعارف المتصلة بالإعداد الفني والمهني والتقاني. وقد واكب ذلك إنشاء المديرية العامة للمعارف عام 1344هـ

كما تم إنشاء أول إدارة للتعليم الصناعي عام 1369هـ في عهد مديرية المعارف قبل إنشاء وزارة المعارف بأربع سنوات، وفي العام نفسه افتتحت أول مدرسة للتعليم الصناعي بالمملكة العربية السعودية كمدرسة متوسطة صناعية في مدينة جدة يلتحق بها الطلاب الحاصلون على الشهادة الابتدائية في دراسة مدتها ثلاث سنوات وكان أول فوج من الطلاب الذي التحق بها يتألف من ثلاثين طالباً.

وحتى عام 1372هـ كانت الإحصائية الرسمية للمدارس الصناعية تتمثل في مدرسة واحدة بها سبع وثلاثون طالباً يقوم بتدريسهم ثلاثة من المعلمين. (التوثيق التربوي: 1998م، ص 36-ص40)

وبعد إنشاء وزارة المعارف عام 1373هـ تجسد اهتمام وزيرها الشاب الملك فهد بن عبد العزيز في عهد والده بالتعليم الفني، حيث تم إنشاء إدارة للتعليم الفني التجاري والزراعي عام 1379هـ في الوزارة، وقد بدأت هذه الوزارة أعمالها بإنشاء أربع مدارس متوسطة تجارية عام 1380هـ التحق بها (214) طالباً من حملة الشهادة الابتدائية في كل من الرياض، والدمام، وجدة، ومكة المكرمة.

وخلال تلك الفترة حشدت سائر الجهود لإقامة وإرساء القاعدة الأساسية للتعليم الفني والمهني بالمملكة، وتمثلت هذه القاعدة في إنشاء ثماني مدارس صناعية تحت إشراف التعليم الصناعي بوزارة المعارف، وكانت مدة الدراسة بها 3-5 سنوات ثم استقرت على أربع سنوات في المدارس المتوسطة بينما استقرت في التعليم الثانوي الصناعي على ثلاث سنوات دراسية، وكانت منتشرة في معظم مناطق المملكة الحيوية فكان هناك (المعهد الصناعي بالرياض 1377هـ- مدرسة جدة الصناعية 1369هـ- مدرسة المدينة الصناعية 1374هـ- مدرسة الرياض الميكانيكية 1374هـ- مدرسة الدمام الصناعية 1376هـ- مدرسة الهفوف الصناعية 1379هـ- مدرسة بريدة الصناعية 1379هـ- المدرسة الثانوية الصناعية بالرياض 1380هـ) (التوثيق التربوي: 1998م، ص 58)

وفيما يلي عرض بعض الإحصائيات لتلك المدارس عبر سنوات مختلفة:

المدارس الصناعية المتوسطة

السنة	1372	1373	1374	1375	1376	1377	1378	1379
عددها	1	1	2	3	4	4	5	7
الطلبة	37	106	174	305	452	455	641	867
الفصول	-	-	7	20	23	33	33	49
المعلمون	3	16	20	43	70	92	97	131

مدارس الآلة الكاتبة

السنة	1372	1373	1374	1375	1376
عددها	-	1	1	1	2
الطلبة	-	35	45	55	161
الفصول	-	-	2	2	6
المعلمون	-	3	3	3	8

أما بالنسبة للمدارس التجارية المتوسطة فقد تأسست عام 1379هـ وكان عدد المدارس أربع مدارس، يدرس بها (214) طالباً، تضم تسعة فصول، يقوم بتدريسهم (15) معلماً . (التوثيق التربوي: 1998م، ص 68)

وفي عام 1385هـ قامت وزارة المعارف بإنشاء الإدارة العامة للتعليم الفني لتضم أنواع التعليم الفني الثلاثة (الصناعي والتجاري والزراعي) وأنيط بها توجيه التعليم الفني لإعداد الكفايات الفنية والمهنية القادرة على العمل بصورة فعّالة في مجال التصنيع واستزراع الأراضي، وتوفير العاملين الذين ينهضون بأعمال التجارة والبنوك والشركات.

وإضافة إلى ما سبق افتتاحه من مدارس، فقد طورت نظام الدراسة في المعهد الملكي بالرياض عام 1384هـ بحيث ينقسم إلى قسمين قسم مهني وآخر فني. وقد أنفقت الدولة على المعهد الفني الملكي حتى عام 1384هـ ما لا يقل عن 23 مليون ريال سعودي في بنائه وتجهيزه بأحدث المعدات والمختبرات الحديثة. (التوثيق التربوي 1998م، ص93)

كما قامت الوزارة بإنشاء خمس مدارس متوسطة زراعية عام 1380هـ تقبل الحاصلين على الشهادة الابتدائية ومدة الدراسة بها أربع سنوات دراسية، وبيان تلك المدارس كالتالي: (المتوسطة الزراعية بجيزان- وبريدة- والهفوف- وبلجرشي- والمجمعة) .

كما أنشات أربع مدارس تجارية عام 1380هـ ومدة الدراسة بها أربع سنوات تقبل الحاصلين على الشهادة الابتدائية، وهذه المدارس هي: (المدرسة التجارية بمكة المكرمة- والرياض- وجدة- والدمام). (التوثيق التربوي: 1998م، ص 94)

وتعد هذه المرحلة الأولى من تاريخ التعليم الفني والمهني بالمملكة بمثابة مرحلة استطلاع واختبار للإمكانات الذاتية للنظام التعليمي وقدرته على سد الاحتياج العاجلة للمملكة ببناء الكفايات البشرية اللازمة في مجال التعليم الفني والمهني.

وكان من ثمار تلك المرحلة نمو الحركة الصناعية في البلاد وزيادة عدد الطلاب في المدارس المتوسطة الصناعية حتى بلغ (2414) طالباً عام 1384هـ

كما كانت إدارة التعليم الفني في وزارة المعارف المنشأة عام 1380هـ تشرف على التعليم الزراعي والتجاري، ثم استقر الرأي على ضم التعليم الصناعي إلى إدارة التعليم الفني في إدارة واحدة أطلق عليها الإدارة العامة للتعليم الفني وباشرت اختصاصاتها في العام الدراسي 1385هـ/1386هـ .

وفي عام 1383هـ تبنت الوزارة مشروعاً لتطوير نمو المدارس الصناعية بالمملكة عرف بـ "مشروع السنوات الست" لتطوير نمو المدارس الصناعية في المملكة. وقد تضمن المشروع بعض المبادئ التربوية المهمة التي تعد معلماً متميزاً في تاريخ التعليم الفني بالمملكة (التوثيق التربوي: 1998م، ص94)

أما خلال الأعوام 1385هـ-1389هـ فقد شغل التعليم الفني اهتمام المسؤولين على أعلى المستويات في الدولة، وقد واكب ذلك استعداد المملكة لتبني خطط التنمية الخمسية الطموحة التي بدأ تنفيذها مع أول خطة خمسية مع نهاية هذه الفترة عام 1391/1390هـ .

وقد شهدت هذه المرحلة نشاطاً كبيراً في مجال التعليم الفني والتدريب المهني واتضحت فيه المعالم الأساسية التالية:

- توحيد جهة الإشراف على التعليم الفني بشهبه المختلفة (الصناعي والتجاري والزراعي) تحت إدارة موحدة هي الإدارة العامة للتعليم الفني، وكان ذلك مع بداية العام الدراسي 1386/1385هـ .

- الاستمرار في متابعة الخطة الجديدة للتعليم الصناعي نتيجة للأخذ بمشروع السنوات الست في تطوير المدارس الصناعية القائمة وافتتاح مدارس ومعاهد جديدة، ومن أمثلة تلك المشروعات، مشروع تكملة المدرسة الثانوية بالهفوف 1387هـ ومشروع المعدات الصناعية المطلوبة لكل من المدرسة المهنية الثانوية بالهفوف، والمدرسة المهنية الثانوية

بالمدينة المنورة، والمعهد الصناعي النموذجي في جدة، مشروع التوصيلات الكهربائية المطلوبة للمعهد الملكي الفني، ومشروع معهد النسيج في جدة، واعتماد مبلغ 50000 ريال سعودي للمصعد الكهربائي في المعهد الملكي الفني، ومشروع المعهد الصناعي النموذجي في الدمام، ومشروع المعهد التربوي الصناعي لإعداد المدرسين النظريين والعمليين والفنيين.

− التحول من نظام المدارس المتوسطة الصناعية إلى نظام المرحلة المهنية الثانوية وما ترتب على ذلك من تعديل الخطط الدراسية بالمتوسطات الصناعية.

− إنشاء المدارس المتوسطة الحديثة 1388هـ وذلك استجابة لدراسات والتوصيات التي أصدرتها اللجان المنعقدة لتطوير التعليم الفني والمهني، وكان الهدف من إنشاء هذه المدارس كما جاء في محضر افتتاحها (تحقيق الأهداف التربوية العامة في المرحلة المتوسطة الأكاديمية، بالإضافة إلى بعد جديد وهو تزويد الطالب بمقدار مناسب من الثقافة المهنية النظرية والعملية، وتوجيهه مهنياً بحيث تؤدي هذه الدراسة في النهاية إلى ترغيب خريجي المرحلة بمتابعة دراستهم في المعاهد الفنية والمدارس المهنية) وبناءً على ذلك جاء القرار الوزاري رقم 18/1756 في 1388/3/12هـ بإنشاء أربع مدارس متوسطة حديثة في كل من جدة، والمدينة، والرياض، والهفوف، وذلك مع مستهل العام الدراسي 1389/1388هـ يطلق عليها مسمى المدارس المتوسطة الحديثة.

− كما تم فتح فصل ثانوي زراعي في الهفوف وآخر في بريدة في مطلع العام الدراسي 1386/1385هـ وتم التغلب على مشكلتي المنهج والموازنة وتكليف إدارة التعليم الزراعي بعمل دراسة تخطيطية كاملة لتحديد ما تحتاجه المملكة في سنواتها القادمة من التعليم الزراعي.

- كما كان شرط القبول للالتحاق بالثانوية الزراعية حصول المتقدم على شهادة المرحلة المتوسطة العامة مع الذين يتخرجون من المدارس الزراعية القائمة وتكون نسبتهم لا تقل عن 70% .
- كما تم وقف قبول الطلاب في الصف الأول في باقي المدارس الزراعية لحين دراسة موضوعها.
- كما تمت خلال هذه الفترة التوسع في المشروعات المشتركة مع الدول الشقيقة والصديقة لتطوير التعليم الفني المهني، ويتضمن ذلك استقدام الخبراء وإرسال البعثات وتجهيز المدارس والمعاهد عن طريق زيادة الانفتاح على الخبرات العالمية. (التوثيق التربوي: 1998م، ص96)

ووفق تلك الجهود المبذولة، فقد طرأت على الاحصائيات تغيرات جذرية فيما يتعلق بالتعليم الفني في مجالاته المختلفة، والجداول التالية تبين ذلك:

التعليم الصناعي

السنوات	المدارس		عدد الطلاب		المدرسون
	متوسطة	ثانوية	متوسطة	ثانوية	
1381/1380	7	1	1220	39	160
1385/1384	7	1	2276	138	334
1390/1389	-	4	2	692	261

مصدر الإحصائيات الثلاث (التوثيق التربوي: 1998م، ص109)

التعليم التجاري

المدرسون	عدد الطلاب		المدارس		السنوات
	ثانوية	متوسطة	ثانوية	متوسطة	
33	-	507	-	4	1381/1380
54	-	758	-	4	1385/1384
4	-	18	-	1	1390/1389

التعليم الزراعي

المدرسون	عدد الطلاب		المدارس		السنوات
	ثانوية	متوسطة	ثانوية	متوسطة	
9	-	198	-	5	1381/1380
61	-	844	-	5	1385/1384
10	128	-	1	-	1390/1389

وهكذا بدأ التوجه في أن تكون مجالات التعليم الفني بفروعه المختلفة (الزراعي والتجاري والصناعي) في مستوى الثانوية وبعد المرحلة المتوسطة ويمتد لفترة ثلاث سنوات دراسية، يؤهل خريجها للعمل أو مواصلة الدراسة في كليات التقنية المتوسطة (التوثيق التربوي: 1998م، ص 124)

واستمر التطور في مجال التعليم الفني حتى عام 1400هـ حيث يشكل هذا العام صدور المرسوم الملكي الكريم القاضي بتأسيس المؤسسة العامة للتعليم الفني والتدريب المهني، وتم دمج جميع مراكز التدريب والمعاهد التابعة لوزارة العمل والشؤون الاجتماعية والمعاهد الفنية التابعة لوزارة المعارف (وزارة التربية والتعليم حالياً) في مؤسسة واحدة، وقد جاء إنشاء هذه المؤسسة تلبية للنهضة الصناعية المباركة التي تعيشها المملكة، وبهدف تطوير التعليم الفني، وتنفيذ الخطط والبرامج الموضوعة لتطوير القوى الوطنية المهنية، وتنفيذ الخطط والبرامج الموضوعة

لتطوير القوى العاملة في مجالات التعليم الفني المختلفة كالصناعة والتجارة والزراعة، وما يتصل بالتدريب والإعداد المهني، كما يوجد هناك جهات حكومية أخرى تشرف على بعض أنماط التعليم الفني وهي (وزارة الدفاع والطيران- وزارة الداخلية- الحرس الوطني- وزارة العمل ووزارة الشؤون الاجتماعية). (حمدان الغامدي، ونور الدين عبد الجواد: 2002م، ص66)

ووفق إحصائيات 1420هـ فإن المؤسسة العامة للتعليم الفني والتدريب الفني تشرف على (29) كلية فنية يدرس بها نحو (14000) طالب وبها (1400) عضو هيئة تدريس. (حمدان الغامدي، ونور الدين عبد الجواد: 2002م، ص237)

الهيكل التنظيمي للمؤسسة العامة للتعليم الفني والتدريب المهني

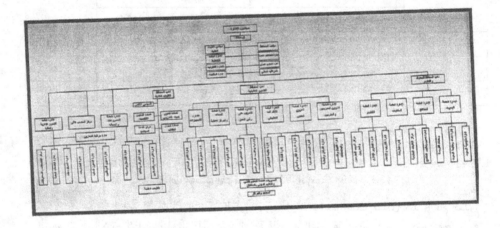

أهداف التعليم الفني في المملكة العربية السعودية والمؤسسات التعليمية المشرفة عليه

أهداف التعليم الفني :

تتحدد أهداف التعليم الفني، كما جاءت في السياسة التعليمية للمملكة العربية السعودية، التي أوردها كل من (حمدان الغامدي، ونور الدين عبد الجواد: 2002م، ص260) في النقاط التالية:

1- يهدف التعليم الفني إلى كفاية المملكة من العاملين الصالحين المؤهلين في سائر الميادين والمستويات.

2- تعني الجهات التعليمية المختصة بالتعليم بأنواعه الفني والمهني وتدعمها فنياً ومالياً.

3- تحدد حاجات المملكة من الأيدي الفنية على مختلف المستويات والأنواع بشكل يجعلها تكتفي ذاتياً.

4- توضع مناهج التعليم الفني والمهني وخطتها الدراسية بما يحقق أهدافها.

5- تنشئ الجهات الحكومية المختصة المعاهد- اللازمة لسد احتياجات المملكة من العاملين في مختلف المجالات.

6- تتخذ الجهات التعليمية وسائل التشجيع الممكنة اللازمة لسد احتياجات المملكة من العاملين في مختلف المجالات.

7- تتخذ الجهات التعليمية وسائل التشجيع الممكنة التي تضمن الإقبال على التعليم الفني.

كما يسطر (عبد العزيز السنبل وآخرون: 1993م، ص 339) الاستراتيجية التي تلتزم بها المؤسسة العامة للتعليم الفني والتدريب المهني في النقاط التالية:

1- إعداد وتدريب المواطن السعودي للقيام بالأعمال المهنية والحرفية والفنية في القطاعات المختلفة الصناعية والزراعية والتجارية والخدمات العامة.

2- السعي لتهيئة الأميين واليافعين الذين لم يواصلوا تعليمهم الأكاديمي لتوجيههم وتدريبهم في برامج متخصصة صباحية ومسائية وفقاً للسن والقدرات والميول لمواصلة تعليمهم أو ممارسة العملل.

3- إعداد الكوادر السعودية الفنية من المدرسين والمدربين.

4- توجيه الاستثمار في التعليم لتطوير هيكل المهارة ولتوسيع قاعدة العمل الفني بالمملكة.

5- إيجاد هيكل تعليمي ذي سلم موحد لتدعيم العمالة الفنية بالتنسيق مع أجهزة التأهيل البشري واللجنة الوزارية للقوى العاملة.

6- دعم عمليات التوجيه المهني بإثارة الوعي الفني والمهني بواسطة الأجهزة المعنية.

7- الاهتمام بالبحوث والدراسات لمعالجة مشكلات العمالة الفنية في ضوء احتياجات سوق العمل.

ولتحقيق هذه الاستراتيجية وضعت المؤسسة العامة للتعليم الفني والتدريب المهني الأهداف العامة التالية:

1- إعداد الفرد للقيام بالنشاطات المطلوبة في المجالات الصناعية والتجارية والزراعية والخدمات التي تساهم في رفع مستوى الاقتصاد الوطني.

2- تزويد الفرد بالثقافة الإسلامية والثقافة العامة اللتين تساهمان في تكوين الخلق الرفيع والإيمان القوي والمقدرة على التفاهم والتفكير والتكيف مع البيئات المختلفة.

3- تأمين قاعدة علمية عريضة للعمالة الفنية حتى تتجاوب مع التطور السريع في التكنولوجيا والعلوم التقنية.

4- فتح المجال أمام كل راغب لتعليم مهنة أو مواصلة تدريبه لأقصى ما تسمح به إمكاناته العقلية والجسمية، وهو ما يسمى بالتدريب المفتوح.

5- تطوير مهارات الفنيين وتحديث معلوماتهم المهنية باستمرار.

6- التأكيد على كرامة العمل اليدوي والمهني ودورهما في ازدهار المجتمع.

7- المساهمة في إيقاف الهجرة الداخلية إلى المدن الكبرى وذلك بافتتاح مراكز التدريب في جميع مناطق المملكة.

كما يعلق (سليمان الحقيل: 2003م، ص 186) على أهداف التعليم الفني في المملكة العربية السعودية كما حددتها سياسة التعليم فيها،بقوله: يمكننا أن نميز مستويين من الأهداف، المستوى الأول منها يتمثل في الأهداف المشتركة بين التعليم الفني وغيره من أنواع التعليم الأخرى في المملكة والمتضمنة (تحقيق النمو المتكامل للطالب من النواحي الروحية والعقلية والوجدانية والاجتماعية- وتأكيد معاني الوطنية في نفوس التلاميذ والعمل على تقوية اعتزازهم بوطنهم الخاص المملكة والعام المتمثل في العالم الإسلامي- وإعداد الطلاب للعيش في مجتمع إسلامي مقوماته الإيمان والعدل والتعاون- وإعداد الطالب للمساهمة في خدمة البيئة التي يعيش فيها). أما المستوى الثاني فيتمثل في الأهداف الخاصة بالتعليم الفني، المتضمنة (إعداد فنيين في المهن المختلفة للعمل بقطاعات الاقتصاد الوطني- تخريج المدرسين والمدربين

العمليين للعمل في المعاهد الفنية والمدارس الثانوية ومراكز التدريب المهني- تنمية اتجاهات الطلاب إلى هذا النوع من التعليم..الخ)

كما يحدد (حمدان الغامدي، ونور الدين عبد الجواد: 2002م، ص258) أهداف التعليم الصناعي الخاصة المتمثلة في إعداد القوى البشرية اللازمة لمزاولة الأعمال الصناعية المختلفة، لمواجهة احتياجات القطاعات الحكومية والأهلية من الأيدي العاملة المدربة القادرة على مواكبة التقدم الصناعي المتسارع.

كما يحددون أهداف التعليم التجاري الخاصة المتمثلة في إعداد القوى البشرية اللازمة لمزاولة الأعمال المالية والإدارية في مجالات المحاسبة وأعمال السكرتارية والأعمال المصرفية، والتعليم التجاري يسعى لسد الاحتياج في القطاعات الحكومية والأهلية لمواجهة النهضة التجارية التي تعيشها المملكة.

المؤسسات التعليمية للتعليم الفني :

نظام الإدارة مركزي حيث تشرف المؤسسة العامة للتعليم الفني والتدريب المهني على كافة المؤسسات التعليمية التي تقدم خدمات التعليم الفني، هذا إلى جانب إشراف بعض القطاعات الأخرى على أنماط مختلفة من التعليم الفني لها بعض طابع الخصوصية كتلك التي تشرف عليها وزارة الدفاع والطيران، ووزارة الداخلية والحرس الوطني، ووزارة العمل، ووزارة الشؤون الاجتماعية، كما تشرف الرئاسة العامة لتعليم البنات (التي ضمت تحت إشراف وزارة التربية والتعليم حالياً) على المعاهد الفنية والمهنية الثانوية للبنات لتأهيلهن لهن مثل ناسخة على الآلة الكاتبة وأمينات مكتبات وموظفات إداريات، وكان ذلك استجابة لما أكدت عليه خطة التنمية الثانية 1395هـ-1400هـ على ضرورة إيجاد معاهد ثانوية للتعليم المهني للفتاة، وكان باكورة ذلك إنشاء معهد للتعليم الثانوي المهني بفتح ثلاثة معاهد دفعة واحدة في كل من الرياض، وجدة، والدمام عام 1415هـ ثم توالى فتح هذه المعاهد في العام التالي 1416هـ حيث تم

افتتاح ثلاثة معاهد أخرى في كل من القطيف، والجوف، والمدينة المنورة، وفي عام 1417هـ افتتحت ثلاثة معاهد أخرى في كل من مكة المكرمة، ونجران، والأحساء، وفي عام 1418هـ افتتح معهد في بريدة، ومدة الدراسة في هذه المعاهد ثلاث سنوات دراسية بعد الكفاءة المتوسطة ونظام الدراسة فيها عن طريق الانتظام ولا يجوز الانتساب، ومناهجها نظرية عملية، كما تشرف الرئاسة العامة لتعليم البنات على مراكز التدريب المهني للتفصيل والخياطة، وجاءت هذه الفكرة تلبية لضرورة إيجاد فرص عمل لمن لم تمكنهن ظروفهن من مواصلة الدراسة، وإكسابهن الخبرة في أعمال تتوافق مع طبيعة المرأة، وتساعدهن في تحسين أوضاعهن المادية، وتسهم في مسيرة التنمية، والحد من استقدام الرجال العاملين في هذا المجال، وبدأت الرئاسة في فتح مثل هذه المعاهد عام 1392هـ بفتح مركزين في كل من الرياض، والأحساء، وقد وضعت إدارة التعليم الفني بالرئاسة ضوابط لفتح مثل هذه المعاهد منها حاجة المنطقة لليد العاملة النسائية، ومدى تقبل المواطنين لها، ووجود نسبة كبيرة في المنطقة من النساء الأميات، وإمكانية توافر الكفاءات الفنية والمهنية من الكوادر اللازمة للمركز. والدراسة فيها بالانتظام لمدة سنتين وتهتم بالجوانب العملية وتمنح المتدربة الكفاءة مكافأة شهرية مقدارها (400 ريال) (محمد الحامد وآخرون، 2004م، ص184)

ومع ذلك تبقى المؤسسة العامة للتعليم الفني والتدريب المهني باعتبارها المتخصصة الرسمية في رعاية مثل هذا النوع من التعليم، فإن باقي القطاعات والجهات الأخرى تسعى للاستفادة من خبراتها وإمكاناتها في ذلك الجانب ومطالبتها بإقامة بعض الدورات الخاصة لمنتسبيها.

كما أن المؤسسة العامة للتعليم الفني والتدريب المهني تشرف على المؤسسات التعليمية التي تقدم خدمات التعليم الفني التابعة لها كقطاعات حكومية أو القطاعات الخاصة والأهلية، وقد وضعت لها بعض الضوابط والشروط لمنحها تصريح مزاولة تقديم خدمة التعليم الفني. ولعلنا نشاهد بعض القطاعات الخاصة (الأهلية) التي تزاول التعليم التجاري بشكل عام وهي الصورة المنتشرة والعامة للقطاعات الخاصة، إضافة إلى

مراكز تعليم الحاسب الآلي ومراكز اللغات الخاصة. ويعد عام 1404هـ البداية الحقيقية للتعليم والتدريب الفني الأهلي، حيث صدرت موافقة مجلس القوى العاملة على حصر منح تصاريح المعاهد الفنية والمراكز الأهلية على المؤسسة، ومنذ ذلك التاريخ خصصت المؤسسة العامة لتعليم الفني والتدريب المهني إدارة تتولى مهام وشؤون التعليم والتدريب الفني الأهلي، ونظراً للتوسع الكبير في مجال التعليم والتدريب الفني الأهلي فقد تم رفع مستوى إدارة التعليم والتدريب الفني الأهلي إلى إدارة عامة تحت مسمى الإدارة العامة للمعاهد والمراكز الأهلية.

وعلى كل حال فإن المؤسسة العامة للتعليم الفني والتدريب المهني يتبعها مستويين من المستويات التعليمية التي تقدم التعليم الفني، فهناك التعليم الجامعي حيث قامت المؤسسة بتطوير الكليات التقنية المتوسطة إلى كليات تمنح البكالوريوس، من أجل توسيع قاعدة القوى العاملة السعودية المؤهلة، وكذلك إعداد معلمين ومدربين في معاهد التعليم الفني ومراكز التدريب المهني وقد وصل عددهم عام 1422هـ إلى 12 كلية. (حمدان الغامدي، ونور الدين عبد الجواد: 2002م، ص260)

وهناك المستوى الثانوي وله عدة مجالات، فمنها المعاهد الثانوية الصناعية وقد وصل عددها عام 1422هـ إلى عشرة معاهد، ومنها المعاهد الثانوية التجارية وقد وصل عددها عام 1422هـ إلى ستة عشر معهداً، ومنها المعاهد الثانوية الزراعية، وقد وصل عددها عام 1422هـ إلى أربعة معاهد، وأخيراً هناك المعاهد الثانوية للمراقبين الفنيين وقد وصل عددها عام 1422هـ إلى خمسة معاهد. وقد تم دعم هذه المعاهد بكافة الوسائل التعليمية والتجهيزات اللازمة للقيام بدورها في مجال التعليم الفني. (حمدان الغامدي، ونور الدين عبد الجواد: 2002م، ص261)

خلاصة إحصائية لمؤسسات التعليم الفني في المملكة عام 1422هـ

اسم المؤسسة	عددها	عدد الطلاب	عدد المعلمين	عدد الإداريين
الكلية التقنية	12	23672	1617	268
المعاهد الثانوية الصناعية	10	1106	1171	189
المعاهد الثانوية التجارية	16	7179	511	188
المعاهد الثانوية الزراعية	4	321	132	49
المعاهد الثانوية للمراقبين الفنيين	5	388	125	63
المعاهد الثانوية المهنية للبنات	12	2101	125	2693
المجموع	59	46972	3984	757

مجالات التعليم الفني في المملكة العربية السعودية

ونوع المناهج والنظام التعليمي لكل مجال

وفي هذا المحور سنتعرف على المجالات المختلفة التي يغطيها التعليم الفني في المملكة العربية السعودية، والتعرف على التخصصات المختلفة التي يتضمنها كل مجال من تلك المجالات، وإعطاء أمثلة لبعض تلك التخصصات المختلفة من حيث تبيان مناهجها التعليمية وخططها الدراسية وأنظمتها التعليمية، مع توضيح بعض الإحصاءات العلمية المختلفة والمتعلقة بهذا الشأن، وقد اعتمد الباحث في ذلك على ما جاء في الموقع الرسمي للمؤسسة العامة للتعليم الفني والتدريب المهني السعودية على الشبكة العنكبوتية، لضمان دقة المعلومات وحداثتها، وبيان ذلك كما يلي:

المجال الرئيس	المساقات
الكليات التقنية	الدراسات العامة ومراكز اللغة الإنجليزية
	التقنية الكهربائية
	التقنية الميكانيكية
	تقنية الحاسب
	التقنية الإدارية
	تقنية الفندقة والسياحة
	التقنية الالكترونية
	تقنية المدنية والمعمارية
	التقنية الكيميائية
	تقنية الاتصالات
	تقنية التصنيع الغذائي
	تقنية البيئة
المعاهد	المعهد الثانوي الصناعي
	المعهد الثانوي الزراعي
	المعهد الثانوي التجاري
	معهد المراقبين الفنيين
	المعاهد الفنية
مراكز التدريب المهني	وتضم تخصصات مختلفة تحت مجال واحد
التدريب العسكري	وتضم تخصصات مختلفة تحت مجال واحد

وكل مساق من المساقات المختلفة التي تقع ضمن مضلة مجال واحد تحتوى على تخصصات مختلفة، أو قد لا يوجد مساقات للمجال ولكن توجد تخصصات مختلفة له كما يتضح من الجدول التالي:

مجال الكليات التقنية

المساق	التخصصات
التقنية الكهربائية	قوى كهربائية
	آلات ومعدات
التقنية الميكانيكية	إنتاج
	مركبات
	تبريد وتكييف
	آلات زراعية
	أنظمة نيوماتية وهيدروليكية
	المعدات الثقيلة
	اللحام
	كهربائي سيارات
تقنية الحاسب	برمجيات
	دعم فني
	شبكات
	إدارة أنظمة الشبكات
	تقنية الوسائط المتعددة ورسوميات الويب
تقنية الفندقة والسياحة	سفر وسياحة
	فندقة
التقنية الإدارية	إدارة مكتبية
	محاسبة
	تسويق
التقنية الإلكترونية	إلكترونيات صناعية وتحكم
	الأجهزة الطبية
التقنية المدنية والمعمارية	عمارة
	مدني
	مساحة
التقنية الكيميائية	إنتاج كيميائي
	مختبرات كيميائية
تقنية الاتصالات	اتصالات
تقنية التصنيع الغذائي	تصنيع غذائي
التقنية البيئية	حماية البية
	سلامة الأغذية

ومدة الدراسة في هذه الكليات سنين دراسيتين بواقع أربعة فصول دراسية وتمنح الدبلوم، ومن الخطط المستقبلية لهذه الكليات أن تمنح البكالوريوس ومدة الدراسة فيها تصبح أربع سنوات، وقد بدأ تطبيق ذلك في الكلية التقنية في الرياض وهذه الكليات التقنية تمثل المستوى الجامعي في التعليم الفني، ويلتحق فيها الطالب بعد حصوله على شهادة التعليم الفني الثانوية من أحد المعاهد الفنية المختلفة أو شهادة الثانوية العامة بأقسامها المختلفة، حيث يوضع الطالب في التخصص المناسب والملائم له حسب إمكاناته وقدراته وتخصصه في الثانوية. ومن الصعوبة بمكان أن نغطي جميع الخطط الدراسية لكل هذه التخصصات، وسنكتفي بعرض مثال واحد لها، وسوف نعرض الخطة الدراسية لتخصص البرمجيات التابع لمساق تقنية الحاسب في مجال الكليات التقنية، وتتضح الخطة الدراسية له كما يلي:

	م	رمز المقرر	اسم المقرر	متطلب سابق	عدد الوحدات				
					س.م	مج	عم	تم	ص.أ
الفصل الدراسي الأول	1	141 حاب	برمجة -1		3	2	2		4
	2	161 حاب	مقدمة قواعد البيانات		2		4		4
	3	101 نجل	لغة إنجليزية عامة		3	3		1	4
	4	191 ريض	رياضيات حاسب		2	2			2
	5	181 ريض	رياضيات تخصصية		3	3		1	4
	6	101 حال	مقدمة لتطبيقات الحاسب		2		4		4
			مجموع الوحدات		15	10	10	2	22

	م	رمز المقرر	اسم المقرر	متطلب سابق	عدد الوحدات				
					س.م	مج	عم	تم	ص.أ
الفصل الدراسي الثاني	1	141 حاب	برمجة -2	141 حاب	3	2	2		4
	2	162 حاب	مقدمة قواعد البيانات	161 حاب	4	2	4		6
	3	151 حاب	تصميم صفحات انترنيت	101 حال	2		4		4
	4	102 حاب	تطبيقات الحاسب المتقدمة	101 حال	2		4		2
	5	101 سلم	ثقافة اسلامية-1		2	2			2
	6	132 نجل	لغة انجليزية تخصصية-1	101 نجل	3	3		1	4
			مجموع الوحدات		16	11	14	1	24

الفصل	م	رمز المقرر	اسم المقرر	متطلب سابق	عدد الوحدات				
					س.م	مج	عم	تم	ص.أ
	1	243 حاب	برمجة -3	142 حاب	3	2	2		4
	2	263 حاب	مقدمة قواعد البيانات	142 حاب 162 حاب	3	2	2		4
	3	252 حاب	برمجة انترنيت	141 حاب 151 حاب	2		4		4
	4	101 عرب	لغة عربية		2	2			2
	5	171 شبك	اساسيات نظم تشغيل	101 حاب	2		4		4
	6	233	لغة انجليزية تخصصية-2	132 نجل	3	3		1	4
			مجموع الوحدات		15	9	12	1	22

الفصل	م	رمز المقرر	اسم المقرر	متطلب سابق	عدد الوحدات				
					س.م	مج	عم	تم	ص.أ
الفصل الدراسي الرابع	1	102 سلم	ثقافة اسلامية-2	101 سلم	2	2			4
	2	101 سلك	السلوك الوظيفي ومهارات الاتصال		2	2			2
	3	253 حاب	برمجة انترنت متقدمة	252 حاب 142 حاب	3	1	4		5
	4	271 حاب	مواضيع مختارة	162 حاب	3	2	2		4
	5	264 حاب	تحليل وتصميم النظم	263 حاب	2	2			2
	6	272 حاب	مشروع	263 حاب	3	1	4		5
			مجموع الوحدات		15	10	10		20

الفصل	م	رمز المقرر	اسم المقرر	متطلب سابق	عدد الوحدات				
الفصل الدراسي الصيفي					س.م	مج	عم	تم	ص.أ
	1	299 تدر	تدريب تعاوني		4	حسب ساعات المنشأة			

هذا فيما يتعلق بالمجال الأول المتمثل في الكليات التقنية، أما عن المعاهد الفنية فهي كما يلي:

مجال المعاهد الفنية

المساق	التخصصات
المعاهد الثانوية الصناعية	الميكانيكا العامة
	السيارات
	المعدات الثقيلة
	فني طباعة
	فرز ألوان
	تجليد
	مونتاج
	إنشاءات معدنية
	حاسب آلي
	إلكترونيات
	كهرباء
المعاهد الثانوية الزراعية	الانتاج الحيواني
	الإنتاج النباتي
المعهد الثانوي للمراقبين الفنيين	الرسم المعماري
	الإنشاءات المعمارية
	المساحة
	الإنشاءات المدنية
المعاهد الفنية	ميكانيكا سيارات
	ميكانيكا عامة
	لحام
	صفيح الكهرباء العامة
	إلكترونيات
	الطباعة
	تطبيقات مكتبية
	صيانة حاسب آلي
المعهد الثانوي التجاري	الشؤون السكرتارية والإدارية
	شؤون الحسابات والشؤون المالية

ومدة الدراسة في هذه المعاهد ثلاث سنوات وهي تحاكي مسار الثانوية العامة يلتحق فيها الطلاب بعد حصولهم على شهادة المرحلة المتوسطة، ويوضع الطالب في

إحدى التخصصات التي تناسب قدراته، ويتضح لنا فيما يلي بعض الخطط العامة لبعض المجالات، فبالنسبة للإطار العام لمناهج الثانوية الصناعية تخصص سيارات يتضح لنا كما يلي:

الفصل الأول				
عدد الحصص			المادة	
المجموع	عملي	نظري		
2		2	علوم شرعية	المواد العامة (13)
1		1	لغة عربية	
3		3	لغة انجليزية (عامة)	
3		3	رياضيات	
2	2		مقدمة لتطبيقات الحاسب *	
2		2	فيزياء	
1		1	سلامة مهنية	المواد التخصصية (22)
8	6	2	اساسيات	
13	10	3	محركات	
35	18	17	المجموع	

الفصل الثاني				
عدد الحصص			المادة	
المجموع	عملي	نظري		
2		2	علوم شرعية	المواد العامة (13)
1		1	لغة عربية	
3		3	لغة انجليزية (عامة)	
3		3	رياضيات	
2	2		مقدمة لتطبيقات الحاسب *	
2		2	فيزياء	
1		1	سلامة مهنية	المواد التخصصية (22)
8	6	2	اساسيات	
13	10	3	محركات	
35	18	17	المجموع	

* لغير طلاب قسم الحاسب
* لغير طلاب قسم الحاسب

الفصل الثالث				
المادة		عدد الحصص		
		نظري	عملي	المجموع
المواد العامة (6)	علوم شرعية	2		2
	لغة عربية	1		1
	لغة انجليزية (تخصصية)	3		3
المواد التخصصية (29)	رياضيات	3		3
	الشاسية	5	8	13
	حقن الوقود والكهرباء	6	10	16
المجموع		17	18	35

الفصل الرابع				
المادة		عدد الحصص		
		نظري	عملي	المجموع
المواد العامة(6)	علوم شرعية	2		2
	لغة عربية	1		1
	لغة انجليزية (تخصصية)	3		3
المواد التخصصية (29)	الشاسية	5	8	13
	حقن الوقود والكهرباء	6	10	16
المجموع		17	18	35

الفصل الخامس				
المادة		عدد الحصص		
		نظري	عملي	المجموع
المواد العامة (6)	علوم شرعية	2		2
	لغة عربية	1		1
	لغة انجليزية (تخصصية)	3		3
المواد التخصصية (29)	سلوك مهني	1		1
	الرسم الفني	3		3
	نقل الحركة	7	10	17
	الصيانة الدورية الشاملة		8	8
المجموع		17	18	35

الفصل السادس
(تدريب تعاوني)

كما تتضح لنا الخطة الدراسية لتخصص الإنتاج النباتي في مجال ومساق التعليم الثانوي الفني الزراعي، كما يلي:

الفصل الأول				
المادة		عدد الحصص		
		نظري	عملي	المجموع
المواد العامة (14)	لغة انجليزية (عامة)	3		3
	حاسب آلي		2	2
	لغة عربية	1		1
	علوم شرعية	2		2
	رياضيات فنية	3		3
	كيمياء	1	1	2
	سلامة مهنية	1		1
	أحياء	2	2	4
المواد التخصصية (21)	اساسيات انتاج نباتي	2	3	5
	اساسيات تربة	1	2	3
	ارشاد زراعي	2		2
	تطبيقات عملية	-	7	7
المجموع		18	17	35

الفصل الثاني				
المادة		عدد الحصص		
		نظري	عملي	المجموع
المواد العامة (13)	لغة انجليزية (عامة)	3		3
	حاسب آلي		2	2
	لغة عربية	1		1
	علوم شرعية	2		2
	رياضيات فنية	3		3
	كيمياء	1	1	2
	سلامة مهنية	1		1
المواد التخصصية (21)	أحياء	2	2	4
	أساسيات انتاج نباتي	2	3	5
	أساسيات تربة	1	2	3
	إرشاد زراعي	2		2
	تطبيقات عملية	-	7	7
المجموع		18	17	35

الفصل الثالث				
المادة		عدد الحصص		
		نظري	عملي	المجموع
المواد العامة(6)	علوم شرعية	2		2
	لغة عربية	1		1
	لغة انجليزية (تخصصية)	3		3
المواد التخصصية (29)	انتاج محاصيل حقلية	2	3	5
	انتاج الخضر المكشوفة والمحمية	2	3	5
	انتاج فاكهة	2	3	5
	حشرات اقتصادية	2	2	4
	خصوبة تربة وتغذية نبات	2	2	4
	أمراض نبات	1	2	3
	الات زراعية	1	2	3
المجموع		18	17	35

الفصل الرابع				
المادة		عدد الحصص		
		نظري	عملي	المجموع
المواد العامة (6)	علوم شرعية	2		2
	لغة عربية	1		1
	لغة انجليزية (تخصصية)	3		3
المواد التخصصية (29)	انتاج محاصيل حقلية	2	3	5
	انتاج الخضر المكشوفة والمحمية	2	3	5
	انتاج فاكهة	2	3	5
	حشرات اقتصادية	2	2	4
	خصوبة تربة وتغذية نبات	2	2	4
	أمراض نبات	1	2	3
	الات زراعية	1	2	3
المجموع		18	17	35

الفصل الخامس				
المادة		عدد الحصص		
		نظري	عملي	المجموع
المواد العامة (6)	علوم شرعية	2		2
	لغة عربية	1		1
	لغة انجليزية (تخصصية)	3		3
المواد التخصصية (29)	اعلاف ومراعي	2	3	5
	زينة وتصميم حدائق	2	4	6
	انظمة الري والصرف	2	4	5
	الحشائش ومكافحتها	1	2	3
	تسويق المنتجات الزراعية	4		4
	ادارة مزارع	4		4
المجموع		23	12	35

الفصل السادس
(تدريب تعاوني)

ومن المساقات كذلك ضمن مجال المعاهد الفنية ومساق المعاهد الثانوية للمراقبين الفنيين، ومن ضمن تخصصاته الإنشاءات المعمارية، وتتضح الخطة الدراسية له كما يلي:

الفصل الأول				
المادة		عدد الحصص		
		نظري	عملي	المجموع
المواد العامة (13)	علوم شرعية	2		2
	لغة عربية	1		1
	لغة انجليزية (عامة)	3		3
	رياضيات	3		3
	حاسب آلي		2	2
	فيزياء	2		2
المواد التخصصية(22)	سلامة مهنية	1		1
	تقنية الانشاءات المعمارية	3		3
	تقنية المواد الانشائية		2	2
	رسم وقراءة مخططات		3	3
	تدريب عملي		13	13
المجموع		**15**	**20**	**35**

الفصل الثاني				
المادة		عدد الحصص		
		نظري	عملي	المجموع
المواد العامة (13)	علوم شرعية	2		2
	لغة عربية	1		1
	لغة انجليزية (عامة)	3		3
	رياضيات	3		3
	حاسب آلي		2	2
	فيزياء	2		2
المواد التخصصية(22)	سلامة مهنية	1		1
	تقنية الانشاءات المعمارية	3		3
	تقنية المواد الانشائية		2	2
	رسم وقراءة مخططات		3	3
	تدريب عملي		13	13
المجموع		15	20	35

الفصل الثالث				
المادة		عدد الحصص		
		نظري	عملي	المجموع
المواد العامة(6)	علوم شرعية	2		2
	لغة عربية	1		1
	لغة انجليزية (تخصصية)	3		3
المواد التخصصية(29)	حساب كميات بالحاسب الآلي		3	3
	تقنية الانشاءات المعمارية	3		3
	تقنية المواد الانشائية		2	2
	حساب وحصر كميات	3		3
	رسم وقراءة مخططات		4	4
	تدريب عملي		14	14
المجموع		12	23	35

الفصل الرابع				
عدد الحصص			المادة	
المجموع	عملي	نظري		
2		2	علوم شرعية	المواد العامة(6)
1		1	لغة عربية	
3		3	لغة انجليزية (تخصصية)	
3	3		حساب كميات بالحاسب الآلي	المواد التخصصية(29)
3		3	تقنية الانشاءات المعمارية	
2	2		تقنية المواد الانشائية	
3		3	حساب وحصر كميات	
4	4		رسم وقراءة مخططات	
14	14		تدريب عملي	
35	23	12	المجموع	

الفصل الخامس				
عدد الحصص			المادة	
المجموع	عملي	نظري		
2		2	علوم شرعية	المواد العامة(6)
1		1	لغة عربية	
3		3	لغة انجليزية (تخصصية)	
1		1	سلوك مهني	المواد التخصصية(29)
3	3		حساب كميات بالحاسب الآلي	
3		3	تقنية الانشاءات المعمارية	
2	2		تقنية المواد الانشائية	
3		3	حساب وحصر كميات	
3	3		رسم وقراءة مخططات	
14	14		تدريب عملي	
35	22	13	المجموع	

الفصل السادس
(تدريب تعاوني)

مجال مراكز التدريب المهني

وهو يضم مساق واحد يحمل نفس مسمى المجال العام، مساق التدريب المهني يضم التخصصات التالية: (صيانة الحاسب- التطبيقات المكتبية- تمديد شبكات الحاسب- تصميم ورسوميات- تصميم صفحات إنترنت- تصوير فوتوغرافي- تصور تلفزيوني- التمديدات الصحية- النجارة المسلحة- الحدادة المسلحة- أعمال البناء – أعمال اللياسة- أعمال البلاط- أعمال الدهان- خياطة- حلاقة- دهان سيارات- سمكرة سيارات-تبريد وتكييف – ميكانيكا سيارات بنزين- ميكانيكا سيارات ديزل- طباعة تجليد- طباعة طبع- طباعة فرز ألوان- طباعة مونتاج- العلاقات الحكومية- كهرباء إنشائية- كهرباء صناعة- صيانة أجهزة وآلات مكتبية- صيانة أجهزة سمعية ومرئية- ميكانيكا عامة- صفائح معدنية- النجارة العامة – لحام- الألمنيوم).

ولنا أن نتعرف على مثال لخطة دراسية من ضمن تخصصاته المختلفة، ومن بين تلك التخصصات التطبيقات المكتبية والسكرتارية، وتتضح خطتها الدراسية ما يلي:

	الفترة الأولى (8 أسابيع) 35 حصة في الأسبوع			
	المادة		عدد الحصص	
		نظري	عملي	المجموع
التدريب التخصصي	ثقافة اسلامية	8	-	8
	مقدمة حاسب ونظام التشغيل	-	48	48
	معالجة النصوص	-	32	32
	الجداول الالكترونية	-	32	32
	مقدمة انترنت	-	32	32
	سكرتارية	-	16	16
	لوحة مفاتيح – عربي	-	56	56
	لوحة مفاتيح- انجليزي	-	56	56
	المجموع	8	272	280

الفترة الأولى (8 أسابيع) 35 حصة في الأسبوع				
المادة		عدد الحصص		
		نظري	عملي	المجموع
التدريب التخصصي	ثقافة اسلامية	8	-	8
	مقدمة حاسب ونظام التشغيل	-	48	48
	معالجة النصوص	-	32	32
	الجداول الالكترونية	-	32	32
	مقدمة انترنت	-	32	32
	سكرتارية	-	16	16
	لوحة مفاتيح - عربي	-	56	56
	لوحة مفاتيح- انجليزي	-	56	56
المجموع		8	272	280

الفترة الأولى (8 أسابيع) 35 حصة في الأسبوع				
المادة		عدد الحصص		
		نظري	عملي	المجموع
التدريب التخصصي	ثقافة اسلامية	8	-	8
	سلوك مهني	8	-	8
	مقدمة حاسب ونظام التشغيل	-	24	24
	معالجة النصوص	-	48	48
	الجداول الالكترونية	-	32	32
	عروض تقديمية	-	32	32
	إدارة الوقت البريد الالكتروني	-	32	32
	سكرتارية	-	24	24
	لوحة مفاتيح - عربي	-	40	40
	لوحة مفاتيح- انجليزي	-	32	32
المجموع		16	264	280

الفترة الأولى (8 أسابيع) 35 حصة في الأسبوع

المادة		عدد الحصص		
		نظري	عملي	المجموع
التدريب التخصصي	ثقافة اسلامية	8	-	8
	سلوك مهني	8	-	8
	مقدمة حاسب ونظام التشغيل	-	32	32
	معالجة النصوص	-	64	64
	الجداول الالكترونية	-	32	32
	عروض تقديمية	-	32	32
	إدارة الوقت البريد الالكتروني	-	32	32
	سكرتارية	-	24	24
	لوحة مفاتيح – عربي	-	24	24
	لوحة مفاتيح- انجليزي	-	24	24
المجموع		16	264	280

الفترة الرابعة (8 أسابيع)
تدريب تعاوني
حسب ساعات التدريب في المنشأة
210 ساعة تدريب على الأقل

ونلاحظ هنا أنها توزع على أساس الفترات لكل فترة ثمانية أسابيع بمعنى أن كل فصل دراسي يتضمن فترتين، وبإمكان الملتحق بها إنهائها خلال سنة دراسية واحدة ويستطيع الطالب الالتحاق بها بعد حصوله على شهادة الثانوية العامة أو بما يعادلها ويمنح الدبلوم في التخصص المناسب.

مجال التدريب العسكري

المساق	التخصصات
التدريب العسكري وهو مساق واحد	إدارة المستودعات
	الآلات والمعدات
	الاتصالات
	الأعمال المكتبية
	البرمجيات
	التبريد والتكييف
	الدعم الفني
	الشبكات
	إلكترونيات
	محاسبة
	إنتاج
	قوى كهربائية
	مركبات

ويستمر التدريب في مثل هذه التخصصات لفترة ثلاثة فصول دراسية، أي لمدة سنة ونصف دراسية، ولإيضاح ذلك نورد الخطة الدراسية لإحدى التخصصات ولتكن إدارة المستودعات، وخطتها الدراسية كما يلي:

م | رمز المقرر | اسم المقرر | متطلب سابق | عدد الوحدات | المادة/ المواد

الفصل									المكافئة في الكليات
					س.م	مج	عم	س.أ	
الفصل الأول	1	101 تدر	تدريب عسكري (اعداد فرد اساسي)		20	17	6	23	101 نجل
	2	101 نجل	لغة انجليزية عامة		3	2	2	4	101 سلم
	3	101 سلم	ثقافة اسلامية-1		2	2	0	2	101 سلم
	4	101 حال	مقدمة تطبيقات الحاسب		2	0	4	4	101 حال
	مجموع الوحدات				27	21	12	33	

	م	رمز المقرر	اسم المقرر	متطلب سابق	عدد الوحدات				المادة/ المواد المكافئة في الكليات
					س.م	مج	عم	س.أ	
الفصل الثاني	1	122 نجل	لغة انجليزية تخصصية-1		2	2	2	4	122 نجل
	2	111 ريض	رياضيات تخصصية		3	3	0	3	111 ريض
	3	164 دار	مهارات في الطباعة العربية	101 حال	3	0	6	3	164 دار
	4	121 خزن	ادارة المخزون		3	3	0	3	121 خزن
	5	122 خزن	انظمة واجراءات المخزون		4	4	0	4	122 خزن
	6	101 سلك	سلوك مهني		2	2	0	2	101 خزن
	7	102 تدر	تدريب عسكري		5	0	10	10	101 سلك
	مجموع الوحدات				23	14	18	29	

	م	رمز المقرر	اسم المقرر	متطلب سابق	عدد الوحدات				المادة/ المواد المكافئة في الكليات
					س.م	مج	عم	س.أ	
الفصل الثالث	1	261 خزن	الامن والسلامة		2	2	0	2	
	2	161 احص	مقدمة في الاحصاء		2	2	0	2	161 احص
	3	264 دار	مهارات في الطباعة انجليزي	101 حال	3	0	6	3	264 دار
	4	262 خزن	تنظيم المخازن		2	2	0	2	262 خزن
	5	263 خزن	الرقابة والتقارير المستودعية		4	4	0	4	263 خزن
	6	214 خزن	تطبيقات مستودعية بالحاسب	101 حال	3	0	6	6	214 خزن
	7	102 سلك	منشآت صغيرة		2	2	0	2	
	8	103 تدر	تدريب عسكري		5	0	10	10	
	مجموع الوحدات				24	13	22	32	

س.م. ساعات معتمدة ** مح: محاضرة ** عم: عملي/ ورش ** س.أ. ساعات معتمدة

وعموم القول نلاحظ أن جميع الخطط الدراسية ركزت بشكل كبير على الجانب العملي والتطبيق من خلال الورش التعليمية، والاهتمام كذلك بالتدريب التعاوني.

وعند قراءة فاحصة ومتأملة لتلك الخطط الدراسية نلحظ الاهتمام الكبير والعناية الفائقة بتصميم تلك الخطط والتنوع في التخصصات وتغذيتها بالمواد العامة والثقافية والتربوية والمهنية إلى جانب الإعداد التخصصي، مع افتقار تلك التخصصات والمساقات المشتملة عليها المجالات العامة إلى بعض التخصصات المطلوبة حالياً كتخصصات الطاقة النووية، ومجال الفضاء، والإنسان الآلي.

ولكن تبقى تلك الإنجازات محل التقدير والاحترام دائماً من قبل المسؤولين والمستفيدين من تلك البرامج، ولا أدل على ذلك ما توضحه البيانات والإحصاءات العامة لمثل تلك الحالات.

التطور الكمي في خمس سنوات بالمؤسسة العامة للتدريب الفني والتدريب المهني (بيانيا)

Qualitative Development in Five Years GOTEVOT. (Graphics)

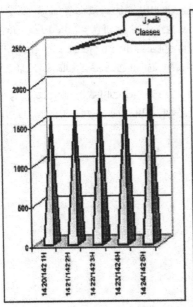

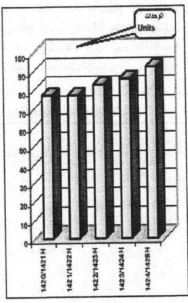

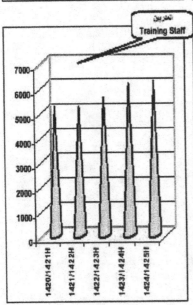

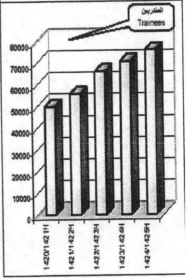

كما يتضح لنا التطور الكمي خلال الخمس سنوات لجميع مراحل التدريب الحكومي، كما في الجدول التالي:

التطور الكمي في خمس سنوات لجميع مراحل التدريب الحكومي بالمؤسسة

Five Years Quanlitative Development of all Types of Training in GOTEVOT

I.Year Type of Training			1425/1424هـ	1424/1423هـ	1423/1422هـ	1422/1421هـ	1421/1420هـ	العام الدراسي نوع التدريب		
Colleges of Technology	Units		24	20	17	12	12	وحدات		الكليات الثقافية
	Lec.Hill		771	664	610	498	421	القاعات		
	Trainees		39539	33876	30060	22935	19635	المتدربون	المتدربون	
	Grada		*	8788	5074	3845	2242	خريجون		
	Training Staff	T.	2429	2212	1987	1617	1638	جملة	المدربون	
		S.	1818	1602	1496	1253	1204	سعودي		
	Admi	T.	449	403	340	268	230	جملة	اداريون	
		S.	444	394	334	263	223	سعودي		
	Labouners		309	267	222	179	170		المستفيدون	
Colleges of Technology	Units		34	34	35	35	35	وحدات		المعاهد الفنية
	Lec.Hill		834	845	825	794	772	فصول		
	Trainees		22926	23032	22674	21199	19258	المتدربون	المتدربون	
	Grada		*	5566	4818	4859	4226	خريجون		
	Training Staff	T.	2261	2382	2182	2242	2227	جملة	المدربون	
		S.	2004	2076	1904	1983	1889	سعودي		
	Admi	T.	464	484	463	489	482	جملة	اداريون	
		S.	458	473	450	475	466	سعودي		
	Labouners		331	329	330	361	361		المستفيدون	
Colleges of Technology	Units		34	32	31	30	30	وحدات		مراكز التدريب المهني
	Lec.Hill		428	373	358	349	387	ورش		
	Trainees		13441	13847	13332	11651	11111	المتدربون	المتدربون	
	Grada		*	5350	6274	5518	5667	خريجون		
	Training Staff	T.	1526	1524	1398	1362	1349	جملة	المدربون	
		S.	1425	1438	1365	1316	1242	سعودي		
	Admi	T.	420	364	336	325	375	جملة	اداريون	
		S.	415	354	321	338	361	سعودي		
	Labouners		370	386	392	383	407		المستفيدون	
Colleges of Technology	Units		92	86	83	77	77	وحدات		الكليات الثقافية
	Lec.Hill		2033	1882	1793	1641	1580	فصول		
	Trainees		75906	70755	66066	55685	50004	المتدربون	المتدربون	
	Grada		*	19704	16166	14222	12135	خريجون		
	Training Staff	T.	6216	6121	5567	5221	5214	جملة	المدربون	
		S.	5247	5116	4765	4552	4371	سعودي		
	Admi	T.	1333	1251	1139	1109	1087	جملة	اداريون	
		S.	1317	1221	1105	1076	1050	سعودي		
	Labouners		1010	964	944	923	938		المستفيدون	

* لم تظهر نتائج الخريجين خلال فترة اعداد الاحصائية

ويتضح لنا كذلك التطور الكمي خلال الخمس سنوات لجميع مراحل التدريب الأهلي، كما في الجدول التالي:

التطور الكمي في خمس سنوات لجميع برامج التعليم والتدريب الأهلي التي تشرف عليه المؤسسة

Five Years Quantative Development of all Privat Training under the supervision of GOTEVT

Des.	الخريجين			المتدربين			الوحدات التكرمية			البيان
Year	Graduates			Trainees			Training units			السنة
	دورات تدريبية Tra. Cour.	ثانوي Sec.	دبلوم Dip.	دورات تدريبية Tra. Cours	ثانوي Sec.	دبلوم Dip.	دورات تدريبية Tra. Cour.	ثانوي Sec.	دبلوم Dip.	
1240/1421H	11487	3074	489	13085	5851	1488	272	37	43	1421/1420هـ
1421/1422H	13125	1132	858	16942	4438	3670	264	39	78	1422/1421هـ
1422/1423H	11009	1334	3044	18844	5665	6873	250	40	102	1423/1422هـ
1423/1424H	8152	1577	3899	18202	7976	17141	319	46	169	1424/1423هـ
1424/1425H	*	*	*	16901	8603	15681	348	47	182	1425/1424هـ

* لم تظهر نتائج الخريجين خلال فترة إعداد الاحصائية

مما سبق عرضه نستطيع الجزم بأن هناك تطورات كمية ونوعية في مجال التعليم الفني في المملكة العربية السعودية، الذي انعكس من خلال الإحصاءات والبيانات السابقة والذي اتضح من خلال عرض بعض الخطط الدراسية لبعض التخصصات في المساقات والمجالات المختلفة.

مما يظهر لنا التنوع الكبير في مجال التعليم الفني سواءً على مستوى التعليم الجامعي أو مستوى التعليم في المعاهد الفنية، أو من خلال إقامة وتصميم بعض الدورات التدريبية .

إعداد معلم التعليم الفني في المملكة العربية السعودية

تم افتتاح أول معهد لإعداد المدرسين العمليين عام 1392هـ وهو المعهد الفني العالي بالرياض بإشراف وزارة المعارف، واستهدف إنشاء هذا المعهد إتاحة الفرصة للطلاب المتفوقين في المعاهد والمدارس الفنية والمهنية الثانوية لاستكمال دراساتهم العليا وذلك بإعدادهم ليكونوا مدرسين عمليين أو مدربين للمواد العملية والفنية بالتعليم الثانوي.

وكانت شروط القبول بالمعهد العالي الفني لإعداد المدرسين العمليين تتضمن أن يكون المتقدم حاصلاً على الشهادة الثانوية المهنية أو ما يعادلها، وأن يجتاز اختبارات القبول والمقابلة الشخصية والكشف الطبي.

وتتراوح مدة الدراسة في المعهد من سنتين إلى أربع سنوات تبعاً للمستوى الذي يعد من أجله الطالب كمشرف فني درجة أولى أو ثانية، ومراقب فني درجة أولى أو ثانية وإلى جانب التخصصات الفنية كان الطالب يدرس مجموعة من المواد النظرية إلى جانب المواد الفنية النظرية والعملية، وتشمل السنة الدراسة 28 أسبوعاً تبلغ عدد الساعات الدراسية 42 ساعة أسبوعياً، وقد بلغ عدد طلاب المعهد عند افتتاحه 118 طالباً تخرجت الدفعة الأولى منهم عام 1394هـ وعمل الخريجون مدربين عمليين في مراكز التدريب المهنية التابعة لوزارة العمل والشؤون الاجتماعية. والجدول التالي يوضح الخطة الدراسية لإعداد المدرسين العمليين بالمعهد الفني العالي بالرياض.

المادة	عدد ساعات الدراسة في الأسبوع			مجموع ساعات السنوات الثلاث
	الاولى	الثانية	الثالثة	
الدراسة العملية في الورش	21	21	21	1764
الدراسة النظرية	4	4	4	336
رياض صناعية	2	2	2	168
تكنولوجيا عامة واختبار المواد	2	2	2	168
الرسم الصناعي	2	2	2	168
المواد النظرية العامة				
فيزياء صناعية	1	1	1	84
كيمياء صناعية	1	1	-	56
رياضة عامة	1	1	1	84
وسائل ايضاح	1	1	1	84
اقتصاد	-	1	1	56
علم التربية الحديثة	1	1	1	84
التنظيم المدرسي	0.5	-	-	14
الوقاية الصحية المهنية	0.5	-	-	14
لغة انجليزية	3	3	3	252
لغة المانية	2	2	2	168
المجموع الكلي	42	42	42	3528

وبعد إنشاء الكليات التقنية أصبح المعهد الفني العالي بالرياض قاصراً على إعداد المعلمين الفنيين لمدة عام دراسي واحد.

وفي إطار إعداد المعلم الفني قامت وزارة المعارف بتقديم الدورات التدريبية لرفع مستوى المدرسين الموجودين بالفعل في الوظائف التربوية المختلفة، كما أرسلت الوزارة كثيراً من البعثات إلى كل من إيطاليا وألمانيا وفرنسا، بحكم أن هذه البلاد سباقة في مضمار التعليم الفني، كما عملت الوزارة على الاستعانة بالخبراء الأجانب ليقوموا بتدريب هؤلاء المدرسين والإشراف عليهم.

كما قامت المؤسسة العامة للتعليم الفني والتدريب المهني في المقابل بإنشاء معهدين لإعداد المدربين أحدهما في الرياض والآخر في الخرج لتدريب المدربين السعوديين أثناء الخدمة لمواكبة التقدم العلمي والتكنولوجي، ورفع كفاءة المدربين العاملين بالمركز، وإجراء البحوث والدراسات، وتطوير البرامج التربوية.

واستقبل معهد الرياض أول دفعة من مساعدي المديرين عام 1395هـ وقد استطاع المعهد منذ افتتاحه وحتى نهاية عام 1402هـ تدريب (414) مدرباً في داخل المعهد، كما تم ابتعاث (340) مساعد مدرب إلى بريطانيا.

ويقوم المعهدان بتطوير المناهج للمهن المختلفة على أساس التعليم المبني على الكفاية المهنية والكفاية الفردية والمدعمة بالوسائل التعليمية وتطبيقها تطبيقاً صحيحاً بالمعهد، ويتطلب ذلك إعداد المادة المكتوبة والمواد التعليمية المصاحبة. (عبد العزيز السنبل وآخرون: 1993م، ص 356)

وحديثاً تعتبر الكليات التقنية هي المسؤول الرئيس عن تغذية المعاهد الفنية بالكوادر الوطنية المدربة، وأصبحت تمنح درجة البكالوريوس ومدة الدراسة فيها أربع سنوات، يلتحق بها المتدرب بعد حصوله على الثانوية الفنية بمختلف تخصصاتها ومجالاتها أو ما يعادلها، وقد كانت إلى عهد قريب مدة الدراسة فيها سنتين وما زالت في بعض كلياتها حتى الآن.

كما اهتمت المؤسسة العامة للتعليم الفني والتدريب المهني بإنشاء مراكز التدريب على رأس العمل وتهدف إلى استمرارية التعليم والتدريب لاكتساب المهارات الجديدة أثناء الخدمة بطريقة منتظمة ومستمرة تواكب حاجات العمل الفعلية والمستجدات التقنية للمهنة، وقد أنشأت لذلك إدارة متخصصة للتدريب على رأس العمل بالرياض وافتتح لها ثلاثة فروع في كل من الرياض وجدة والدمام.

كما تم إنشاء مركز التقنيات التعليمية لأهمية استمرارية تطوير المناهج ومراجعة محتوياتها، وتطوير واختيار المواد التدريبية الجديدة لمواكبة الاحتياجات

المتجددة في المجال الصناعي وإعداد المواد التدريبية للتخصصات الجديدة، كما يقوم بإجراء الأبحاث والدراسات اللازمة وتقويم البرامج القائمة.

وأنشأت المؤسسة كذلك مركز التطوير التعليمي للإلكترونيات كمشروع تعاون فني سعودي ياباني بموجب اتفاقية تعاون بين البلدين تم توقيعها بين المؤسسة العامة للتعليم الفني والتدريب المهني وبين الوكالة اليابانية للتعاون الدولي، وتهدف إلى تطوير ورفع مستوى تعليم الإلكترونيات بالمعاهد الثانوية الصناعية بما يتناسب مع التطورات التقنية الحديثة ومتطلبات سوق العمل والأخذ بأفضل الطرق الفنية لتعليم الإلكترونيات لتحقيق مستوى عال من الجودة والتعليم والمساهمة في نقل التقنية وتبادل المعلومات بين قطاعات المؤسسة. (حمدان الغامدي، ونور الدين عبد الجواد: 2002م، ص266)

كما اهتمت المؤسسة العامة للتعليم الفني والتدريب المهني خلال السنة الحالية من إيفاد عدد من منتسبيها لكل من بريطانيا وألمانيا من خلال إدارة التعاون الدولي في المؤسسة لدراسة تخصصات مختلفة في تقنية الحاسب الآلي والتسويق والميكانيكا العامة وميكانيكا السيارات والإلكترونيات، كما سبق لها أن أرسلت بعثات إلى كل من كوريا الجنوبية، واليابان، والأردن، ونيوزلندا، وإيطاليا، وتايوان، وبريطانيا وألمانيا باعتبار أنها دول لها تجاربها السابقة والجيدة في التخصصات الفنية.

مشكلات التعليم الفني في المملكة العربية السعودية

يعاني التعليم الفني كغيره من أنواع التعليم الأخرى في المملكة العربية السعودية من مشكلات عديدة، وقد تكون لمشكلات التعليم الفني بعض الخصوصية المتعلقة به كنوع مميز من التعليم، فمن أهم مشكلات التعليم الفني في المملكة العربية السعودية. كما يحددها (حمدان الغامدي، ونور الدين عبد الجواد: 2002م، ص262) في النقاط التالية:

1- ضعف العلاقة بين مناهج التعليم الفني واحتياجات التنمية الاقتصادية مما يترتب عليه عدم تلبية هذا النوع من التعليم لحاجة سوق العمل.

2- ضعف الإقبال على التعليم الفني في مؤسسات هذا النوع من التعليم مقارنة بمستوى القبول في مدارس التعليم العام، والذي لا يرقى إلى تطلعات الجهود التي تهدف إلى جعله أكثر قبولاً وشيوعاً.

3- ارتفاع تكلفة التشغيل لبرامج التعليم الفني مقارنة بالتعليم العام، إذ يبلغ متوسطة كلفة الطالب في هذا النوع من التعليم أضعافاً مضاعفة لمتوسط كلفة الطالب في التعليم العام، مما يتطلب الاستفادة القصوى من مؤسسات التعليم الفني، وذلك عن طريق جعل تلك المؤسسات متاحة لأنماط أخرى من التعليم والتدريب والتأهيل.

4- نظام القبول في مؤسسات التعليم الفني يعترضه عدد من الصعوبات منها ضعف الطاقة الاستيعابية، وعدم مراعاة نظام القبول لاحتياجات الدارسين، وسوء توزيعهم على التخصصات المتاحة.

5- قصور خدمات التوجيه والإرشاد المهني لطلاب التعليم العام.

كما يضيف (محمد الحامد وآخرون: 2004م، ص189) المشكلات التالية:

1- ضعف الالتحاق بالمعاهد الثانوية الفنية، حيث تدنت نسبة الالتحاق ووصلت إلى حوالي 2.2% عام 1422هـ.

2- النظرة الدونية للتعليم الفني.

3- تخلّف التعليم الفني عن ملاحقة عجلة التنمية.

4- توفير المعلم الوطني للتعليم الفني.

5- عدم انفتاح التعليم التقني على التعليم العالي، بمعنى قلة الفرص المتاحة لطلابه الالتحاق بالجامعات.

6- ضعف الاهتمام بمتابعة خريجي التعليم الفني.

7- ضعف التكوين الثقافي لخريجي هذا النوع من التعليم الذي يهيئهم لفهم التقنية في السياق الحضاري الراهن.

8- يفتقر هذا النوع من التعليم التقويم الموضوعي الذي يحدد بشكل دقيق مدى فاعلية وجدوى مخرجاته بالنسبة إلى مدخلاته.

واقع التعليم الفني في المملكة العربية السعودية والخطط المستقبلية له

واقع التعليم الفني في المملكة العربية السعودية :

من قراءة وفحص نظام التعليم الفني في المملكة العربية السعودية يتضح بجلاء مدى الاهتمام من قبل الدولة بهذا النوع من التعليم، وقد وضح ذلك في النمو الكمي الذي طرأ على هذا التعليم بأنواعه الثلاثة (الصناعي والتجاري والزراعي) وفي إنشاء هيئة عليا متخصصة للإشراف على التعليم الفني وهي المؤسسة العامة للتعليم الفني والتدريب المهني.

وقد تولد الاهتمام بالتعليم الفني مع التطور التقني والصناعي والزراعي وبخاصة مع ازدهار الصناعات البترولية، ونجاح تجارب الإنتاج الزراعي، واتساع نطاق الخدمات في شتى أنحاء المملكة، وفي نفس الوقت جاء هذا الاهتمام مواكباً للتقدم العلمي والتقني المعاصر.

ولكن المتأمل في التعليم الفني في المملكة العربية السعودية يجد أمامه شوطاً كبيراً حتى يتمكن من تخريج التقنيين بالكم والكيف الذي يتناسب مع مطالب التنمية الاقتصادية في الداخل والخارج، وما يزال التعليم الفني لا يجتذب العناصر المتميزة من الشباب والتي تؤثر التعليم الأكاديمي باعتباره مؤدياً إلى الجامعة بينما التعليم الفني لا يوفر لخريجيه فرصاً كبيرة لاستكمال دراستهم العليا .

إن العالم اليوم يعيش ثورة تقنية هائلة من أهم معالمها التقدم الهائل في مجال الإلكترونيات الدقيقة والحاسبات الآلية والإنسان الآلي وصناعة المعلومات والاتصالات والطاقة النووية وتكوين الفضاء، وفي الوقت ذاته يسيطر على العالم اليوم مفهوم جديد لاستنباط مواد جديدة وإحلالها محل المواد الطبيعية القديمة على أساس التقنية الكيميائية والبتروكيميائية، بدلاً من الاعتماد على الموارد الطبيعية المحدودة القابلة للنضوب.

والسؤال هنا: أين خريجو التعليم الفني في مجتمعنا من هذه التطورات؟

وهذا السؤال يفرض بضرورة إعادة النظر في هيكل ومحتوى التعليم الفني وعلاقته بسوق العمل، وفي هذا الإطار يمكن الإفادة من الاتجاهات والخبرات العالمية التي لاقت نجاحاً في مجال التعليم الفني، التي يمكن إيجازها في النقاط التالية:

1-   التقارب والتكامل بين التعليم الفني والتعليم الأكاديمي، ومن نماذج ذلك ماليزيا وكوريا واليابان.

2-   نشر التعليم الفني في مؤسسات العمل والإنتاج، ومن نماذج ذلك اليابان وألمانيا والسويد.

3-   المدارس الشاملة، وهي مدارس غير انتقائية تستوعب جميع الأطفال المنتهين من المرحلة الابتدائية وتقدم لهم برامج تربوية تتيح الفرصة لكل منهم كي يصل في تحصيله إلى أقصى قدراته واستعداداته، وفي هذه المدارس برامج متنوعة أكاديمية وتقنية ولكل تلميذ أن يختار ما يناسب ميوله. وهذه الصيغة موجودة في دول عديدة من دول أوروبا والولايات المتحدة.

وأياً كانت تجارب وخبرات التعليم الفني في عالمنا المعاصر، فالعبرة بمدى فاعلية هذا التعليم، ومدى مناسبته لأحوال التنمية ولنمط القيم الثقافية السائدة في المجتمع. (محمد الحامد وآخرون: 2004م، ص192)

الخطط المستقبلية للتعليم الفني في المملكة العربية السعودية :

ويمكننا استشفاف الخطط المستقبلية للتعليم الفني في المملكة العربية السعودية من خلال تتبع بعض الخطط والمشاريع التي تزعم المؤسسة العامة للتعليم الفني والتدريب المهني اعتمادها وتنفيذها، أو أنها قد خطت بعض الخطوات في تنفيذها باعتبارها المسؤول الرئيس عن التعليم الفني في المملكة العربية السعودية، وتتضح لنا تلك الخطط والمشاريع من خلال ما نقرأه ونطلع عليه عبر وسائط الإعلام المرئية أو المسموعة أو من خلال صفحات الشبكة العنكبوتية أو من خلال وسائل الإعلام المرئية كالبرامج الخاصة التي تبث في التلفزيون، ومن بين تلك الخطط ما يلي:

1- توقيع البرنامج التنفيذي للتعاون بين المملكة العربية السعودية والجمهورية اليمنية في مجال التعليم الفني، وتبادل الخبرات.

2- انضمام مؤسسات التعليم الفني وخاصة على المستوى الجامعي لاتفاقيات الاعتماد الأكاديمي بوزارة التعليم العالي بالمملكة العربية السعودية.

3- إنشاء خمس معاهد تدريبية للفتيات وتسعة وثلاثون معهداً آخر قيد الإنشاء للفتيات، في تخصصات مختلفة كالسكرتارية والحاسب الآلي والخياطة.

4- تعزيز وتفعيل دور الخدمة الاجتماعية في التعليم الفني خاصة فيما يتعلق بإقامة الدورات التدريبية أثناء العطل الصيفية، أو المشاركة في خدمات الكشافة للتعليم الفني.

5- تعديل مسمى التعليم الفني إلى التعليم التقني ليكون محركاً أساسياً للتوظيف.

6- الاهتمام بسعودة قطاع التعليم الفني.

7- إنشاء عشر كليات تقنية جديدة، واربعة عشر مركز تدريب مهني، وإنشاء 12 مبنى لمراكز التدريب المهني لاستبدالها بمبان قائمة، وإنشاء سبع معاهد ثانوية تجارية وافتتاح سبع كليات خدمة مجتمع.

8- رفع مستوى الدراسة في الكليات التقنية من مدة سنتين إلى أربع سنوات لمنح درجة البكالوريوس.

9- تعزيز التعاون الدولي في مجال التعليم الفني للاستفادة من تجاربهم في هذا المجال.

10- الاهتمام بالجانب العملي التطبيقي في مجال التعليم الفني.

11- تشجيع عمل الدراسات والأبحاث العلمية.

12- تغذية جميع الكليات التقنية والمعاهد الفنية بالوسائل التعليمية اللازمة وتوفير جميع التجهيزات.

13- تطبيق طرق التدريس الحديثة وأخذ مبدأ التعليم الذاتي عن طريق تصميم جميع المناهج التعليمية بواسطة حقائب تعليمية.

نتائج البحث :

خلص البحث إلى مجموعة من النتائج التالية:

1- إن تجربة التعليم الفني في المملكة العربية السعودية، تعد بحق تجربة فريدة من نوعها، فخلال سنوات بسيطة حدثت قفزات كمية ونوعية في مجال التعليم الفني.

2- اهتمام الدولة الكبيرة بتطوير التعليم الفني، ويتضح ذلك من خلال التتبع الكمي لزيادة المؤسسات واتساع المشاريع، وتخصيص الميزانيات اللازمة.

3- في الآونة الأخيرة ظهر الاهتمام من قبل المسؤولين عن التعليم الفني بضرورة إعادة النظر في برامج التعليم الفني، مما أدى إلى تطوير الخطط والبرامج والمناهج التعليمية داخل مؤسسات التعليم الفني.

4- اهتمام قطاع التعليم الفني بالاستفادة من تجارب الغير في حدود المجال مما انعكس إيجابياً في رفع مستوى كفاءة منسوبي الهيئة التدريسية في قطاع التعليم الفني.

5- المحاولة الجادة من قبل قطاع التعليم الفني في مواكبة التطور السريع في مجال التقنية، عن طريق تحديث البرامج، وإقامة الدورات التدريبية والمراكز المختلفة وإرسال البعثات.

6- الاهتمام برفع مستوى الدرجات العلمية التي تمنحها قطاعات التعليم الفني، كما هو الحاصل في الكليات التقنية.

7- يقترب نظام التعليم الفني في المملكة العربية السعودية من نظرية رأس المال البشري، ويبتعد عن نظرية رأس المال الثقافي التي تميز بين الطبقات.

8- التعليم الفني في المملكة العربية السعودية يهتم بالمجالات الثلاثة في التعليم الفني (الزراعي والصناعي والتجاري).

9- السلم التعليمي في المعاهد الثانوية الفنية يتبع نظام الثلاث سنوات يلتحق بها المتدرب أو المتدربة بعد حصولهما على شهادة المرحلة المتوسطة.

10- هناك اهتمام بالتعليم الفني للفتيات، وفتح تخصصات فنية مناسبة لهن كأعمال الخياطة والحاسب الآلي.

11- محاولة البعد عن الازدواجية وتوحيد الجهة المشرفة على التعليم الفني المتمثلة في المؤسسة العامة للتعليم الفني والتدريب المهني.

12- هناك مشكلات عديدة يعاني منها التعليم الفني في المملكة العربية السعودية ومن أهمها النظرة الدونية لهذا النوع من التعليم، وعدم انفتاحه على التعليم العالي، وعدم متابعة مخرجاته التعليمية، وقلة أعضاء الهيئة التدريسية من السعوديين.

13- ضعف العلاقة بين التعليم الفني وسوق العمل في المملكة العربية السعودية.

14- عدم مواكبة التعليم الفني في المملكة العربية السعودية لعجلة التقدم بالصورة المرضية.

التوصيات والمقترحات:

من خلال كتابة الباحث لبحثه هذا، فقد خطرت في ذهنه التوصيات والمقترحات ذات العلاقة بموضوع التعليم الفني في المملكة العربية السعودية، يلخصها في النقاط التالية:

أ- التوصيات :

يوصى الباحث، بما يلي:

1- زيادة الاهتمام بمثل هذا النوع من التعليم، خصوصاً أنه من أهم الوسائل التي تخلق مجتمعاً منتجاً لا مجتمعاً مستهلكاً.

2- التوسع في التخصصات التقنية ومحاولة مواكبة عجلة التقدم الحضاري، وذلك من خلال فتح تخصصات علمية في مجال الإلكترونيات الدقيقة، والطاقة النووية ومجال الفضاء الواسع.

3- تكثيف الجانب العملي التطبيقي وتزويد المعامل والقاعات الخاصة بجميع الأجهزة والأدوات اللازمة.

4- الاهتمام بالتعليم المستمر لأعضاء الهيئة التدريسية في التعليم الفني وتوفير المنح الدراسية الميسرة من أجل تطويرهم مهنياً وفنياً .

5- الاهتمام بمتابعة مخرجات نظام التعليم الفني بعد تخريجهم ومساعدتهم في تحصيل وظائف لائقة بهم.

6- الانفتاح على الآخرين والاستفادة من تجاربهم المواكبة للمستجدات العصرية.

7- إتاحة الفرص التعليمية لخريجي التعليم الفني في مواصلة دراساتهم العليا في الجامعات السعودية والخارجية.

8- تكثيف نشر الوعي الثقافي والإعلامي بأهمية التعليم الفني عبر وسائل الاتصال المختلفة.

9- تحسين الوضع المادي لأعضاء الهيئة التدريسية في التعليم الفني، وكذا تحسين سلم الرواتب للمتخرجين حديثاً من هذا النظام.

10- تعريف الطلاب في مدارس التعليم العام أهمية التعليم الفني، وتعريفهم بالمجالات المختلفة التي من الممكن خدمتهم فيها مستقبلاً.

11- توطيد وتعزيز الشراكة مع القطاع الخاص بما يكفل توفير بيئة تعليمية وتدريبية مناسبة للملتحقين بقطاع التعليم الفني.

12- ربط المناهج التعليمية في التعليم الفني بحاجات المجتمع وسوق العمل.

ب- المقترحات:

كما يقترح الباحث عمل الدراسات التالية:

1- إجراء دراسة مقارنة بين التعليم الفني في المملكة العربية السعودية والتعليم الفني في إحدى البلدان الأخرى أو عدد من البلدان العربية والأجنبية.

2- إجراء دراسة للتعرف على فاعلية طرق التدريس الحديثة التي انتهجها التعليم الفني حديثاً (الحقائب التعليمية) في إكساب الطلاب الكفايات والمهارات اللازمة في التخصص.

3- إجراء دراسة للتعرف على اتجاهات المتدربين حيال التحاقهم في التعليم الفني بشكل عام، وتخصصاتهم الأكاديمية بشكل خاص.

4- إجراء دراسة ميدانية لمسح آراء المختصين حول جودة برامج ومناهج التعليم الفني ومدى وفائها في إكساب المتدربين الكفايات اللازمة.

5- إجراء دراسة تقويمية لإحدى برامج وتخصصات التعليم الفني ومقارنة مخرجاتها بحاجات سوق العمل.

انتهى ، وصلى الله وسلم على نبينا محمد ..

المراجع التي تمت الاستفادة منها

- أبو سل، محمد عبد الكريم (1998م): مدخل إلى التربية المهنية، دار الفكر، عمان.
- الحامد، محمد معجب وآخرون (2004م): التعليم في المملكة العربية السعودية رؤية الحاضر واستشراف المستقبل، ط2، مكتبة الرشد، الرياض.
- الحقيل، سليمان عبد الرحمن (2003م) نظام وسياسة التعليم في المملكة العربية السعودية، الجذور التاريخية لنظام التعليم الأسس الأهداف وبعض وسائل تحقيقها الاتجاهات نماذج من المنجزات، ط15 ، مطابع الحميضي الرياض.
- السنبل، عبد العزيز عبد الله (1993م): نظام التعليم في المملكة العربية السعودية، دار الخريجي، الرياض.
- الغامدي، حمدان أحمد، وعبد الجواد، نور الدين محمد (2002م): تطور نظام التعليم في المملكة العربية السعودية، مكتبة تربية الغد، الرياض.
- وزارة المعارف (التربية والتعليم حالياً) (1998م): التوثيق التربوي العدد الأربعون، عدد خاص بمناسبة مرور مائة عام على تأسيس المملكة العربية السعودية.
- مواقع الإنترنت التالية:

1- http://www.scout.org/news.php?action=view&id=105&s موقع الكشافة السعودية.

2- http://www.asharqalawsat.com/details.asp?section=43&article=337317&issue=9872 مواقع جريدة الشرق الأوسط بشأن الابتعاث لمنسوبي التعليم الفني.

3- http://www.alwatan.com.sa/daily/2005-09-01/local/local06.htm موقع جريدة الوطن السعودية بشأن التعاون مع اليمن.

4- http://www.alwatan.com.sa/daily/2005-10-19/local/local10.htm موقع جريدة الوطن السعودية بشأن دراسة أكاديمية تطالب بالتوسع في عمل المرأة .

5- http://www.mog.gov.sa/openshare/moe/Ministry/sub7/5th-chapte/ موقع وزارة التربية والتعليم السعودية بشأن مبادئ التعليم الفني.

6- http://www.gesten.org.sa/default.asp?pageno=5 موقع جستن حول عقدها بعض اللقاءات.

7- http://www.stcex.gotevot.edu.sa/arabic/KeynoteSpeaker.htm مؤتمرات قاعة الملك فيصل.

8- http://www.mofa.gov.sa/Detail.asp?InSectionID=24603 موقع وزارة الخارجية السعودية بشأن ميزانية التعليم الفني.

9- http://www.alarabiya.net/Articles/2004/05/11/3382.htm موقع جريدة الشرق الأوسط بشأن اعتماد وضع بعض متدربات التعليم الفني.

10- http://www.aawsat.com/details.asp?section=43&article=337480&issue=9873 موقع جريدة الشرق الأوسط بشأن اعتماد وضع بعض متدربات التعليم الفني.

11- http://www.qiyas.org/aboutus/about.htm المركز الوطني للقياس والتقويم بوزارة التعليم العالي السعودية.

12- http://www.alyaum.com/issue/page.php?IN=11864&P=1 بشأن تعديل مسمى التعليم الفني إلى تعليم تقني من أجل زيادة الطلب على التوظيف.

13- http://www.gotevot.edu.sa/gotevot/about.asp موقع المؤسسة العامة للتعليم الفني والتدريب المهني السعودية.

مراجع أخرى تم الاطلاع عليها

– الحليسي، نواف صالح (1995م) المنهج الصناعي لنبي الله داود عليه السلام الحلقة السادسة من سلسلة التاريخ الاقتصادي من خلال قصص القرآن الكريم.

– السعيد، عاصم محمد (2001م) التدريب والتعليم الفني والمهني في عهد خادم الحرمين الشريفين، بحث منشور في المؤتمر العالمي عن خادم الحرمين الشريفين الملك فهد بن عبد العزيز وإنجازاته بمناسبة مرور عشرين عاماً على توليه مقاليد الحكم المحور التربوي، الجزء الثاني، الرياض، جامعة الملك سعود 26-1422/8/29هـ.

– الغفيص، علي ناصر (2001م) تطور التعليم الفني والتدريب المهني في عهد خادم الحرمين الشريفين، بحث منشور في المؤتمر العالمي عن خادم الحرمين الشريفين الملك فهد بن عبد العزيز وإنجازاته بمناسبة مرور عشرين عاماً على توليه مقاليد الحكم، المحور التربوي، الجزء الثاني، الرياض، جامعة الملك سعود 26-1422/8/29هـ.

– إضافة إلى مواقع مختلفة على الشبكة العنكبوتية، تتعلق ببعض المعاهد الثانوية الفنية والكليات التقنية ومعاهد تعليم البنات الفنية.

التعليم العالي

في

المملكة العربية السعودية

تقاس الإنجازات في حياة المجتمعات بمعايير رقمية (كمية) ونوعية، ولعل أبرزها هذه المقاييس حجم هذه الإنجازات مقارنة بمثيلاتها، والفترة الزمنية التي انقضت لتحقيقها، والمدخلات التي استخدمت في ذلك، وانعكاسات هذه الإنجازات على أداء ومسيرة المجتمع أفرادا وجماعات ومؤسسات. وقياسا على ذلك نجد أن ما حققته حكومة المملكة العربية السعودية من إنجازات في مجال التعليم العالي خلال فترة زمنية تزيد قليلا على نصف قرن يُعد قفزة طفرية إذا ما قورن بتجارب وإنجازات أخرى حول العالم، ويعد التعليم العالي معقد الأمل في كل دولة من دول العالم، حيث يعتمد عليه في تطوير المجتمع وتحقيق خططه التنموية من خلال ما يؤديه من تأهيل القوى البشرية في سن العمل، وما يشارك به من بحوث في تنمية المعرفة والمهارات المتصلة بها، وما يقدمه من خدمات للمجتمع في شتى التخصصات (المعبوث، 1424هـ ص27)

وقد ورد تعريف التعليم العالي في "سياسات التعليم العالي في المملكة العربية السعودية" الصادرة عام 1398هـ بأنه "مرحلة التخصص العلمي في كافة أنواعه ومستوياته رعاية لذوي الكفاية والنبوغ وتنمية لمواهبهم وسدا لحاجات المجتمع المختلفة في حاضره ومستقبله بما يساير التطور المفيد الذي يحقق أهداف الأمة وغاياتها النبيلة" (دليل التعليم العالي، 1416هـ ص15) كما عرفه نظام مجلس التعليم العالي في المملكة بأنه: "كل أنواع التعليم الذي يلي مرحلة التعليم الثانوي أو ما يعادلها وتقدمه مراكز التدريب المهني والمعاهد العليا والكليات الجامعية" (التقرير الوطني، 1418هـ ص2) ويشمل قطاع التعليم العالي بالمملكة العربية السعودية على أربع عشرة جامعة حكومية. وتتكون الجامعات من كليات وأقسام تمنح شهادات الدبلوم والبكالوريوس والماجستير والدكتوراه في مختلف التخصصات العلمية والأدبية، كما تتوفر خدمات للمجتمع، في حين يقدم بعضها خدمات التعلّم عن بُعد. ويشمل هذا القطاع الكليات الأهلية، وكليات المجتمع التابعة للجامعات، وكليات البنات، إضافة

إلى بعض الجهات والمؤسسات الحكومية التي تقوم بتوفير تعليم جامعي متخصص، فمتى كانت بدايات التعليم العالي بالمملكة العربية السعودية؟

بداية التعليم العالي بالمملكة العربية السعودية

تعود نشأة التعليم العالي في المملكة العربية السعودية إلى عهد الملك عبد العزيز بن عبد الرحمن آل سعود وقبل اكتمال توحيد جميع الكيان تحت راية المؤسس، فقد بدأ - يرحمه الله- بإرسال الطلبة إلى الكوادر العلمية المؤهلة تأهيلاً عالياً، فوجه بإرسال أول بعثة من الطلاب السعوديين بلغ قوامها (14) للدراسة في الجامعات والمعاهد العليا في مصر، وكانت هذه البعثات هي الخيار الوحيد، لعدم توفر التعليم العالي الداخلي، ثم أصدر الملك عبد العزيز - يرحمه الله- أمراً ملكياً برقم 185 في 1347/1/18هـ بتعيين مجموعة من الشيوخ، والأساتذة في المسجد الحرام بمكة المكرمة لتقديم دروس في: التوحيد، والتفسير، والفقه، وأصول الفقه، وعلوم اللغة العربية هذه الدروس متقدمة في مستوى التعليم العالي هذه هي نشأة التعليم العالي في المملكة العربية السعودية (جامعة الملك سعود 1419هـ ص22) وفي عام (1369هـ) أنشأت كلية الشريعة بمكة المكرمة، وكان الغرض من إنشائها تخريج طلاب مؤهلين للعمل في وظائف: القضاء، والوعظ، والإرشاد، والتدريس. وغذيت هذه الكلية في بداية أمرها بطلاب من خريجي مدارس دار التوحيد الثانوية بالطائف، والمعهد السعودي بمكة المكرمة إلى جانب خريجي الثانوية العامة من مختلف مدارس المملكة، وقبل فيها في السنة الأولى من افتتاحها عام (1369هـ) خمسة عشر طالباً.

شهدت هذه الكلية بعد ذلك مراحل تطور متعددة من حيث المناهج، والأقسام، والإدارة (عفيفي، 1422هـ) ومن ثم توالى فتح الكليات والمعاهد إلى أن تم إنشاء وزارة المعارف عام 1373هـ حيث كانت انطلاقة تحول في مسيرة التعليم بمختلف أنواعه ومراحله في المملكة (وزارة التعليم العالي 1421/1420هـ) واستمرت مؤسسات التعليم العالي في الإنشاء فما كادت تتخرج أول دفعة من كلية الشريعة عام (1372هـ) إلا وقد أنشئت كلية المعلمين بمكة المكرمة، وذلك بهدف توفير المدرسين

للمرحلة المتوسطة، والثانوية، نظراً لعدم كفاية عدد الخريجين في كلية الشريعة (جامعة الملك سعود 1419هـ ص23) وتوالي إنشاء الكليات بعد ذلك ففي عام (1373هـ) أنشئت كلية الشرية في الرياض وتولى الإشراف عليها في بداية أمرها الشيخ محمد بن إبراهيم آل الشيخ - يرحمه الله- مفتى عام المملكة، وبعد ذلك بعام واحد فقط أي في عام (1374هـ) أنشئت كلية اللغة العربية بالرياض، وتهدف هاتان الكليتان إلى توفير المدرسين، والموظفين في أجهزة الدولة المختلفة (جامعة الملك سعود 1419هـ ص 23) وفكّر خادم الحرمين الشريفين الملك فهد بن عبد العزيز خلال فترة عمله وزيراً للمعارف في إنشاء جامعة تضم كليات وتخصصات مختلفة، فاستشار عدداً من أهل الاختصاص مثل: الدكتور أحمد مرسي رئيس جامعة القاهرة، والأستاذ عبد العزيز سلامة رئيس البعثة التعليمية المصرية في المملكة، ومديري ورؤساء الجامعات في البلاد العربية الأخرى، وبعض العاملين في المملكة، وتم رفع نظام مقترح إلى الملك سعود - يرحمه الله- بإنشاء أول جامعة سعودية وفي 21 من ربيع الأول عام 1377هـ صدر مرسوم ملكي يتضمن الموافقة عليه، وأنشئت جامعة الملك سعود، وكانت هذه الجامعة تضم كلية الآداب، ووفقاً لحاجات النمو، والتطور الذي تشهده المملكة زاد عدد الكليات فيها تباعاً (جامعة الملك سعود 1419هـ ص23) ويعتبر إنشاء جامعة الملك سعود، بداية لتحول مسار التعليم العالي في المملكة إلى عهد جديد، اتسع تدريجياً ليضم (14) جامعة متكاملة، ويشمل العديد من الكليات والمعاهد. ما الأهداف التي من أجلها أسست هذه الجامعات؟

أهداف التعليم العالي:

أهداف التعليم العالي في المملكة العربية السعودية هي انعكاس لثقافة المجتمع وحاجاته واتجاهات العصر ومتطلباته وحاجات الإنسان السعودي ومطالب نموه، ولهذا يربط التعليم العالي في المملكة العربية السعودية بالعقيدة الإسلامية، وهذا ما أكدته سياسة التعليم في المملكة من خلال الاستناد إلى مبدأ "الإيمان بالله ربا، وبالإسلام دينا، وبمحمد صلى الله عليه وسلم نبيا ورسولا، وعلى ضرورة فهم

الإسلام فهما صحيحاً متكاملاً، وغرس العقيدة الإسلامية ونشرها، وتزويد الطالب بالقيم والتعاليم الإسلامية".

وقد حددت السياسة أهداف التعليم العالي في سبعة عناصر رئيسة وهي:

1- تنمية عقيدة الولاء لله ومتابعة السير في تزويد الطالب بالثقافة الإسلامية التي تشعره بمسؤولياته أمام الله عن أمة الإسلام لتكون إمكانياته العلمية والعملية نافعة مستمرة.

2- إعداد مواطنين أكفاء مؤهلين علمياً وفكرياً تأهيلاً عالياً لأداء واجبهم في خدمة بلادهم والنهوض بأمتهم في ضوء العقيدة السليمة ومبادئ الإسلام السديدة.

3- إتاحة الفرصة أمام النابغين لمواصلة دراستهم العليا في التخصصات العلمية المختلفة.

4- القيام بدور إيجابي في ميدان البحث العلمي الذي يسهم في مجال التقدم العلمي في الآداب والعلوم والمخترعات وإيجاد الحلول السليمة الملائمة لمتطلبات الحياة المتطورة وإتجاهاتها التقنية.

5- النهوض بحركة التأليف والإنتاج العلمي بما يطوّع العلوم لخدمة الفكر الإسلامي ويمكن البلاد من أداء دورها القيادي في بناء الحضارة الإنسانية على مبادئها الأصيلة التي تقود البشرية إلى البر والإرشاد وتجنبها الانحرافات المادية والإلحادية.

6- ترجمة العلوم وفنون المعرفة النافعة إلى لغة القرآن الكريم وتنمية ثروة اللغة العربية من "المصطلحات" بما يسد حاجة التعريب ويجعل المعرفة في متناول أكبر عدد من المواطنين.

7- القيام بالخدمات التدريبية والدراسات (التجديدية) التي تنقل إلى الخريجين الذين هم في مجال العمل ما ينبغي أن يطلعوا عليه مما جدّ بعد تخرجهم (جامعة الملك سعود، 1419هـ ص 65)

والمتأمل لهذه الأهداف يجد أنها جاءت ملبية لثقافة المجتمع السعودي والتي تتمثل في الإسلام عقيدة ومنهجا في السلوك والعمل ومتفاعلة مع روح العصر، كما تؤكد هذه الأهداف على نشر المعرفة، وذلك من أجل إعداد الكفاءات المؤهلة لتلبية احتياجات برامج التنمية، وللتعليم العالي، دور رئيس في تحقيق الإبداع والابتكار من أجل التعامل مع المشكلات والعوائق التي تواجه مسيرة النمو والتطور في المجتمع، وذلك من خلال البحث العلمي الموجه لابتكار الحلول العلمية المناسبة لتذليل تلك العوائق والمشكلات، سواء كان ذلك بواسطة ما يعرف بالبحث العلمي الأساسي، أو بالمشروعات البحثية التطبيقية ويجب التأكيد على قضية جوهرية أشار إليها (فرج، 1426هـ ص498) وهي أن الدراسة في التعليم العالي الناجع هو الذي يجعل "الجامعة جزءاً من الحياة لا برجاً عاجياً معزولاً عنها".

التخطيط للتعليم العالي

تضمنت السياسة العامة للتعليم بالمملكة العربية السعودية الخطوط العريضة التالية التي تمثل التخطيط للتعليم العالي بالمملكة العربية السعودية:

- التعليم العالي يبدأ بعد الثانوية العامة أو ما يعادلها.

- خضع التعليم العالي- حكوميا كان أو أهليا- بمختلف فروعه للمجلس الأعلى للتعليم.

- تُنشأ الجامعات والكليات في المملكة بما يلائم حاجة البلاد وإمكانياتها.

- يكون للجامعات مجلس أعلى ويوضح نظامه واختصاصاته ومسؤولياته وطريقة عمله.

- ينسق التعليم العالي بين الكليات المختلفة بشكل يحقق التوازن في احتياجات البلاد في مختلف مرافقها.
- تفتح أقسام للدراسات العليا في التخصصات المختلفة كلما توافرت الأسباب والإمكانيات لذلك.
- تمنح الجامعات الدرجات الجامعية للخريجين على اختلاف مستوياتهم.
- تتعاون الجامعات في المملكة مع الجامعات العالمية في الاهتمام بالبحوث العلمية والاكتشافات والمخترعات، واتخاذ وسائل التشجيع المناسبة، وتتبادل معها البحوث النافعة.
- يُعتنى بالمكتبات والمخابر لتوفير وسائل البحث في التعليم العالي.
- تُنشأ دائرة للترجمة تتابع الأبحاث العلمية في كافة المواد، وتقوم بترجمتها، لتحقيق تعريف التعليم العالي.
- يُدرس في الكليات الجامعية والمعاهد العالية تاريخ العلوم في الإسلام والحضارة الإسلامية.

الجامعة الإسلامية

- تنشأ جامعة إسلامية كبرى لإعداد علوم متخصصين في العلوم الإسلامية وعلوم اللغة العربية، إحياء للتراث الإسلامي، وعملاً على ازدهاره، وقياماً بواجب الدعوة إلى الإسلام.
- تحظى الجامعة الإسلامية برعاية خاصة لتكون مركز الإشعاع في العالم الإسلامي وغيره، ويكون لها شخصية مستقلة ترتبط مباشرة بالمملكة العربية السعودية.
- تُعنى هذه الجامعة بالبحوث الإسلامية، وتقوم بترجمتها ونشرها، وتنظيم العلاقة بينها وبين جامعات العالم لسد فراغ الدراسات الإسلامية والعربية.

- تتكون الجامعة من الكليات ومعاهد التعليم الديني القائمة على المملكة المتخصصة في دراسة علوم الشريعة الإسلامية وعلوم اللغة العربية، وما ينشأ من الكليات لخدمة الشريعة واللغة العربية وشؤون الامة الإسلامية.
- تُعنى كلية الشريعة في هذه الجامعة بالدراسات الحقوقية لتخريج متخصصين شرعيين حقوقيين لسد حاجة البلاد.
- تفتح الجامعة أبوابها لعدد مناسب من طلاب البلاد الإسلامية كي يعودوا إلى بلادهم بعد تخرجهم، لنشر الإسلام والقيام بواجب دعوته.
- تقبل الجامعة الطلاب الذين تتوافر فيهم شروطها من حملة الشهادة الثانوية للمعاهد العلمية ودار التوحيد أو ما يعادلها.

كليات البنات

- تُنشأ كليات البنات ما أمكن ذلك لسد حاجات البلاد في مجال اختصاصهن بما يتفق والشريعة الإسلامية.

أنماط التعليم العالي وأنواعه

المتأمل في أنواع التعليم العالي في المملكة العربية السعودية يجدها كثيرة، وتخصصاته متعددة: علمية، ونظرية، وتقنية، وعسكرية تتناسب هذه التخصصات مع النهضة الشاملة التي تعيشها المملكة وتقدمها جهات عديدة، فالتعليم العالي في المملكة منظومة شاملة تضم مجموعة من المؤسسات التي يمكن تصنيفها بشكل موجز على النحو التالي:

1- المؤسسات التابعة لوزارة التعليم العالي: تشرف وزارة التعليم العالي التي استحدثت عام 1395هـ على جامعات المملكة البالغ عددها (14)، وهي جامعة الملك سعود، والجامعة الإسلامية، وجامعة الملك عبد العزيز، وجامعة الإمام محمد بن سعود الإسلامية، وجامعة الملك فهد للبترول والمعادن، وجامعة الملك فيصل، وجامعة أم القرى، وجامعة الملك خالد، جامعة الطائف، جامعة

طيبة، جامعة القصيم، جامعة حائل، جامعة الجوف، جامعة جيزان، تقدم تلك الجامعات برامج للذكور والإناث، ويزيد عدد الكليات العلمية في هذه الجامعات عن 100 كلية، تقدم حوالي 500 تخصصاً علمياً (قسم علمي) يعمل بها حوالي 10700 عضو هيئة تدريس من حملة الدكتوراة، 62% منهم من السعوديين، ويدرس بها حوالي 200000 طالب وطالبة.

2- الكليات التابعة للرئاسة العامة لتعليم البنات: تشرف الرئاسة على عدد من كليات التربية والآداب والعلوم إضافة إلى عدد من كليات إعداد المعلمات والكليات المطورة موزعة في مختلف مناطق المملكة. وقد جاء افتتاح أول كلية للبنات بالرياض عام 1395هـ، ثم توالى بعد ذلك افتتاح كليات أخرى للبنات حتى أصبح إجمالي عدد هذه الكليات في العام الجامعي 1420/1419هـ نحو (72) كلية. وتقدم هذه الكليات كافة البرامج التي تحتاج إليها مدارس البنات في جميع المراحل وهي كذلك تقدم عددا من برامج الدراسات العليا لسد حاجة قطاع التعليم العام والتعليم العالي من الكوادر الوطنية النسوية المؤهلة، وقد بلغ إجمالي عدد الطالبات الدارسات في مرحلة البكالوريوس في هذه الكليات طبقاً لاحصائية عام 1420/1419هـ حوالي (126802) طالبة، إضافة إلى نحو (17036) طالبة من المقيدات في المرحلة دون الجامعية. كما بلغ عدد طالبات الدراسات العليا حوالي (1149) طالبة. وتضم هذه الكليات هيئة تدريس قوامها (4941) منهم حوالي (511) من الرجال. كما تضم هذه الكليات كادراً إدارياً وفنياً قوامه (1111) موظفاً منهم حوالي (19) من الرجال.

3- الكليات التابعة لوزارة المعارف تشرف وزارة المعارف من خلال وكالة الوزارة لشؤون الكليات على (18) كلية للمعلمين تنتشر في مختلف أنحاء المملكة. وترجع بداية إنشاء أولى هذه الكليات إلى عام 3971/1396هـ حين أنشئت كليتان متوسطتان في كل من مدينتي الرياض ومكة المكرمة، ثم تتالى

بعد ذلك افتتاح هذا النوع من الكليات حتى عام 1409هـ . وفي نفس العام تم تطوير هذه الكليات المتوسطة وتحويلها إلى كليات للمعلمين تبلغ مدة الدراسة بها أربع سنوات، وأصبحت تمنح درجة البكالوريوس في مختلف التخصصات المطلوبة في المرحلة الابتدائية. وقد بلغ إجمالي عدد الطلاب الدارسين في مرحلة البكالوريوس في هذه الكليات طبقا لإحصائية عام 1420/1419هـ حوالي 20753 إضافة إلى (250) من المقيدين في المرحلة دون الجامعية، ويقوم بالتدريس فيها هيئة تدريسية قوامها (1811) عضواً، كما يبلغ كادرها الفني والإداري حوالي 3831 موظفاً.

4- الكليات التابعة لوزارة الصحة، قامت وزارة الصحة بإنشاء معاهد وكليات العلوم الصحية لسد احتياجات القطاع الصحي من الكوادر المتخصصة والمؤهلة. وتعود بداية إنشاء الكليات الصحية إلى عام 1413هـ حيث تم افتتاح ثلاث كليات من هذا النوع للبنين في كل من الرياض وأبها والدمام. وبعد نجاح التجربة توالى افتتاح الكليات الصحية في مختلف مناطق المملكة. وبلغ مجموع هذه المعاهد والكليات في عام 1420/1419هـ (37) كلية ومعهداً منها (19) للبنين و(18) للبنات. وقد بلغ إجمالي الدارسين في تلك الكليات والمعاهد من الطلاب طبقاً لإحصائية العام نفسه (1997) ومن الطالبات حوالي (985) طالبة، ويقدر مجموع الهيئة التدريسية بها حوالي (560) عضواً منهم (236) من النساء. كما يقدر إجمالي الفنيين والإداريين العاملين فيها حوالي (674) من الموظفين و(230) من الموظفات.

5- الكليات التقنية التابعة للمؤسسة العامة للتعليم الفني والتدريب المهني، تعود بداية التعليم التقني في المملكة إلى عام 1393/1392هـ حيث افتتح المعهد الفني العالي لسد حاجة المدارس الثانوية الصناعية من المدرسين والإداريين. وبعد إنشاء المؤسسة العامة للتعليم الفني والتدريب المهني عام 1400هـ تم افتتاح أول كلية تقنية متوسطة في الرياض عام 1403هـ ثم توالي بعد ذلك

افتتاح المزيد من هذا النوع من الكليات حتى بلغ عددها في عام 1420/1419هـ (9) كليات. وفي عام 1413هـ تم تطوير الكلية التقنية المتوسطة بالرياض بهدف إعداد مدرسين ومدربين في بعض التخصصات التقنية حيث أصبحت مدة الدراسة بها أربع سنوات.

وقد بلغ إجمالي عدد الطلاب الدارسين بالكليات التقنية طبقاً لاحصائية عام 1420/1419هـ (13869) ويقوم بالتدريس في هذه الكليات هيئة تدريسية قوامها (1455) من الأعضاء. كما بلغ عدد الإداريين والفنيين حوالي (1611) موظفاً، إضافة إلى ما يقارب من (108) من العمال والمستخدمين.

وتجدر الإشارة إلى وجود العديد من الكليات والمعاهد التابعة للمؤسسات الحكومية - مثل الهيئة الملكية للجبيل وينبع، والخطوط الجوية السعودية، ووزارة البترول والثروة المعدنية، كما يوجد المعهد الدبلوماسي التابع لوزارة الخارجية، ومعهد الإدارة العامة التابع لوزارة الخدمة المدنية، والمعهد المصرفي التابع لمؤسسة النقد العربي السعودي، وكلية الاتصالات والمعاهد البريدية التابعة لوزارة البرق والبريد والهاتف. إضافة إلى ذلك فهناك عدد من الكليات والمعاهد العسكرية مثل كلية الملك فيصل الجوية وكلية الملك عبد العزيز الحربية وكلية القيادة والأركان وكلية الملك فهد البحرية وجميعها تابعة لوزارة الدفاع والطيران، وكلية الملك فهد الأمنية التابعة لوزارة الداخلية وكلية الملك خالد العسكرية التابعة لرئاسة الحرس الوطني. كما يوجد عدد من المعاهد العسكرية التي تقبل خريجي الثانوية العامة، وهي مدينة تدريب الأمن العام، ومعهد الجوازات، ومعهد قوات الأمن الخاصة وتتبع وزارة الداخلية، كما يوجد معهدان آخران هما: معهد التدريب البحري بجدة ويتبع سلاح الحدود بوزارة الداخلية، ومعهد التدريب للطيران المدني بجدة والظهران ويتبع الطيران المدني. وتقدم جميع هذه الكليات والمعاهد برامج تعليمية وتدريبية فوق التعليم الثانوي لسد احتياجات تلك الجهات من الكوادر المهنية والفنية المتخصصة. كما أصدر مجلس الوزراء موافقته على تولي وزارة التعليم العالي إصدار تراخيص إنشاء المؤسسات الخيرية المخصصة

للأغراض التعليمية فوق المستوى الثانوي، كما وافق أن تقدم الوزارة بإعداد القواعد اللازمة لوضع ذلك موضع التنفيذ. وقد صدرت اللائحة التنظيمية الخاصة بذلك في 1419هـ علماً بأنه قد تم الترخيص من قبل الوزارة لفتح تسع كليات أهلية بدأت الدراسة في أربع منها وهي كلية الأمير سلطان الأهلية بالرياض التي تقدم التخصصات في علوم الحاسب ونظم المعلومات والإدارة المالية والتسويق والمحاسبة، وكلية عفت الأهلية للبنات التي تقدم تخصصات في علوم الحاسب ورياض الأطفال وكلية دار الحكمة الأهلية بجدة التي تقدم تخصصات في نظم المعلومات الإدارية والتعليم الخاص والتصميم الداخلي، وكلية الأمير سلطان لعلوم السياحة والفندقة بأبها.

الجهات المشرفة على التعليم العالي

كان الإشراف على التعليم العالي في المملكة تضطلع به مديرية المعارف، ومن بعدها وزارة المعارف، ومع الزيادة المطردة في أعداد المتقدمين للتعليم العالي صدرت الموافقة السامية عام 1394هـ بإنشاء وزارة للتعليم العالي تقوم بمهام الإدارة والتخطيط لمؤسسات التعليم العالي، كما تشرف على تنفيذ السياسة التعليمية في مجال التعليم العالي، وفي عام 1415هـ صدر قرار اللجنة العليا للإصلاح الإداري بتشكيل وكالتين لوزارة التعليم العالي، الأولى للشؤون التعليمية، والثانية للشؤون الثقافية، وتقع عليهما مسؤولية الإشراف والتنفيذ للسياسة التعليمية للتعليم العالي في الداخل والخارج واليوم تعددت الجهات المشرفة على التعليم العالي، وذلك حسب برامجه ولتحقيق أهدافه المتعددة وغاياته المحددة لها، وهذه الجهات هي:

- وزارة التعليم العالي (الجامعات والتعليم الأهلي)

وتمثلت مهام وزارة التعليم العالي منذ قيامها في الآتي:

1- الإدارة والتخطيط لمؤسسات التعليم العالي.

2- الإشراف المباشر على تنفيذ السياسة التعليمية في مجال التعليم العالي.

ويتبع وزارة التعليم العالي وكالتان؛ الأولى للشؤون التعليمية، والثانية للشؤون الثقافية، وتقع عليهما مسؤولية الإشراف والتنفيذ للسياسة التعليمية داخل المملكة وخارجها. (دليل التعليم العالي، 1419هـ ص 43)

- وزارة المعارف (كليات المعلمين وكليات المعلمات المتوسطة والمطورة وكليات التربية والكليات الأخرى) وقد صدر قرار مجلس الوزراء رقم (143) وتاريخ 1425/5/3هـ الذي تضمن ضم كليات البنات وعددها (102) كلية المرتبطة بوزارة التربية والتعليم إلى وزارة التعليم العالي.

- المؤسسة العامة للتعليم الفني والتدريب المهني (الكليات التقنية، وكليات الاتصالات).

- وزارة الصحة (الكليات الصحية).

- الهيئة الملكية للجبيل وينبع (الكليتان الصناعيتان) في الجبيل وينبع.

ويتولى الإشراف على الجامعات المجلس الأعلى للتعليم العالي، وهو السلطة العليا لشؤون التعليم فوق المستوى الثانوي الإشراف عليه والمسؤولة عن التنسيق بين مؤسساته عدا التعليم العسكري حيث صدر قرار مجلس الوزراء رقم (143) وتاريخ 1425/5/3هـ بإنشاء المجلس الأعلى للتعليم برئاسة خادم الحرمين الشريفين رئيس مجلس الوزراء، ووزير التعليم العالي نائباً للرئيس، ليحل محل مجلس التعليم العالي واللجنة العليا لسياسة التعليم. ويقوم المجلس الأعلى للتعليم العالي بالمهمات التالية :

- توجيه التعليم الجامعي بما يتفق والسياسة المرسومة لذلك.

- الإشراف على تطوير التعليم في جميع قطاعاته.

- تحقيق التنسيق بين الجامعات وبخاصة في مجال الأقسام العلمية والدرجات العلمية.

- الموافقة على إنشاء كليات ومعاهد وأقسام علمية ومراكز بحث وعمادات مساندة في الجامعات القائمة، وللمجلس دمج هذه الكليات والمعاهد والأقسام والمراكز والأقسام والمراكز والعمادات بعضها ببعض وإلغاء ما يقتضي الأمر إلغاءه.
- إقرار القواعد الخاصة بإنشاء المتاحف والجمعيات العلمية وإصدار الدوريات.
- إصدار اللوائح المشتركة للجامعات.
- إصدار اللوائح المنظمة لشؤون منتسبي الجامعات الوظيفية من السعوديين والمتعاقدين بمن فيهم أعضاء هيئة التدريس ويشمل ذلك مرتباتهم ومكافآتهم وبدلاتهم، وذلك بعد إعدادها من قبل كل من وزارة التعليم العالي ووزارة المالية والاقتصاد الوطني والديوان العام للخدمة المدنية.
- إصدار القواعد المنظمة لتعيين أعضاء هيئة التدريس من السعوديين وترقياتهم وإعارتهم وندبهم ونقلهم إلى وظائف أخرى داخل الجامعة أو خارجها وعودتهم إلى وظائفهم الأكاديمية، وذلك بعد إعدادها من قبل كل من وزارة التعليم العالي والديوان العام للخدمة المدنية.
- إصدار اللائحة المنظمة للشؤون المالية في الجامعات بما في ذلك القواعد المنظمة لمكافآت وإعانات الطلبة وغيرهم، وذلك بعد إعدادها من قبل كل من وزارة التعليم العالي ووزارة المالية والاقتصاد الوطني.
- إقرار القواعد اللازمة لتشجيع الكفاءات السعودية المتوفرة خارج الجامعات للقيام بالتدريس في كليات الجامعة ومعاهدها أو القيام بإجراء بحوث محددة بمراكز البحث العلمي وتحديد مكافآتهم.
- اقتراح تعديل نظام مجلس التعليم العالي والجامعات.
- مناقشة التقرير السنوي لكل جامعة ورفعه إلى رئيس مجلس الوزراء.

- إقرار القواعد اللازمة لاستحداث البرامج والتخصصات والقواعد المنظمة للتقويم الذاتي والاعتماد الأكاديمي الخارجي لبرامج الدراسات الجامعية والعليا.

- إقرار القواعد المنظمة لإنشاء مؤسسات أهلية للتعليم فوق الثانوي والترخيص لها والإشراف عليها.

- ما يحيله إليه رئيسه من موضوعات.

ويتألف مجلس التعليم العالي مما يلي :

1- رئيس مجلس الوزراء رئيس اللجنة العليا لسياسة التعليم- رئيساً.

2- وزير التعليم العالي- نائباً للرئيس.

3- وزير المعارف.

4- وزير المالية والاقتصاد الوطني.

5- وزير العمل والشؤون الاجتماعية.

6- وزير التخطيط.

7- رئيس الديوان العام للخدمة المدنية.

8- الرئيس العام لتعليم البنات.

9- مديرو الجامعات.

وتتنوع السلطات الإدارية للتعليم العالي في المملكة على النحو التالي:

1- مجلس التعليم العالي، ويعد السلطة العليا المسؤولة عن شؤون التعليم فوق المستوى الثانوي والإشراف عليه والتنسيق بين مؤسساته (عدا التعليم العسكري) ويتولى المجلس مسؤولية التوجيه والتطوير والتنسيق بين الجامعات

والموافقة على استحداث كليات وبرامج جديدة، وإصدار اللوائح المشتركة للجامعات.

2- وزارة التعليم العالي: ويقوم عليها وزير ووكيلان، أحدهما للشؤون التعليمية، والآخر للعلاقات الثقافية، ويرأس وزير التعليم العالي مجلس الجامعات بالمملكة.

3- مجلس الجامعة: ويترأسه وزير التعليم العالي، ومدير الجامعة نائبا للرئيس، ووكلاء الجامعة، وأمين عام مجلس التعليم العالي، وعمداء الكليات والمعاهد، وثلاثة من ذوي الخبرة يعينهم وزير التعليم العالي لمدة ثلاث سنوات.

4- مدير الجامعة: ويتولى إدارة الشؤون العلمية والإدارية والمالية للجامعة، ويشرف على تنفيذ نظام الجامعات ولوائحه وقرارات مجلس التعليم العالي، وتمثيل الجامعة في الداخل والخارج.

5- وكلاء الجامعة: حيث يوجد لكل جامعة وكيلان أو أكثر لمعاونة مدير الجامعة في إدارة شؤونها.

ويقوم على إدارة الجامعة في المملكة العربية السعودية عدد من التنظيمات والهياكل الإدارية، منها: المجالس الجامعية (المجلس العلمي، مجالس الكليات أو المعاهد، مجالس الأقسام العلمية)، واللجان الدائمة والمؤقتة، والقيادة الأكاديمية للجامعة (العمداء، رؤساء الأقسام العلمية)، والهيكل التنظيمي لإدارة الجامعة (قطاع التدريس، قطاع الخدمات التعليمية المساعدة، قطاع الدراسات العليا والبحث العلمي، قطاع الشؤون الإدارية والمالية) (التقرير الوطني، 1420، ص105)

تطور التعليم الجامعي بالمملكة العربية السعودية

في 21 من ربيع الأول عام 1377هـ صدر مرسوم ملكي يتضمن الموافقة عليه، وأنشئت جامعة الملك سعود، وكانت هذه الجامعة تضم كلية الآداب، ووفقاً لحاجات النمو، والتطور الذي تشهده المملكة زاد عدد الكليات فيها تباعاً (جامعة الملك سعود

1419هـ ص 23) بإنشاء جامعة الملك سعود، كبداية لتحول مسار التعليم العالي في المملكة إلى عهد جديد، اتسع تدريجياً ليضم (14) جامعات متكاملة ويشمل العديد من الكليات والمعاهد.

وتأتي جامعة الملك سعود (1377هـ) كأقدم جامعة سعودية، تعد جامعات حائل والجوف وجيزان (1424) أحدث هذه الجامعات. وحقق التعليم العالي في المملكة العربية السعودية إنجازات قياسية، مقارنة بالفترة الزمنية التي حدثت فيها هذه الإنجازات، والأبعاد الكمية والنوعية والتنظيمية لها، والاهتمام الخاص الذي أولته حكومة المملكة العربية السعودية، حيث تحتوي جامعات المملكة على أكثر من (80) كلية تشارك فيها جامعة الملك سعود بسبع عشرة كلية، بينما تشارك الجامعة الإسلامية وجامعة الملك خالد بخمس كليات لكل منها، وتشارك الرئاسة العامة لتعليم البنات باثنتين وسبعين كلية، ويبلغ عدد كليات التعليم العالي في المملكة مائتين وأربع عشرة كلية (214) بلغ عدد الطلاب والطالبات بالتعليم العالي في مرحلة البكالوريوس 1420/1419هـ (324591) أما مرحلة الدراسات العليا فبلغ عدد الطلاب والطالبات بها 1420/1419هـ (8847) والجدول رقم (1) يوضح أهم المنجزات في التعليم العالي:

العام الدراسي	عدد خريجي الجامعات المحلية	
	بنين	بنات
1390/1389	795	13
1395/1394	1699	210
1400/1399	3447	1374
1405/1404	7220	3925
1406/1405	8020	4481
1407/1406	8538	5557
1408/1407	8574	5500
1409/1408	8509	6504
1410/1409	8955	6434
1411/1410	9938	7783
1412/1411	9845	7531
1413/1412	11331	8467
1414/1413	10909	10820
1415/1414	10996	10893
1416/1415	12600	11650
1417/1416	14721	15542
1418/1417	13720	18188
1419/1418	20229	21221
1420/1419	14862	25041
1421/1420	16120	27294

كما يوضح الشكل رقم (1) رسم بياني لأعداد الخريجين والخريجات في مؤسسات التعليم العالي من عام 1389 إلى عام 1421هـ.

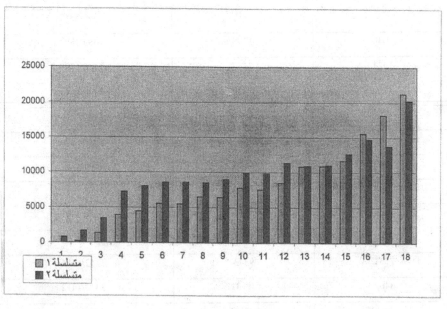

خريجو الجامعات المحلية من العام الدراسي 1390/1389هـ إلى العام الدراسي 1416/1415هـ في المملكة العربية السعودية

ونتيجة لذلك ارتفعت نسبة حملة الشهادات الجامعية (ما فوق الثانوية) لكل مئة ألف من السكان السعوديين من (117) عام 1411/1410هـ (1990) الى (412) عام 1424/1423هـ (2003). وشهدت الجامعات السعودية تطوراً في أعداد المتقدمين لها، ففي عام 1413هـ كان 34599 طالبة وارتفع ذلك إلى 45857 في عام 1421هـ أي أن نسبة الزيادة في الجامعات في تلك الفترة مثلت ما يقارب 33% فقط. وتشير أحدث الإحصاءات الرسمية في المملكة إلى أن مؤسسات التعليم العالي قد خرجت منذ إنشائها وحتى عام 1413هـ ما يقارب 120.291 من حملة الدبلوم دون الجامعي، 218.631

من حملة البكالوريوس 20.678 من حملة الماجستير و 7.626 من حملة الدكتوراه وأنهم يتوزعون على مجالات مهنية وكتابية وتجارية ونحوها. ويوضح الشكل رقم (2) هذه النتائج .

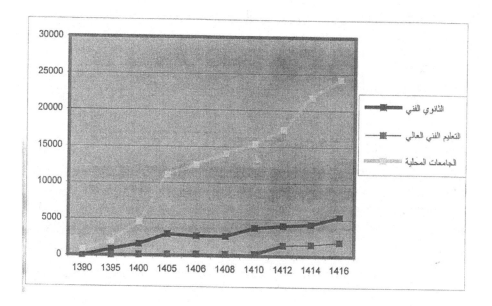

8- تمويل التعليم الجامعي

حظي التعليم العالي بالمملكة العربية السعودية بميزانية ضخمة من قبل حكومة المملكة العربية السعودية والجدول التالي يوضح الزيادة بين العامين الجامعيين 1402 وحتى 1422هـ ، حيث يتضح الزيادة الهائلة بهذه الميزانية إيماناً من هذه الدولة وفقها الله بأهمية التعليم العالي ودوره الريادي في نهضة البلاد، وتحقق التقدم الفكري والعلمي والاقتصادي لهذا الشعب الكريم:

البيان	في عام 1402هـ	في عام 1422هـ	نسبة الزيادة
الميزانية	8354 مليون	11000 مليون	%118
المقيدون	75118	396029	%527
الخريجون	8521	52747	%619
هيئة التدريس	6943	18925	%273
الإداريون	8419	18526	%220
الكليات	73	214	%293

يلاحظ من الجدول السابق مدى تطور التعليم العالي في المملكة العربية السعودية- فزادت ميزانية التعليم العالي بنسبة تجاوزت مائة في المائة، وزاد عدد المقيدين في التعليم العالي بنسبة تجاوزت خمسمائة في المائة واكب هذه الزيادة زيادة في عدد أعضاء هيئة التدريس، والإداريين، والكليات. ويلاحظ كذلك أن هناك زيادة كبيرة في عدد الخريجين تصل إلى 619% تستوجب هذه الزيادة إيجاد فرص عمل لهم، وهو ما تحاول الجهات المختصة تحقيقه عن طريق السّعودة والتعاون مع القطاع الخاص في توظيف هؤلاء الخريجين (عفيفي، 1422هـ)

9- من المشكلات التي تواجه التعليم العالي

واجه التعليم العالي بالمملكة العربية السعودية عدة مشكلات، ومن تلك المشكلات ما يلي:

المشكلة الأولى: مع زيادة الاقبال على التعليم الجامعي، واجهت الجامعات السعودية بدءاً من عام 1415هـ مشكلة القبول بشكل واضح، والمتمثلة في عدم القدرة على استيعاب بعض خريجي الثانوية العامة في الجامعات ومؤسسات التعليم العالي عامة وقد حاولت الجامعات السعودية مواجهة الزيادة على طلب التعليم الجامعي وفيما يلي عرض لزيادة القدرة الاستيعابية للجامعات .

نسبة الزيادة	عدد المقبولين الفعلي	عدد المقبولين حسب خطة التنمية	الجامعة
41%	28337	20020	أم القرى
12%	5217	5990	الجامعة الإسلامية
26%	51127	40565	جامعة الإمام محمد بن سعود الإسلامية
83%	74456	40595	جامعة الملك سعود
14%	38532	45112	جامعة الملك عبد العزيز
27%	7627	6000	جامعة الملك فهد للبترول والمعادن
26%	14336	11371	جامعة الملك فيصل
-	4512	*	جامعة الملك خالد
32%	224144	169653	المجموع

جدول (4)

أعداد المقبولين حسب ما قدرته الخطة الخمسية السادسة وعدد المقبولين فعلياً

هذه الظاهرة المتنامية سنوياً دفعت إلى القيام ببعض الدراسات لتوقع أعداد خريجي الثانوية العامة في السنوات القادمة كأساس للتخطيط السليم. وبعد دراسة مستفيضة من الوزارة شملت عدة خيارات لتوقع أعداد خريجي وخريجات الثانوية ومن أجل تقديم توقع لنسبة من يكمل الثانوية العامة تم تطوير نموذج مبني على معدل تناقص نسبة الذين لا يكملون الثانوية العامة (الحقيل، 1422هـ) وقد توصلت هذه الدراسة إلى أن الأعداد المتوقع قبولها في الجامعات السعودية تسير وفق الجدول التالي :

شكل (3)

توقع تنامي نسبة من يكمل الثانوية العامة إلى من أعمارهم 18 عام (ابتداء من عام 1422هـ)

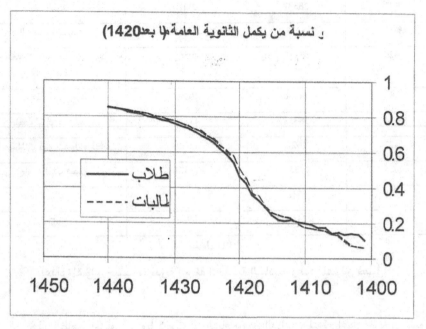

نسبة من يكمل الثانوية العامة إلى بعد(1420)

طلاب

طالبات

وفي دراسة أجرتها وزارة التعليم العالي أتضح من خلالها ما يلي:

1- بناء على هذه الدراسة، وحيث أن طاقة القبول الحالية في مختلف مؤسسات التعليم العالي هي قرابة 52 ألف طالب و65 ألف طالبة فإن هناك حاجة لإنشاء مؤسسات جديدة لزيادة طاقة القبول بمقدار 30 ألف طالب و25 ألف طالبة بحلول عام 1425هـ وأخرى مماثلة في السنوات العشر التي تليها .

2- حيث أن عدد المقيدين الحالي هو قرابة 165 ألف طالب و207 آلاف طالبة فمن المفترض زيادة تمويل مؤسسات التعليم العالي وتنويع قنوات التعليم وأشكاله بما يتيح تدريس قرابة 1000 ألف طالب و90 ألف طالبة إضافيين خلال الخمس سنوات القادمة وكذلك الاستمرار في افتتاح مؤسسات تعليمية طاقتها الاستيعابية 40 ألف طالب وطالبة في كل سنة.

ويمكن التغلب من الطاقة الاستيعابية لمؤسسات التعليم العالي باتباع الخطوات التالية:

1- تطبيق نظام التعليم المفتوح والتعليم عن بعد

يعتبر التعليم المفتوح والتعليم عن بعد أحد الخيارات الأساسية لزيادة الطاقة الاستيعابية في مؤسسات التعليم العالي، نظرا لأن هذا النظام يتغلب على الظروف الاجتماعية والجغرافية التي قد تحول دون التحاق أعداد كبيرة في التعليم العالي.

2- تطبيق نظام التعليم التعاوني

يساعد تطبيق نظام التعليم التعاوني على تخفيف الضغط على الجامعات، لأن التعليم التعاوني عبارة عن نظام يتم بموجبه أن يقوم الطالب بالدراسة النظرية في الجامعة والتطبيق في مؤسسات الإنتاج، وغالبا ما يمكث الطالب حوالي عام ونصف في مجال العمل، حيث يتم التسجيل في الجامعة وبعد فصل دراسي أو فصلين يتم إلحاقه بمؤسسة الإنتاج لمدة فصل دراسي ثم يعود للجامعة وهكذا وإلى أن يتخرج منها.

3- التوسع في افتتاح الكليات الجامعية الأهلية

العمل على تسهيل الإجراءات الإدارية للتوسع في افتتاح الكليات الجامعية الأهلية مع التأكيد على الجودة والنوعية في البرامج والخطط الأكاديمية، بدلا من التركيز على اكتمال المنشآت والتجهيزات كشرط أساسي للموافقة والبدء بالدراسة.

4- التوسع في إنشاء كليات المجتمع

العمل على تشجيع قطاع الخاص والمؤهلين من أعضاء هيئة التدريس السابقين في افتتاح كليات مجتمع أو كليات متوسطة ذات السنتين، لأهمية هذه الكليات في تخفيف الضغط على الجامعات وتوفير فرص التعليم في الأماكن التي لا يتواجد فيها مراكز تعليم جامعية، وإمكانية إنشائها من قبل أفراد مؤهلين بدلا من ربط إنشائها بشركات أو بمجموعة أشخاص .

5- دمج جميع مؤسسات التعليم العالي في وزارة التعليم العالي

نظراً لوجود عدة جهات تشرف على التعليم العالي في المملكة - فمثلاً توجد كليات تابعة لتعليم البنات ووزارة المعارف وزارة الصحة وكليات تابعة للمؤسسة العامة للتعليم الفني والتدريب المهني وكليات تابعة لجهات أخرى- فإن هذا التعدد في الإشراف على مؤسسات التعليم العالي قد يؤدي إلى نوع من الازدواجية، وزيادة الأعباء المالية، وتحقيقها في بعض الأحيان أهداف خاصة لهذه المؤسسات التي ربما تتشبع وظائفها من مخرجاتها، وقد يؤدي ذلك الى فائض من خريجي هذه الكليات لا تتوافق مؤهلاتهم مع احتياجات مؤسسات الإنتاج.

المشكلة الثانية: ضعف مخرجات التعليم

حيث يلاحظ وجود ظاهرة ضعف مخرجات التعليم العالي بالمملكة العربية السعودية، ويمكن الحكم على مخرجات التعليم العالي بالمملكة من خلال ما يلي:

* لقد أفرزت الجامعات خريجين في تخصصات ليس لها ارتباط وثيق باحتياجات التنمية مما أثقل كاهل الجامعات نفسها ومؤسسات التدريب في إعادة تأهيل الخريجين، حيث يوجد فائض كبير في أعداد الخريجين الذين يعانون من البطالة المقنعة والسافرة في بعض التخصصات التي تقدمها مؤسسات التعليم العالي، في الوقت الذي يوجد فيها نقص واضح في مجالات أخرى تحتاج إليها مؤسسات المجتمع بفرعيها العام والخاص، وتتركز مشكلة إعادة تأهيل الخريجين في توجيه الطلبة نحو التخصصات الأدبية لغياب التوجيه والإرشاد الأكاديمي الفعال للتخصصات التي تتوافق مع متطلبات التنمية.

والمتأمل في الإحصائيات التي تصدر عن التعليم العالي بالمملكة يجد أن توزيع التخصصات المختلفة يسير باتجاه معاكس للتوقعات، ومخالفا لما تتطلبه التنمية المنشودة، إذ إن النمو في تخصص العلوم الاجتماعية والإنسانية يتسارع بنسبة أكبر من باقي التخصصات، في نفس الوقت الذي تزداد فيه أهمية العلوم والتكنولوجيا، حيث

ازدادت نسبة الطلاب في الدراسات الإنسانية والاجتماعية من 59.2% في عام 1405هـ إلى 77.3% في عام 1416هـ في الوقت الذي انخفضت فيه نسبة الطلاب في العلوم الهندسية من 11.8% الى 4.6% ونسبة الطلاب في العلوم الطبية من 9.4% الى 2.7% وكذلك انخفاض في نسبة الطلاب في العلوم الطبيعية من 8.2% الى 6.5% وفي العلوم الزراعية من 3% إلى 1.4% .

الجدول رقم (6)

التوزيع النسبي للطلبة السعوديين في مرحلة البكالوريوس حسب التخصصات في عام 1405 ، 1416 هـ1

التخصصات	1405هـ	1416هـ	التغير
1- العلوم الطبية	9.4	2.7	6.7 (-)
2- العلوم الهندسية	11.8	4.6	7.2 (-)
3- العلوم الزراعية	3.0	1.4	1.6 (-)
4- العلوم الطبيعية	8.2	6.5	1.7 (-)
5- الاقتصاد والإدارة	8.4	7.5	0.9 (-)
6- الإنسانيات والاجتماعيات	59.2	77.3	18.1 +
الإجمالي	100.0	100.0	-

إن الوظيفة الأساسية للجامعات تكمن في خدمة المجتمع، والمساهمة في حل مشكلاته فضلاً عن العمل على تحقيق الرفاهية لأبنائه، فإن تحقيق هذه الأهداف لن يتأتى إلا من خلال التخطيط المدروس للجامعات في إطار التخطيط الشامل للتنمية الاقتصادية، ولكن الملاحظ أن التعليم الجامعي في المملكة ارتبط بالمؤهلات والشهادات أكثر من ارتباطه باحتياجات التنمية الشاملة، فما زالت الجامعات تركز على الدراسات النظرية، والمجالات الأدبية دون الدراسات العملية والمجالات التطبيقية.

* قلة اتصال الجامعات بمؤسسات الإنتاج فقد بينت دراسة جفري (1997) لعينة صغيرة من رجال الأعمال تتكون من 63 شخصاً في المنطقتين الغربية والوسطى حول الاتصال بين قطاع الأعمال والجامعات السعودية أكدت فيها أن 67% من العينة يرون بأن الاتصال بين رجال الأعمال والجامعات مفقود، كما أوضحت الدراسة أن 83% منهم يرون أنه لم يحدث أي تطور في هذا المجال حديثاً، وأشار 36% من العينة أن الاتصال يجب أن يكون بهدف المساعدة في بناء احتياجات القطاع الخاص، يلي ذلك هدف بناء السلوكيات المطلوبة في العمل بنسبة 33.3% وقد طالبت العينة جميعها (100%) بتطوير مناهج الجامعات حيث أكد 86% منهم على ألا تتجاوز المدة الزمنية المتاحة للتطوير عشر سنوات، كما أوضح 78% من العينة أن التغيير والتطوير في المناهج يجب أن يتم في الكليات العلمية، وأشار 69% أنه يجب أن يشمل الكليات النظرية أيضا.

أظهرت تحليلات الوضع الراهن أن مستوى التكامل والتفاعل بين مؤسسات التعليم العالي والقطاع الخاص ما زال دون الطموحات المستهدفة، مما يضعف مقدرة القطاع الخاص على استيعاب وتوظيف الأعداد المتوقعة بالخطة من الخريجين والخريجات، وسوف تتبنى خطة التنمية السابعة معالجة هذه القضية ولكي يتم التواصل بين مؤسسات التعليم العالي والقطاع الخاص وحل هذه المشكلة فإنه يمكن اتباع الآليات التالية (وزارة التخطيط، 1420، 294) :

- الربط بين برامج التعليم ومتطلبات التنمية واحتياجات سوق العمل.

- تفعيل دور القطاع الخاص في المشاركة في تدريب الطلاب في مؤسساته، واحتساب مدة التدريب أحد متطلبات التخرج.

- إعادة النظر في برامج تأهيل الخريجين والخريجات، والمشاركة في تقويم الأداء من قبل القطاع الخاص.

- دعم البحوث العلمية ذات العلاقة بدراسة احتياجات القطاع الخاص والعام.

- إيجاد نظام يتم بموجبه مشاركة رجال الأعمال في مجالس الكليات لتوثيق العلاقة بين الكليات والقطاع الخاص.

- إقامة بعض اللقاءات والندوات بين مؤسسات التعليم العالي والقطاع الخاص لمناقشة أوراق عمل ذات علاقة بتطوير العلاقة بينهما.

- تكثيف الجهود لعقد الدورات التدريبية الهادفة لإعادة تأهيل الخريجين وفقاً لمتطلبات التنمية واحتياجات السوق.

المشكلة الثالثة: مدى توافق مخرجات التعليم العالي مع سوق العمل

يوجد عدد من العوامل تسهم في عدم توافق مخرجات التعليم مع متطلبات السوق العمل تكمن في عدم توزيع الطلاب بين التخصصات حسب متطلبات السوق، وعدم إشراك قطاع العمل في تحديد سياسة القبول وعدم تطوير المناهج حسب حاجة سوق العمل. والجدول رقم (7) يحدد أهم هذه العوامل:

الرقم	الاسباب		درجة المساهمة									
		المجموع	كبيرة	%	متوسطة	%	ضعيفة	%	لا توجد	%-	Mean
1	عدم توزيع الطلاب بين التخصصات حسب متطلبات السوق	120	100	83.3	20	16.7	-	-	-	-	0.83
2	عدم إشراك قطاع العمل في تحديد سياسة القبول	120	96	80.0	24	20.0	-	-	-	-	0.80
3	عدم تطوير المناهج بحسب حاجة سوق العمل	120	90	75.0	28	23.3	2	1.7	-	-	0.73
4	عدم تعاون جهات تخطيط القوى العاملة بالشكل المطلوب	120	86	71.7	32	26.7	2	1.7	-	-	70
5	عدم جدوى الإرشاد الطلابي	120	70	59.3	46	39.0	2	1.7	-	-	573
6	ارتفاع نسبة التسرب بين طلاب الجامعة	120	60	50.0	50	41.7	6	5.0	4	3.3	0.38
7	الاعتماد على أسلوب التلقين في التعليم العالي	120	56	46.7	50	41.7	14	11.7			0.35
8	ضعف الاعتماد على التعليم التطبيقي	120	46	38.8	64	53.3	10	8.3	-	-	0.30
9	عدم الاعتماد على التعليم التعاوني	120	36	30.5	76	64.4	6	5.1	-	-	0.25
10	عدم تنمية القدرة على الإبداع والابتكار	120	22	18.3	86	71.7	12	10.0	-	-	0.08

وقد اقترح (السلطان، 1422) الآليات التالية لتكييف مخرجات التعليم العالي مع الاحتياجات الفعلية لسوق العمل بالمملكة:

1- يجب أن تتوفر معلومات دقيقة عن الاحتياجات الفعلية لسوق العمل بشكل واضح، وعلى منحى مستمر، وليس بشكل إحصاءات مفاجئة تطالب بردود فعل آنية، وذلك من خلال تطوير نظام معلومات عن سوق العمل يرتكز على قاعدة بيانات وتحليل متواصل عن القوى العاملة واحتياجاتها التدريبية يمكننا من إعطاء تنبؤات مستقبلية دقيقة لهذه السوق.

2- التنسيق المستمر بين الجهات الحكومية (وزارة التعليم العالي، وزارة الخدمة المدنية، مجلس القوى العاملة..الخ) والجهات المعنية الأخرى (الغرف التجارية، مؤسسات القطاع الخاص..الخ) من أجل إيجاد نظام متكامل لتصنيف وتقييم وترتيب الوظائف المتوفرة في سوق العمل في القطاعين العام والخاص.

3- تحديد التخصصات في مؤسسات التعليم العالي والتي يطلبها سوق العمل في القطاعين العام والخاص، وإعادة بناء مناهجها بشكل يتلاءم مع احتياجات هذه السوق من المهارات والقدرات مع الأخذ بالاعتبار أعداد الخريجين بما يكفل لهم البدء في مشاريعهم التجارية الخاصة.

4- العمل على استحداث المزيد من التخصصات التي تثبت الحاجة إليها في حركة التنمية الشاملة، ودمج بعض التخصصات التي يضعف الاحتياج إليها في المستقبل المنظور مع مراعاة الحذر من إلغاء تخصصات بعينها لمجرد عدم احتياج سوق العمل لها في الوقت الراهن.

5- الأخذ بمفهوم الاختصاص المتعدد الوجوه والدراسات المشتركة بين أكثر من اختصاص تحقيقاً لمبدأ المرونة في مواجهة تقلب فرص العمل.

6- مراجعة سياسات القبول من حيث عدد المقاعد المتاحة في التخصصات، وعمل موازنة بين التخصصات المطلوبة والتخصصات المتشعبة.

7- تبسيط إجراءات التحويل إلى التخصصات التي عليها طلب، ومراعاة تشجيع الطلاب للالتحاق بها من وقت القبول. وكذلك مراجعة الضوابط كتخفيض المعدل المطلوب للتحويل إليها عن باقي الأقسام الأخرى.

8- تكثيف عمليات الإرشاد الأكاديمي في مؤسسات التعليم العالي ومراجعة سياساتها وإجراءاتها مع توفير ما يلزمها من إمكانات فنية وبشرية وتنظيمية لإتمام عملية الإرشاد بدقة وفعالية لضمان توجيه المستجدين في مؤسسات التعليم العالي للتخصصات التي تتناسب مع ميولهم واستعداداتهم وبما يفي باحتياجات التنمية في القطاعين العام والخاص.

9- اعتماد العناصر العملية والتطبيقية في جميع مناهج التعليم العالي ومقاربة هذه المناهج للتطبيقات الحياتية العملية.

10- تطوير مهارات وقدرات أعضاء هيئة التدريس في مؤسسات التعليم العالي من خلال برامج متكاملة تعينهم على تحديث معلوماتهم ومهاراتهم واستخدام طرائق وأساليب حديثة في التربية والتعليم.

11- تقليص الفجوة التقنية بين ما هو مستخدم فعلاً في سوق العمل وما يتم التدريب علية في مؤسسات التعليم العالي بما يكفل تطوير مهارات الطلاب وتنمية قدراتهم الإبداعية لمواكبة المتغيرات والمستجدات.

12- تشجيع القطاع الخاص للتوسع في دعم برامج التعاون مع مؤسسات التعليم العالي من خلال برامج التعليم التعاوني وإقامة المشروعات التدريبية المشتركة، وتمويل البرامج التدريبية المتخصصة التي تعين على تحديث وإثراء قدرات ومعارف الطلاب الدارسين.

13- تطبيق برامج التوجيه والإرشاد المهني لطلاب المرحلة الثانوية والتعليم العالي بهدف تزويدهم بالأسس، التي تمكنهم من اختيار مسارات التعليم والتدريب

الملائمة لاستعداداتهم وميولهم والفرص المتاحة لهم وبما يكفل إعادة صياغة عقلياتهم ومواقفهم تجاه العمل المهني.

14- إجراء عمليات متابعة دورية لمعرفة آراء خريجي التعليم العالي والذين مروا بتجربة التوظيف حول المهارات والبرامج التي يرون عدم احتياجهم لها وتلك التي كانوا يحتاجونها ولم يوفرها لهم التعليم العالي. كما يمكن إتاحة الفرصة لهؤلاء لتطوير مستوياتهم المهارية وتنوعيها من خلال برامج التدريب على رأس العمل.

15- إثراء برامج التعليم الثانوي والعالي بما يؤهل خريجيها بالمهارات الملائمة لاحتياجات التنمية الآنية والمستقبلية في سوق العمل في القطاعين الخاص والعام من مثل: المهارات القيادية والتنظيمية ومهارات الاتصال وبناء العلاقات ومهارات التحليل والتفكير الإبداعي وحل المشكلات ومهارة استخدام الحاسوب.

16- تكثيف البرامج التوعوية عن الخيارات في التخصصات المتعددة في مؤسسات التعليم العالي والتي تحتاجها البلاد في حركة التنمية ولها ارتباط أكبر بالاحتياجات الفعلية لسوق العمل في القطاعين العام والخاص.

المشكلة الرابعة: بطالة الخريجين

إذا استمرت الجامعات وكليات البنات في تخريج الطلبة والطالبات دون تطوير للخطط الأكاديمية والتخصصات والبرامج فيما يتلاءم مع احتياجات المجتمع المتغيرة، فإن التعليم العالي سوف يواجه مشكلة كبيرة في بطالة الخريجين والخريجات في بلد أحوج ما يكون للقوى البشرية المؤهلة للمساهمة في التنمية الشاملة في المملكة العربية السعودية.

ويكمن التقليل من البطالة من خلال الآليات التالية:

1- تطوير الدراسات العليا في الجامعات بما يتلاءم واحتياجات المجتمع

2- يمكن افتتاح كليات جديدة وفق متطلبات التنمية.

3- تشجيع العمل الحر.

4- إعادة تأهيل وتدريب الخريجين من الكليات والجامعات للقيام بأعمال تتطلب مهارات غير متوفرة في خريجي التعليم العالي.

5- إنشاء كليات المجتمع وكليات متوسطة ودبلومات في المجالات التي يحتاجها المجتمع، مع تسهيل جميع الإجراءات لتحقيق ذلك.

المشكلة الخامسة: توفر التمويل

من المعروف أن الدولة أعزها الله تنفق على التعليم بسخاء، وترصد له سنوياً أكثر من ربع الميزانية، ولكن التعليم العالي يحتاج إلى موارد مالية ويجب إلا يكون عبئاً على ميزانية الدولة، لذا اقترح (السلطان، 1422هـ) طرق التمويل التالية:

1- الاستمرار في الإنفاق الحكومي على التعليم العالي إلى أقصى الحدود الممكنة باعتبار أن هذا الإنفاق هو استثمار مجدٍ في رأسمال المال البشري.

2- زيادة الموارد المالية للمؤسسات عن طريق مجهوداتها الذاتية عقود التدريب، برامج خدمة المجتمع والتعليم المستمر، ووضع الرسوم للحصول على خدماتها التعليمية.

3- السماح للمؤسسات التعليمية والبحثية بتقديم خبراتها الاستشارية والبحثية للمؤسسات الانتاجية والاقتصادية مقابل تمويلها نظير هذه الخدمات.

4- وضع رسوم اسمية للطلاب الدارسين في مؤسسات التعليم الحكومي.

5- ترشيد الإنفاق، وتحسين الكفاءة الداخلية للجامعات ومؤسسات التعليم العالي بشكل عام (أي بتخفيض تكلفة الطالب)

6- إسهام القطاع الخاص والأوقاف والمؤسسات العامة في توفير الفرص التعليمية من خلال إنشاء جامعات ومعاهد وكليات غير ربحية مع تحديد الضوابط فيما يخص النوعية والمحافظة على الهوية .

7- التوسع في قبول التبرعات والهبات والأوقاف لتمويل المؤسسات التعليمية والمراكز البحثية بما لا يتعارض مع سياسة التعليم، وتأصيل هذا الدور لدى المجتمع، وعمل حملات التوعية بذلك.

8- تعزيز دور صندوق التعليم العالي، والسماح بإنشاء صناديق وقفية لتنمية المؤسسات التعليمية العليا والبحثية.

9- تشجيع القطاع الخاص في تمويل التعليم العالي على أساس توفير بعض الحوافز (كالبنية التحتية) وإعطائه ضمانات الاستقرار على عوائده الاستثمارية.

10- الترتيب مع المؤسسات المالية لتقديم القروض الحسنة لطلبة العلم، واسترجاع ذلك على سنوات بعد التحاق الطالب بعمل يدر عليه دخلاً ثابتاً دون فوائد ربوية.

ويعاني التعليم العالي بالمملكة مما يعانيه التعليم بدول الخليج العربي فقد أصدرت الأمانة العامة لمجلس التعاون الخليجي أنهم لاحظوا المشاهد التالية في معظم دول المجلس:

1- غياب التخطيط الشامل بعيد المدى لنمو هذا النوع من التعليم، وسيطرة النمطية على برامجه، وضعف مخرجات بعض التخصصات، وطغيان التخصصات النظرية على العلمية فيه، والنقص الواضح في أعضاء هيئة التدريس من المواطنين، بل وشيوع ظاهرة التسرب بينهم طلباً للالتحاق بوظائف أخرى خارج إطار التعليم العالي.

2- تعتمد بعض الجامعات في دولنا على الحد الأدنى من ضبط الالتزام بمقاييس ومعايير الجودة في الجامعات، نتيجة لاشتداد الطلب على الالتحاق بالتعليم العالي، وقصور الإمكانيات المتاحة.

3- ارتفاع نسبة الفاقد في التعليم العالي المتمثل في انخفاض كمية المخرجات.

4- رغم وجود اجتماعات تنسيقية على مستوى دول المجلس في مجال التعليم إلا أن تفعيل النظرة التكاملية في معالجة التحديات التي تواجه هذا النظام تكاد تكون معدومة.

5- ما زالت برامج التعليم التقني، التي تشكل إحدى وسائل التنوع في مجال التعليم العالي، دون المستوى المطلوب، ولا تتوافر بالعدد الكافي للطلب المتزايد عليه.

سبل تطوير التعليم العالي بالمملكة العربية السعودية

1- ضرورة اخضاع التعليم العالي لعملية تقويمية، فتحتاج الجامعات السعودية لمراجعة مناهجها ومقرراتها الدراسية وأن تبدأ في تطوير محتواها العلمي وخبراتها المربية ويكون ذلك عن طريق تعيين لجنة دائمة لتطوير المناهج والبرامج الجامعية وليس المقصود بالمناهج الجامعية تلك المقررات والمذكرات المكتوبة (المحتوى المعرفي) وإنما يقصد بالمنهج مفهومه الشامل بما يحتويه من خبرات وطرق تدريس وإعداد جيد للمعلم الجامعي قبل وأثناء الخدمة والأنشطة المنهجية الداخلية والخارجية وأساليب القياس وطرق التقويم، وهذا التوجه موجود لدى الوزارة، حيث أشار التقرير الوطني الشامل عن التعليم العالي في المملكة العربية السعودية (1420/1421هـ) أن التعليم العالي في المملكة العربية السعودية قد جاز على العديد من الإنجازات التي يلزم إخضاعها لمعايير التقويم الموضوعية للقياس، ولعل أهمها ما يلي:

1- سياسة التعليم العالي وأهدافه.

2- سياسة القبول في التعليم العالي.

3- إدارة التعليم العالي ومؤسساته.

4- أنظمة ولوائح التعليم العالي.

5- خطط التعليم العالي.

6- المصادر التعليمية.

7- الأنشطة التعليمية.

8- التوجيه والإرشاد.

9- تقويم طلبة التعليم العالي.

10- التطور النوعي للبرامج التعليمية.

11- التطور الكمي لمؤسسات التعليم العالي ومخرجاته.

12- تأهيل القوى البشرية.

13- الانتاج العلمي والبحث العلمي.

14- الجمعيات المهينة والعلمية.

15- برامج خدمة المجتمع.

16- المنشآت والمرافق والبنى التحتية.

17- المكتبة وخدمات المعلومات.

18- خطط تطوير التعليم العالي.

19- تمويل التعليم العالي وتكلفته.

وتعمل وزارة التعليم العالي ومنذ عدة سنوات على وضع إطار لمؤسسة مستقلة للتقويم المهني والاعتماد الأكاديمي تساعد الدولة والوزارة والجامعات، على استخدام معايير موضوعية لتقويم وقياس منجزات التعليم العالي من الناحيتين النوعية والكمية، وفيما

إذا كانت منجزات التعليم تحقق في نوعها وكميتها أهداف التعليم وغاياته وفلسفته التي حددتها الدولة. وقد شعرت الجامعات بأهمية التقويم والقياس وقد قامت جامعة الملك سعود بتجربة للتقويم الذاتي، وكما قامت عام (1405هـ) بتشكيل لجنة لتقويم تجربة الدراسات العليا فيها، كما قامت جامعة الملك فهد للبترول والمعادن بالاستعانة بمؤسسات أجنبية لتقويم برامجها وخاصة الهندسية.

2- التوسع في إنشاء كليات المجتمع بهدف إنشاء كليات المجتمع بالمملكة إلى ربط التعليم بخطط التنمية الشاملة من أجل استيعاب أعداد كبيرة من الطلاب والطالبات الذين تتزايد أعدادهم سنة بعد سنة، وتأهيل الطلاب بمؤهلات متوسطة يحتاجها سوق العمل في القطاع الأهلي، وكذلك للنزوح إلى المدن الكبيرة التي تتركز فيها الجامعات الرئيسة، وذلك بنشر التعليم العالي في كافة مناطق المملكة، وأيضاً لتقديم نمط جديد من التعليم العالي يجمع بين التأهيل الأكاديمي من ناحية والتدريب المهني من ناحية أخرى وتقدم كليات المجتمع نوعين من البرامج:

- برامج تأهيلية: وهي تعد الطلاب ليصبحوا مؤهلين على مستوى متوسط من الكفاءة الفنية والمهنية في المجالات المختلفة كالهندسة والزراعة والصحة وغيرها. كما تتيح الفرصة لإعادة تعليم تدريب من انقطع عن التعليم وذلك للحصول على درجة أعلى في المهارة أو تغيير اتجاهه المهني.

- برامج انتقالية: وتعتبر مرحلة تمهيدية للحصول على الدرجة الجامعية الأولى بحيث يحصل على مجموعة من النقاط تمكنه من التحول إلى الكلية أو الجامعة ذات الأربع سنوات.

3- التعليم العالي الأهلي: هو نوع من التعليم الحديث في المملكة تشرف عليه وزارة التعليم العالي، وسوف يسهم في حل مشكلة الإقبال المتزايد على التعليم العالي، ومن الكليات الأهلية: كلية الأمير سلطان الأهلية بالرياض وتتبع مؤسسة الرياض الخيرية للعلوم، وتمنح درجة البكالوريوس في خمسة تخصصات هي: علوم الحاسب الآلي، نظم المعلومات، الإدارة المالية، المحاسبة، التسويق كلية الأمير سلطان لعلوم السياحة

والفندقة بأبها وتتبع مؤسسة الملك فيصل الخيرية، وتمنح درجة البكالوريوس والدبلوم في الدراسات السياحية والفندقية- كلية عفت الأهلية للبنات بجدة وتتبع مؤسسة الملك فيصل الخيرية وتمنح درجة البكالوريوس في التخصصات التالية: علوم الحاسب ونظم المعلومات، ورياض الأطفال.

- كلية دار الحكمة الأهلية للبنات بجدة وتتبع مؤسسة العلم الخيرية وتمنح درجة البكالوريوس والدبلوم بعد السنة التحضيرية في التخصصات التالية: التصميم الداخلي، التعليم الخاص، إدارة نظم المعلومات. كما صدرت الموافقة السامية الكريمة على إنشاء جامعتين أهليتين هما جامعة الأمير سلطان، وجامعة الفيصل، وإنشاء عدد من الكليات الجامعية في بعض مدن المملكة.

4- ضرورة إدخال الإنترنت في جميع الجامعات السعودية، وقد اقترح المنيع الأمور التالية لتحقيق التقدم العلمي والتقني في المملكة من خلال البرامج التالية:

- إدخال تقنية الحاسب الآلي في جميع مراحل التعليم العام والعالي ووضعها مادة إجبارية على جميع الطلبة منذ السنة الأولى في المرحلة الابتدائية وحتى نهاية مرحلة التعليم العالي.

- تطوير الخطط الأكاديمية في كليات الحاسب لأن التقنية تتطور بسرعة فائقة، بحيث تتوافق مخرجاتها مع احتياجات سوق العمل من ناحية، ومع التطورات التقنية من ناحية أخرى.

- تطور طرق التدريس بحيث تتجنب الحفظ والتلقين وتعتمد على التفكير والابتكار والمشاركة في المشاريع المشتركة لاكتساب مهارة البحث العلمي أثناء الدراسة.

- أن تعتمد مؤسسات التعليم العالي سياسة موحدة في تطوير التقنية، بحيث توفر البرامج التدريبية لأعضاء هيئة التدريس، وتجعل إتقان استخدام الحاسب

الآلي في التدريس شرطاً أساسياً لقبول طلب الترقية العلمية أو حجب العلاوة السنوية لحين الوفاء بهذا الشرط.

- وضع خطة وطنية للمعلوماتية تعمل على تحويل المجتمع السعودي من مجتمع متلقي للمعلومات والتقنية إلى مجتمع منتج ومتفاعل مع العالم في المعلوماتية.

- التنسيق بين مراكز الأبحاث الجامعية ومراكز الأبحاث الوطنية وربط هذه المراكز باحتياجات مؤسسات الإنتاج في المملكة العربية السعودية.

- أن يقوم مجلس القوى العاملة بدور أكبر في التنسيق بين المؤسسات التعليمية والتدريبية والقطاع الخاص لتحديد المواضيع البحثية التي يمكن أن تساهم فيها مؤسسات التعليم العالي.

- تفعيل دور التعليم التعاوني بين مؤسسات التعليم العالي ومؤسسات القطاع الخاص لتحقيق التفاعل والتبادل مع القطاع الخاص في مجال التقنية والمعلومات.

- العمل على إيجاد قواعد المعلومات والبيانات في جميع المؤسسات التعليمية والإنتاجية لتسهيل عملية اتخاذ القرارات وتطوير البحث العلمي مع سهولة استخدامها من قبل فئات المجتمع بربطها بالانترنت مع تسهيل الحصول على قواعد المعلومات العربية والعالمية.

- تشجيع المفكرين والمبدعين والباحثين مع استقطاب الخبرات العربية المهاجرة للعمل في المملكة مع إيجاد نظام للحوافز لاستقطاب هذه الخبرات.

- تشجيع المكاتب الاستشارية الأهلية السعودية لتطوير استخدام التقنية في المؤسسات التعليمية والمؤسسات الانتاجية، لتكوين قاعدة من الخبرات المحلية بدلا من الاعتماد على الخبرات الأجنبية التي تستنزف الأموال وتعود خبراتها من حيث أتت دون استفادة المجتمع السعودي منها.

- الاستفادة من خدمات الإنترنت في مجال التدريس والبحث العلمي والتواصل العلمي بين أعضاء هيئة التدريس وجعل معرفة الإنترنت واستخدامها شرطاً أساسياً للترقيات العلمية أو استمرار العلاوة السنوية.

المراجع

- البازعي، حمد، 1418هـ "التعليم الجامعي في المملكة العربية السعودية والاتجاهات المستقبلية لأسواق العمل"، دراسة مقدمة إلى ندوة التعليم العالي في المملكة العربية السعودي، رؤى مستقبلية"، وزارة التعليم العالي.

- التابعي، أحمد علي (1418هـ) "مساهمة التخطيط التربوي في تحقيق التوازن بين مخرجات التعليم العام ومدخلات التعليم الجامعي بالمملكة العربية السعودية، جامعة أم القرى كلية التربية، قسم الإدارة التربوية والتخطيط، رسالة دكتوراة غير منشورة.

- التقرير الوطني الشامل عن التعليم العالي في المملكة العربية السعودية 1421هـ وزارة التعليم العالي، الإدارة العامة للدراسات والمعلومات.

- التقرير الوطني حول التعليم العالي في المملكة العربية السعودية 1418هـ وزارة التعليم العالي، الإدارة العامة للدراسة والمعلومات.

- جامعة الملك سعود 1419هـ "التعليم العالي في المملكة العربية السعودية"، مطابع جامعة الملك سعود.

- الخضير، خضير بن سعود (1419هـ) التعليم العالي بالمملكة العربية السعودية بين الطموح والإنجاز، مكتبة العبيكان الرياض.

- الداود، عبد المحسن بن سعد (1416هـ)، التعليم العالي في المملكة العربية السعودية (بداياته وتطوره) دار أركان للنشر والتوزيع، الرياض.

- دليل التعليم العالي في المملكة العربية السعودية (1416هـ)، وزارة التعليم العالي، الإدارة العامة لتطوير التعليم العالي.

- الرشيد، محمد (1418هـ) ، "التعليم العالي وسوق العمل" ورقة عمل مقدمة إلى ندوة التعليم العالي في المملكة العربية السعودية، رؤى مستقبلية" وزارة التعليم العالي.

- السلطان، خالد بن صالح (1422هـ) السياسات التعليمية المستقبلية (للتعليم العالي) ورقة عمل مقدمة لندوة الرؤية المستقبلية للاقتصاد السعودي حتى عام 1440هـ .

- سنبل، فائقة عباس (1415هـ) مشاركة عضو هيئة التدريس في صنع القرار الجامعي بجامعة أم القرى، جامعة أم القرى كلية التربية، قسم الإدارة التربوية والتخطيط، رسالة ماجستير غير منشورة.

- السنبل عبد العزيز وآخرون (1419هـ) نظام التعليم بالمملكة العربية السعودية، دار الخريجي للنشر والتوزيع، الرياض.

- سياسة التعليم في المملكة العربية السعودية (1398هـ/1978م).

- عفيفي، محمد بن يوسف أحمد (1422هـ) تطور التعليم العالي في عهد خادم الحرمين الشريفين 1402 دراسة تاريخية وصفية.

- العنقري، خالد بن محمد "التعليم العالي في المملكة العربية السعودية، الإنجازات، الطموحات للمستقبل" (1419هـ) .

- فرج عبد اللطيف بن حسين (1426هـ) نظم التربية والتعليم في العالم، دار المسيرة، عمان، الأردن.

- القحطاني، منصور بن عوض (1422هـ) تمويل البحث العلمي في الجامعات السعودية وسبل تنميته، جامعة أم القرى كلية التربية، قسم الإدارة التربوية والتخطيط، رسالة دكتوراة غير منشورة.

- القرني، علي بن سعد (1419هـ) التعليم العالي في المملكة العربية السعودية: إنجازات وتحديات، بحوث مؤتمر المملكة العربية السعودية في مائة عام.
- كسناوي، محمود (1418هـ)، "استراتيجية قبول طلاب المرحلة الثانوية في مؤسسات التعليم العالي في ضوء خطط التنمية (الواقع- رؤى مستقبلية) دراسة مقدمة إلى "ندوة التعليم العالي في المملكة العربية السعودية، رؤى مستقبلية"، وزارة التعليم العالي.
- المبعوث، محمد بن حسن (1424هـ) من منجزات خادم الحرمين الشريفين الملك فهد بن عبد العزيز آل سعود في تخطيط التعليم العالي، المجلة السعودية للتعليم العالي، العدد الأول، ص 23 .
- المشاري، وفيصل وآخرون : تقرير عن القبول في مؤسسات التعليم العالي- الواقع- المستقبل- الحلول، من تقارير مركز البحوث والدراسات بوزارة التعليم العالي، جمادي الآخرة 1422هـ.
- المنيع، محمد عبد الله (1423) متطلبات الارتقاء بمؤسسات التعليم العالي لتنمية الموارد البشرية في المملكة العربية السعودية: منظور مستقبلي مقدم للندوة الدولية حول "الرؤى المستقبلية للاقتصاد السعودي حتى عام 1440هـ وزارة التخطيط في الفترة من 13-17 شعبان 1423هـ الموافق 19-23 اكتوبر 2002م، الرياض- المملكة العربية السعودية.
- وزارة التعليم العالي (1419هـ) مشروع إنشاء هيئة التقويم المهني والاعتماد الأكاديمي، تقرير.
- وزارة التعليم العالي (1421/1420هـ) التقرير الوطني الشامل عن التعليم في المملكة العربية السعودية، مطابع جامعة الإمام محمد بن سعود الإسلامية، الرياض.

التعليم الأهلي

مفهوم التعليم الأهلي

عرّفت لائحة تنظيم المدارس الأهلية بخطاب معالي رئيس مجلس الوزراء 1395/8/21هـ المدرسة الأهلية بأنها: "كل منشأة غير حكومية تقوم بأي نوع من أنواع التعليم العام أو الخاص قبل مرحلة التعليم العالي" أما الآن فقد أصبح مفهوم التعليم الأهلي: "كل منشأة غير حكومية تقوم بأي نوع من أنواع التعليم الجامعي أو العام أو الخاص أو الفني" (ورد في الغامدي وعبد اللجواد، 2002م، ص:302)

فلسفة التعليم الأهلي في المملكة

وهي كما حددها الغامدي وعبد الجواد (2002م): "تقوم على مبدأ اشتراك المواطن في تحمل مسؤولية نشر العلم وتطويره باعتباره شريكاً للدولة في بناء الفرد والمجتمع" ص:302.

سياسة التعليم الأهلي في المملكة العربية السعودية

(الحامد وآخرون، 2004م، ص: 205-206)

أوردت المملكة فصلاً كاملاً يحدد إطار وضوابط التعليم الأهلي وأسسه العامة في سياسة التعليم في المملكة:

- تشجع الدولة التعليم الأهلي في كافة مراحله ويخضع لإشراف الجهات التعليمية المختصة فنياً وإدارياً، ويوضح ذلك النظام الخاص به.

- الترخيص بافتتاح المدارس والمعاهد الأهلية خاص بالجهات التعليمية المختصة ولا يسمح لغير السعوديين.

- يوضح نظام التعليم الأهلي الشروط التي يجب توافرها فيه والواجبات التي يلتزم بها.

- لا يحق للتعليم الأهلي أن يمنح الشهادات العامة في جميع مراحل التعليم.

- يحقق إشراف الدولة على التعليم الأهلي الأهداف التالية:

– ضمان مستوى مناسب من التربية والتعليم والشروط الصحية لا يقل عن مستوى مدارس الدولة.

– ضمان صحة اتجاه المدرسة وفق مقتضيات الإسلام.

– تقدير مدى المساعدة المالية التي تقرر للمدارس لتحقيق العدل والتوازن بين مختلف المدارس الأهلية.

– مساعدة المدارس والمعاهد الأهلية على تحقيق أهداف التربية والتعليم من ناحية الإشراف والدعم الفني.

تاريخ التعليم الأهلي بالمملكة :

(الحامد وآخرون، 2004م، ص: 206-208)

1- بدأ أول نظام للتعليم الأهلي عام 1357هـ حيث تم تعريف المدرسة الأهلية وتحديد الشروط التي يجب توفيرها في المؤسسة، ويلزم المدرسة بتقديم تقرير يتضمن عناصرها وأنشطتها في بداية كل عام دراسي وتقرير آخر عن سير الدراسة وكيفية دعم المدرسة وتطبيق المنهج المعمول به في المدارس الحكومية.

2- في عام 1395هـ أصدرت وزارة المعارف لائحة تنظيم المدارس الأهلية والتي حددت مفهوم المدرسة الأهلية ونظمت عمليات الدعم المالي والإشراف الفني والتوجيه التربوي والرقابة الإدارية وأكدت على الحرص على الالتزام بالمبادئ والقيم الإسلامية، وأكدت على تعيين كل مدرسة مدير يكون مسؤولاً أمام السلطة المشرفة، ووضعت الشروط التي ينبغي مراعاتها في العاملين بالمدرسة الأهلية. وألزمت المدرسة العاملين بتنظيم أعمالها الإدارية والمالية والفنية، وأوصت اللائحة على أن يتم تحديد الرسوم الدراسية من واقع التكلفة الفعلية للطالب وأجازت برامج تدريبية وتعليمية أخرى في المدرسة، ونصت اللائحة على إغلاق المدرسة

التي أثبتت عجزها أو انحرافها وذلك في نطاق العقوبات أو الجزاءات التأديبية، وقد ظهرت عناصر ومدخلات هذه الظاهرة في الجوانب التالية:

– تنظيم عملية الإشراف على اختبارات المدارس الأهلية ومتابعتها.

– توفير المعلمين الذين يحتاجهم التعليم الأهلي عن طريق لجان التعاقد في الداخل والخارج.

– العناية بتنظيم برامج التوجيه والإرشاد النفسي للطلاب وتوفير المرشد الطلابي في المدرسة الأهلية في كافة المراحل.

– طالبت الوزارة بفحص مؤهلات من تتعاقد معهم المدارس الأهلية والتأكد من صلاحيتهم ومتابعتهم.

– حرصت الوزارة على ما يجب مراعاته عند تسمية المدارس وشجعت في ذلك تسمية المدارس بأسماء الخلفاء الراشدين وكبار الصحابة ومشاهير التابعين والأئمة المصلحين ورجال الحديث.

3- في عام 1391هـ تم وضع لائحة تنظيمية لتوزيع الإعلانات على المدارس الأهلية للبنين والبنات، حيث تم تصنيف المدارس الأهلية إلى الفئات الثلاث التالية:

– المدارس المجانية: وهي التي لا تأخذ رسوماً من الدارسين ومنها المدارس الدينية التي أنشئت بغية نشر تعاليم الإسلام وهذا النوع تصرف له إعانة كاملة.

– مدارس أنشئت من قبل جمعيات (الجمعيات النسائية، الجمعيات الخيرية..) بغرض نشر التعليم وهي لا تهدف إلى الربح.

– مدارس أهلية تستهدف الربح وتأخذ رسوماً، حيث تمنح هذه المدارس إعانات حسب مستواها إدارياً وفنياً.

كما يضيف الغامدي وعبد الجواد (2002م، ص: 328-330) ما يلي:

- التعليم الأهلي للبنات قبل إنشاء الرئاسة العامة لتعليم البنات :

تمثل التعليم الأهلي في بدايته جهود فردية عن طريق الكتاتيب يتم تعليم القرآن الكريم ومبادئ القراءة والكتابة وتعليم الحساب، وفي عهد الملك عبد العزيز والملك سعود تم افتتاح العديد من المدارس الأهلية شبه المنظمة في مكة المكرمة، المدينة المنورة، الرياض، ومن هذه المدارس المدرسة الفخرية والفوز والنجاح ومدرسة تهذيب الأخلاق، والمدرسة الهزازية في مكة ثم توالى افتتاح المدارس الأهلية حتى بلغ عددها عند تأسيس الرئاسة العامة لتعليم البنات في عام 1380هـ (53) مدرسة.

- التعليم الأهلي للبنات في ظل الرئاسة العامة لتعليم البنات

استفادت الرئاسة العامة لتعليم البنات كثيراً من تجربة وزارة المعارف في مجال التعليم الأهلي، فعند قيامها عام 1380هـ وجدت التنظيمات واللوائح والتعميمات التي تساعدها في إنجاز أعمالها جاهزة ثم تشكلت لجان مشتركة بعد ذلك للتخطيط للتعليم الأهلي، مما أدى إلى تزايد قطاع التعليم الأهلي حيث بلغ عام 1420هـ عدد المدارس الأهلية 723 مدرسة في التعليم العام.

- التعليم الأهلي بعد دمج الرئاسة العامة في وزارة المعارف

تم إصدار مرسوم ملكي بدمج الرئاسة لتعليم البنات في وزارة المعارف في 11 محرم 1423هـ مما أتاح فرصة وحدة القرار ووحدة التنفيذ للسياسة الواحدة ووفر النفقات واستغلال أفضل الإمكانات.

بعض التجديدات في التعليم الأهلي السعودي

وهي كما حددها الحامد وآخرون (2004م، ص: 212)

1- تنمية برامج المهارات الفردية: وهي التي يتدرب الطلاب فيها على مهارات الحوار والمناقشة والإلقاء والتعبير عن الرأي، وآداب الاختلاف واحترام الرأي الآخر وتنفذ هذه البرامج في الأنشطة الاذاعية والمسرحية ومن خلال تنظيم المناظرات والمساجلات والمشاركة في الأنشطة المتنوعة.

2- الحاسب الآلي وعلوم المستقبل من خلال تدريب الطلاب على استخدام الحاسب الآلي في سن مبكرة، وتجهيز معامل متكاملة وتدريب المعلمين على استخدام الحاسب في التعليم لتطوير البرامج المناسبة ورفع كفاءات معلمي الحاسب.

3- اللغات الأجنبية حيث تبنى تبنى برامج متميزة لتعليم اللغة الإنجليزية باستخدام تقنيات حديثة وتجهيزات متكاملة لتدريس اللغات.

4- تبني المنهج التكاملي وتنمية مهارات التفكير والتعليم الذاتي ونحوه.

5- تنويع الأنشطة المدرسية وجعلها مكملة للمنهج المدرسي الأكاديمي.

التعليم الخاص في المملكة العربية السعودية

تطوير التربية الخاصة في المملكة العربية السعودية :

يسير التعليم الخاص في المملكة في خط مواز لسلم التعليم العام وتقدم الخدمات التعليمية في هذا المجال إلى أصحاب الإعاقات العقلية والسمعية والبصرية.

بدأت حكومة المملكة العربية السعودية الاهتمام بالتربية الخاصة عام 1382هـ بتأسيس إدارة التعليم الخاص بهدف تقديم الخدمات التعليمية والمهنية والاجتماعية لفئات المعاقين، المكفوفين والصم والمتخلفين عقلياً بموجب قرار وزاري.

أما عن حجم الإعاقة في المجتمع السعودي فقد أشارت إحدى الدراسات الحديثة إلى أن نسبة الإعاقة في المجتمع السعودي تصل الى 5% وفقاً لهذه النسبة فقد حدد " صالح المالك"- عدد المعاقين- قياساً على عدد السكان في المملكة والبالغ في عام 1413هـ 16 مليون نسمة قريباً بأنه يصل إلى 850 معاقاً ومعاقة.

أهداف التربية الخاصة في المملكة :

1- تعنى الدولة وفق إمكاناتها بتعليم المعوقين ذهنياً أو جسمياً بوضع مناهج خاصة ثقافية وتدريبية متنوعة تتفق وحالاتهم.

2- يهدف هذا النوع من التعليم إلى رعاية المعوقين وتزويدهم بالثقافة الإسلامية والثقافة العامة اللازمة لهم، وتدريبهم على المهارات اللائقة بالوسائل المناسبة في تعليمهم للوصول بهم إلى أفضل مستوى يوافق قدراتهم.

3- يعنى في مناهج تعليم المكفوفين بالعلوم الدينية وعلوم اللغة العربية.

4- تضع الجهات المختصة خطة مدروسة للنهوض بكل فرع من فروع هذا التعليم تحقق أهدافه كما تضع لائحة تنظم سيره.

إعداد معلم التربية الخاصة في المملكة :

تعتبر قضية إعداد معلم التربية الخاصة من القضايا المهمة التي تشغل رجال التربية بسبب التحديات التي يواجهها إعداد المعلم على وجه العموم ومعلم التربية الخاصة على وجه الخصوص ومنها زيادة أعداد المعوقين وكبر حجم الإعاقة خصوصاً من هم في سن التعليم من الأطفال والشباب.

مؤسسات التربية الخاصة بالمملكة:

معاهد وبرامج العوق البصري:

أ- معاهد النور للمكفوفين والمكفوفات.

ب- برامج المعوقين بصرياً في مدارس التعليم العام.

ج- برامج ضعاف البصر.

معاهد وبرامج ومراكز العوق السمعي:

أ-معاهد الأمل للصم.

ب- برامج فصول الصم بالمدارس العادية

ج- برامج فصول السمع وعيوب النطق بالمدارس العادية.

معاهد وبرامج التربية الفكرية :

برامج صعوبات التعلم

برنامج الكشف عن الموهوبين ورعايتهم

ولعل المؤتمر الأخير الذي عقدته مؤسسة الملك عبد العزيز ورجاله لرعاية الموهوبين خلال الفترة (16-2005/7/18م) تدل دلالة كاملة على الاهتمام بالموهوبين في المملكة العربية السعودية حيث ضم المؤتمر العديد من الدراسات العلمية في مجال

الموهوبين منها دراسة غندورة (2005م) دراسة بعنوان "أثر استخدام التعليم الإلكتروني على تحصيل التلاميذ في رياضيات الصف الثالث متوسط"

وهدفت الدراسة إلى معرفة أثر استخدام التعليم الإلكتروني على تحصيل تلاميذ الصف الثالث متوسط في مادة الرياضيات، واستخدم الباحث المنهج شبه التجريبي، وكانت أداة الدراسة اختباراً تحصيلياً ثم طبق الباحث اختبار ت T-test وتوصل إلى النتائج التالية:

- تحسن مستوى التلاميذ في المجموعة التجريبية عن المجموعة الضابطة نتيجة استخدام البرمجيات في الحاسب . وأوصى البحث بالآتي:

- استخدام التعليم الإلكتروني لتنمية المفاهيم لما له من أثر فعال في تحسين تحصيل التلاميذ لهذه المفاهيم.

إعداد المعلم السعودي

(الغامدي وعبد الجواد، 2002م، ص: 191-213)، (شوق، 2001م، ص: 241-246)

أولاً: سياسة إعداد المعلم في نظام التعليم السعودي :

1- تولي الجهات التعليمية عنايتها بإعداد المعلم المؤهل علمياً ومسلكياً لكافة مراحل التعليم حتى يحقق الاكتفاء الذاتي وفق خطة زمنية.

2- تتوسع الجهات التعليمية في معاهد المعلمين والمعلمات في تقرير كافة المواد في الخطة الزمنية المحددة.

3- تركز مناهج إعداد المعلمين في مختلف الجهات التعليمية وفي جميع المراحل عنايتها بالتربية الإسلامية واللغة العربية، حتى يتمكن المعلمون من التدريس بروح إسلامية عالية وبلغة عربية صحيحة، وبذلك يسهمون في تحقيق الأهداف الأساسية التي تنشدها الأمة في تربية جيل مسلم يفهم الإسلام فهماً صحيحاً عقيدة وسلوكاً ويبذل جهده في النهوض بأمته.

4- يكون اختيار الجهاز التعليمي والإداري بمعاهد المعلمين منسجماً مع ما يحقق الخلق الإسلامي والمستوى العلمي والتأهيل التربوي.

5- تشجيع الطلاب على الالتحاق بالمعاهد والكليات التي تعد المعلم من خلال تخصيص بعض الامتيازات المادية والاجتماعية لهم حتى تكون أعلى من غيرهم.

6- إفساح المجال أمام المعلم لمتابعة دراسته التي تؤهله لمراتب أعلى في مجال تخصصه وتضع الجهات التعليمية الأنظمة المحققة لهذا الغرض.

7- يوضع للمعلمين ملاك (كادر) خاص يرفع من شأنهم، ويشجع على الاضطلاع بهذه المهنة التربوية في أداء رسالة التعليم بأمانة وإخلاص، ويضمن استمرارهم في سلك التدريس.

8- استمرار تدريب المعلمين بدءاً بغير المؤهلين مسلكياً لتدريبهم وتأهيلهم وفق خطة زمنية محددة، مروراً بالمعلمين المؤهلين لرفع مستواهم وتجديد معلوماتهم وخبراتهم.

تطور إعداد (معلمي ومعلمات) المرحلة الابتدائية

أ- مؤسسات إعداد المعلمين والمعلمات قبل الخدمة :

المعهد العلمي السعودي (1345هـ):

أنشأت مديرية المعارف أول معهد لإعداد المعلمين بمكة المكرمة عام 1345هـ وكان يقبل الطالب الحاصل الذي لديه إلمام بالعبادات والقراءة والكتابة ومدة الدراسة ثلاث سنوات تسبقها سنة تمهيدية، وقامت مديرية المعارف بتطوير منهج الدراسة بموجبها خمس سنوات وقسمت الدراسة بالمعهد الى مستويين: المستوى الأول يضم ثلاث سنوات يمنح الطالب شهادة كفاءة المعلمين، أما القسم الثاني فيضم السنتين الرابعة والخامسة ويمنح الطالب في نهايتها شهادة قسم المعلمين الثانوي التي كانت تتيح لحاملها الالتحاق بالتعليم العالي.

معاهد المعلمين الابتدائية (1373هـ) :

بدأت وزارة المعارف منذ إنشائها عام 1373هـ بافتتاح معاهد المعلمين الابتدائية للحاصلين على الشهادة الابتدائية بحيث تكون مدة الدراسة بها ثلاث سنوات يحصل الطالب بعد اجتيازها بنجاح على شهادة كفاءة معهد المعلمين الابتدائي، وكان يصرف للطالب مكافأة شهرية تشجع الطلاب على الالتحاق بهذه المعاهد.

معاهد المعلمات المتوسطة (1380هـ):

وقد تم افتتاح معاهد المعلمات المتوسطة في نفس العام الذي صدر فيه مرسوم ملكي بإنشاء الرئاسة العامة لتعليم البنات عام 1380هـ وكانت الدراسة بهذه المعاهد ثلاث سنوات بعد الشهادة الابتدائية.

معاهد المعلمات المطورة (1388هـ):

نظراً للانتقادات التي وجهت إلى خريجات معاهد المعلمات المتوسطة فيما يتعلق بضعف المستوى العلمي والمهني، فقد بدئ بتطوير هذه المعاهد وتمديد فترة الدراسة إلى خمس سنوات بدلاً من ثلاث سنوات، حتى يمكن ضمان إعداد معلمة على مستوى من الثقافة لا يقل عن مستوى خريجي الثانوية العامة بالإضافة إلى التأهيل التربوي.

معاهد المعلمين الثانوية (معاهد المعلمين للمرحلة الابتدائية (1385هـ):

استبدلت وزارة المعارف معاهد المعلمين المتوسطة بمعاهد المعلمين الثانوية، وقد تم افتتاح أول معهد من هذه النوع عام 1385هـ ومن شروط الالتحاق بهذه المعاهد: أن يكون الطالب سعودياً، وأن لا يقل عمره عن 15 سنة، وأن يجتاز المقابلة الشخصية وأن يكون حاصلاً على شهادة الكفاءة المتوسطة.

معاهد المعلمات الثانوية (1395هـ):

تعتبر هذه المعاهد امتداداً لمعاهد المعلمات المتوسطة والمدارس المتوسطة العامة، حيث صدر منهجان جديدان للمرحلة المتوسطة ومعاهد المعلمات المتوسطة وتقرر تطبيقها اعتباراً من 1395هـ وبالتالي أتيح للخريجات من المرحلة المتوسطة أو معاهد المعلمات المتوسطة الالتحاق بمعاهد المعلمات الثانوية، وقد كان الهدف من إنشاء هذه المعاهد إعداد معلمات المرحلة الإبتدائية إعداداً دينياً وثقافياً حتى يكّن معلمات صالحات.

معهد التربية الرياضية للمعلمين (1384هـ):

أنشأت وزارة المعارف معهد التربية الرياضية عام 1385/84هـ ويلحق به الحاصلون على شهادة الكفاءة المتوسطة ومدة الدراسة به ثلاثة سنوات، يحصل بعدها الطالب الناجح على شهادة دبلوم معهد التربية الرياضية حيث يؤهله لأن يصبح معلماً للتربية الرياضية في المرحلة الابتدائية أو المتوسطة.

معهد التربية الفنية للمعلمين (1385هـ):

أنشأت وزارة المعارف معهد التربية الفنية للمعلمين عام 1386/85هـ ويقبل به الحاصلون على شهادة الكفاءة المتوسطة ومدة الدراسة به ثلاث سنوات يحصل بعدها الطالب الناجح على دبلوم في التربية الفنية حيث يؤهله لتدريس مادة التربية الفنية في المدارس الابتدائية أو المتوسطة.

معهد التربية الفنية للمعلمات (1385هـ) :

أنشأت الرئاسة العامة لتعليم البنات (سابقاً) معاهد المعلمات للتربية الفنية لتحقيق هدفين هما: تزويد الفتاة بمهارات معينة وإكسابها خبرة في شؤون الحياة. وإعداد معلمات سعوديات متخصصات في مجال التربية الفنية النسوية للعمل في المرحلة الابتدائية وقد بدأت الرئاسة بافتتاح أول معهد من هذه النوع عام 1385هـ ثم زاد عددها حتى وصل إلى أربعة معاهد عام 1390هـ .

الكليات المتوسطة للبنين (1396هـ) :

أنشئت الكليات المتوسطة للمعلمين لرفع مستوى إعداد وتأهيل معلمي المرحلة الابتدائية، حيث صدر قرار مجلس الوزراء رقم : 565 وتاريخ 1395/5/10هـ بإنشاء الكليات المتوسطة وفق أسس علمية وتربوي تلبي حاجة قطاع التعليم الابتدائي ولتحقيق الكفاءة الذاتي من المعلمين لهذه المرحلة، وتقبل الكليات المتوسطة الحاصلين على الثانوية العامة أو ما يعادلها ومدة الدراسة تتراوح ما بين أربعة إلى خمسة فصول دراسية وتقدم التخصصات التالية: تربية دينية، لغة عربية، اجتماعيات، رياضيات، علوم، تربية بدنية، تربية فنية، وكانت الدراسة بالكليات المتوسطة تتبع نظام الساعات، وتنقسم الدراسة إلى فصلين دراسيين ومدة الدراسة بكل فصل 17 ساعة وعلى الطالب أن يكمل 75 ساعة معتمدة حتى يتم منحه دبلوم الكليات المتوسطة لإعداد المعلمين.

الكليات المتوسطة للبنات (1399هـ) :

أنشأت الرئاسة العامة لتعليم البنات (سابقاً) الكليات المتوسطة للبنات عام 1399هـ بهدف إعداد وتأهيل معلمات للمرحلة المتوسطة والابتدائية وتتبع هذه الكليات النظام الفصلي الذي تنقسم فيه السنة الدراسية إلى فصلين ومدة الدراسة بها سنتان، وتقبل هذه الكليات الطالبات الحاصلات على شهادة الثانوية العامة وما في مستواها، وتقدم التخصصات التالية: القرآن الكريم والدراسات الإسلامية، اللغة العربية والعلوم الاجتماعية، والعلوم والرياضيات، والاقتصاد المنزلي والتربية الفنية، رياض الأطفال والصفوف الأولى من المرحلة الابتدائية، وبعد إكمال الطالبة المتطلبات تمنح درجة دبلوم الكلية المتوسطة في التربية ومجال التخصص.

كليات المعلمين (1409هـ):

اتخذت وزارة المعارف قرارها عام 1409هـ بالبدء في تطبيق الخطة الدراسية التي تم بموجبها منح درجة البكالوريوس في التعليم الابتدائي منذ العام الدراسي 1409هـ/1410هـ بناء على موافقة المقام السامي على قرار اللجنة العليا لسياسة التعليم، وكليات المعلمين هي المؤسسات التربوية لإعداد معلم الابتدائية بالمملكة العربية السعودية، وتستهدف هذه الكليات تحقيق الأهداف التالية:

1   إعداد معلمين أكفاء أكاديمياً ومهنياً متمسكين بتعاليم الإسلام الحنيف للعمل في المرحلة الابتدائية.

2-   تطوير قدرات المدرسين أثناء الخدمة باستكمال تأهيلهم تربوياً وأكاديمياً.

3-   المشاركة مع جهات الاختصاص التابعة لوزارة المعارف في إجراء الأبحاث التربوية والتطبيقية التي تؤدي إلى تطوير المناهج والكتب الدراسية للمرحلة الابتدائية.

4-   تنظيم دورات تدريبية للمعلمين والإداريين مما يسهم في تطوير مجالي التربية والتعليم.

5-   التعاون مع إدارات التعليم في حل المشكلات التربوية التي تواجه المدارس الابتدائية.

6-   المشاركة مع المؤسسات التربوية داخل المملكة وخارجها في البحوث التي تؤدي لتطوير العملية التعليمية بالتعليم الابتدائي، وحضور الحلقات الدراسية والمؤتمرات العلمية لتبادل الخبرات التربوية.

ويوضح شوق (2001م، ص: 244) جوانب إعداد معلم المرحلة الابتدائية بالمملكة العربية السعودية :

●   الجانب الثقافي وهو يمثل الصدارة في مختلف التخصصات بنسبة 45% وهذا يتمشى مع الاتجاهات العالمية في ضرورة تغليب الجانب الثقافي على الجوانب الأخرى في إعداد معلم التعليم الابتدائي.

●   الساعات المعتمدة للجانب الثقافي والمهني إجبارية على جميع الطلاب والدارسين بمختلف تخصصاتهم.

ب- مؤسسات تدريب المعلمين والمعلمات أثناء الخدمة:

الدورات الصيفية (1374هـ):

افتتحت وزارة المعارف دورات تدريبية صيفية عام 1374هـ بهدف رفع مستوى معلمي الضرورة من غير ذوي المؤهلات العلمية أو التربوية وكانت مدتها مائة يوم تعقد على فترتين في عامين متتالين.

معاهد المعلمين الليلية (1375-1385هـ):

أقامت وزارة المعارف معاهد المعلمين الليلية عام 1375هـ بهدف رفع مستوى المعلمين في المدارس الابتدائية تربوياً وثقافياً، وكانت مدة الدراسية فيها ثلاث سنوات في فترة مسائية بهدف رفع مستوى المعلمين الذين لا يحملون مؤهلات علمية من العاملين

في حقل التدريس وقد بلغ عدد الخريجين من هذه المعاهد 373 معلماً وقد تم إلغاء هذه المعاهد بعد أن أدت مهمتها.

الدورات التدريبية القصيرة (1373-1385):

قامت وزارة المعارف بالإضافة إلى الدورات العلمية الصيفية بعقد دورات قصيرة مدة كل منها عشرون يوماً لتدريب معلمي الضرورة في المناطق التعليمية المختلفة الذين أنهوا بنجاح فترة التدريب الصيفي أو تخرجوا من معاهد المعلمين الليلية.

مراكز الدراسات التكميلية للمعلمين (1385-1408هـ):

لما كان المعلمون من خريجي معاهد المعلمين الابتدائية يشكلون عدداً كبيراً من القائمين بالتدريس في المرحلة الابتدائية، فقد اتجهت وزارة المعارف إلى العمل على رفع مستوى هؤلاء المعلمين على رأس العمل.

مراكز الدراسات التكميلية للمعلمات (1407-1411هـ):

افتتحت الرئاسة العامة لتعليم البنات (سابقاً) ثلاثة مراكز للدراسات التكميلية في عام 1407هـ في الرياض، جدة، الدمام، لرفع مستوى المعلمات اللواتي تخرجن من المعاهد المتوسطة.

الكليات المتوسطة للبنين والبنات :

تعتبر مؤسسات تدريب أثناء الخدمة فقد كانت تقبل خريجي الثانوية العامة وإعدادهم للتدريس في المرحلة الابتدائية بنين وبنات.

كليات المعلمين والكليات المطورة :

الخريجون والخريجات من الكليات المتوسطة بنين وبنات يكملون دراستهم في كليات المعلمين والكليات المطورة للبنات للحصول على بكالوريوس في التعليم الابتدائي.

تطور إعداد المعلمين والمعلمات للمرحلتين المتوسطة والثانوية:

يعد عام 1378هـ بداية ظهور التعليم المتوسط كمرحلة تعليمية مستقلة في السلم التعليمي لنظام التعليم في المملكة، وقد اتخذت وزارة المعارف الإجراءات المناسبة لتطوير إعداد معلم هذه المرحلة كما يلي:

-   برنامج إعداد مدرس اللغة الإنجليزية (1393هـ)

-   مراكز العلوم والرياضيات (1394هـ)

-   مدارس تحفيظ القرآن الكريم الثانوية (1396هـ)

-   كليات التربية بالجامعات السعودية.

-   كليات التربية للبنات.